U0891180

普通高等教育应用创新系列教材

国际结算

张 瑛 杨 霞 苏 恒 主编

科 学 出 版 社

北 京

时不影响票据效力，记载时则产生票据效力的事项。只要不违反国家法律、法令、社会公共秩序，除绝对和相对必要记载事项外的任何有关公司事项均可载入章程，各国法律对任意记载事项均无明文规定。

（1）股东会开会的地点。

（2）股东会主席的选任。

（3）股票的种类。

（4）股份过户手续。

（5）股款缴纳的方法。

（6）股东停止过户的期间。

（7）股票挂失的手续。

（8）营业年度。

任意事项一经记载，即具有法律效力，非经股东会修改章程，公司及股东均要受之约束。例如，出票人在汇票记载“不得转让”字样的，汇票不得转让。其中“不得转让”事项即任意事项。

不产生票据法上的效力的记载事项是指除了绝对必要记载事项、相对必要记载事项、任意记载事项外，票据上还可以记载其他一些事项，但这些事项不具有票据效力。

2.3.4 汇票的种类

根据不同标准，汇票可以从不同角度进行分类。

（1）根据出票人的不同，汇票可分为银行汇票和商业汇票。

银行汇票是指由银行签发的汇票，多为光票。在国际结算中，银行签发汇票后，一般交汇款人寄交国外收款人向指定银行提示付款。出票银行将付款通知书寄给国外付款银行，以便其在收款人持票提示时核对，核对无误后付款。汇款方式中的票汇使用的就是银行汇票。银行汇票的出票人和付款人都是银行。银行汇票票样如图 2-3 所示。

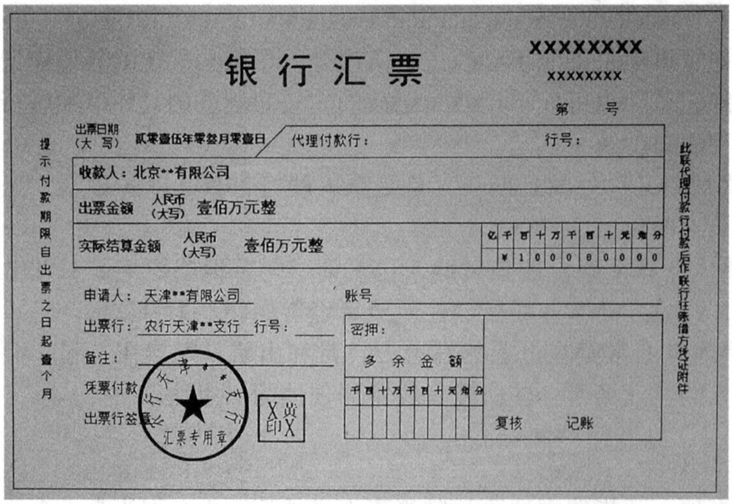
银行汇票
XXXXXXXX
XXXXXXXX
第 号
提示付款期限自出票之日起壹个月
出票日期（大写） 贰零壹伍年零叁月零壹日 代理付款行： 行号：
收款人：北京**有限公司
出票金额 人民币（大写） 壹佰万元整
实际结算金额 人民币（大写） 壹佰万元整

亿	千	百	十	万	千	百	十	元	角	分
	¥	1	0	0	0	0	0	0	0	0

申请人：天津**有限公司 账号
出票行：农行天津**支行 行号：
备注：
凭票付款
出票行签章
农行天津**支行 汇票专用章
X黄印X
密押：
多余金额
千 百 十 万 千 百 十 元 角 分
复核 记账
此联代理付款行付款后作联行往账借方凭证附件

图 2-3 银行汇票票样

第 1 章　国际结算概述

【导入案例】

我国 A 企业出售一批货物给国外的进口商，合同规定的支付方式是 50%货款凭不可撤销信用证见票后 30 天付款，其余 50%货款凭其付款交单付款。A 企业委托当地银行（托收行）转托进口国 B 银行凭单据向进口商收取货款，同时，凭进口商通过 B 银行开立的以我国 A 企业为受益人的见票后 30 天付款的信用证开出了 50%货款，将全部货运单据交给了进口商，并将代收的 50%货款划拨给了托收行，与此同时，对我国 A 企业开立的汇票做了承兑。不久后 B 银行宣布破产，已经承兑的汇票在到期向其提示时也遭到退票。我国 A 企业于是以货物已经被进口商全部收取为由，向进口商追偿信用证项下的 50%货款。进口商以开证押金收不回来为借口而拒不偿还。为此，我国 A 企业诉诸法院。

☆思考：

上述贸易中的国际结算采用了何种收付方式？这些收付方式的特点是什么？

国际结算是一门以国际贸易、国际金融和商业银行学为基础而形成的多边交叉性学科。此外，国际结算还涉及国际保险、国际运输、电信传递、进出口贸易、会计、海关、商检、票据、法律等诸多相关知识，有很强的实用性和可操作性。作为一种跨国经济行为，国际结算同时也是商业银行一项重要的中间业务。

1.1　国际结算的概念和特点

1.1.1　国际结算的概念

1. 国际结算的产生

（1）国际结算从制度方面来说经历了三个阶段：早期贸易间的现金结算；非票据结算，由票据发展到票据单据化结算；银行等金融机构介入非现金结算。

（2）从技术方面来看，国际结算手段不断发展，主要的结算系统有美国的清算银行自动收付系统、英国的清算银行自动收付系统等。

2. 国际结算的定义

结算有广义和狭义之分。广义的结算是指交易双方因商品买卖、劳务供应、资金调拨、信贷存放所产生的货币收付行为或债权债务的清偿，即货币的真实收付。狭义的结算专指商业银行代客户所进行的货币收付行为。

国际结算是指通过货币收付来清偿国际债权债务和资金转移的行为与活动。应用一定的金融工具（汇票、本票、支票等），采取一定的方式（汇付、托收、信用证等），利用一定的渠道（通信网、电脑网等），通过一定的媒介机构（银行或其他金融机构等），进行国与国之间的货币收支行为，从而使国际债权债务得以清偿。

国际结算与国内结算的主要不同在于：

（1）货币的活动范围不同，国内结算在一国范围内，国际结算是跨国进行的。

（2）使用的货币不同，国内结算使用同一种货币，国际结算则使用不同的货币。

（3）遵循的法律不同，国内结算遵循同一法律，国际结算遵循国际惯例或根据当事双方事先协定的仲裁法。

3. 国际结算的分类

引起货币跨国收付的原因很多，所以国际结算的范围很广，为了便于业务操作，在实务中通常把国际结算分为国际贸易结算和国际非贸易结算两大类。

（1）有形贸易引起的国际结算为国际贸易结算。

有形贸易结算：有形贸易引起的货币收付活动。

记账贸易结算：两国政府所签订的贸易协定项下的商品进出口贸易结算。

因国际资金流动所引起的商品贸易或资本性货物贸易结算：包括国际直接投资与企业跨国经营；买方信贷。

综合经济交易中的商品贸易结算：既包括商品贸易又包括非商品贸易，如国际承包工程、“三来一补”贸易等，除了可以用货币清偿债务债权外，还可以融资款以及采用抵补、返销、互购、回购产品等方式结算。

（2）无形贸易引起的国际结算为国际非贸易结算。

无形贸易结算：保险、运输、通信、旅游等劳务活动的收入和支出；资本借贷或国际直接投资与间接投资产生的利息、股息、利润等的收入与支出；广告费、专利费、银行手续费等其他劳务收支。

金融交易类结算：金融资产买卖的结算，如外汇买卖、证券、股票、期权、期货等金融工具的买卖。

国际资金单方面转移结算：发生在政府及民间的各种援助、捐助、赠款以及各种自己调拨的行为。

银行提供的以信用担保为代表的一系列服务结算：合同双方之外还需要第三方为交易提供信用担保服务、资信调查服务、催收追账服务、融资服务、规避各类金融风险服务。

其他非贸易结算业务：国际非商品经济活动引起的资金跨国流动，产生了各类非贸易结算业务，如外币兑换业务、侨汇业务、信用卡业务等。

1.1.2 国际结算的特点

国际结算具有国际性的特点：按照国际惯例进行国际结算，国际结算有相应的规则惯例、合同、票据法约束相关人行为，但不具强制性。

国际结算具有信用性的特点：以国际银行为中心，银行提供信用与保证，但不一定提供资金。

国际结算具有权益性的特点：国际债券的发行和交易形成特定的经济关系和责任，总体上涉及一国国际的经济权益，是以货币为表现形式的一定数量的财富国际转移。

国际结算具有时间性的特点：银行处理的标的物对象是外汇资金，外汇资金具有经济含义和法律含义。经济含义：收益与支付量的固定性。法律含义：责权的质的规定性。外币存在汇率风险，结算难度和风险很高，所以一般选择一定时间的变量进行结算。

国际结算具有政治性的特点：因涉及不同国家制度，所以国际结算具有政治性的特点。

1.2　国际结算的学习内容

1.2.1　国际结算的工具

（1）国际结算使用的支付工具主要有票据，票据是出票人签发的无条件约定自己或要求其他人支付一定金额，经背书可以转让的书面支付凭证。票据一般包括汇票、本票、支票。

汇票是国际结算的主要支付工具，是一个人向另一个人签发的要求对方于见票时或将来某一时间，对某人或持票人无条件支付一定金额的书面支付命令。汇票本质是债权人提供信用时开出的债权凭证，其流通使用要经过出票、背书、提示、承兑、付款等法定程序，若遭拒付，可依法行使追索权。汇票可分为 4 类：①按出票人不同可分为银行汇票和商业汇票。银行汇票的出票人和付款人都是银行，商业汇票的签发者为企业或个人。②按付款时间不同可分为即期汇票和远期汇票。即期汇票在提示时或见票时即付，远期汇票是特定期限或特定日期付款的汇票。③按有无附单据分为光票和跟单汇票。光票不附单据，而跟单汇票附货运单据。④按承兑人不同分为银行承兑汇票和商业承兑汇票，前者是由银行承兑的远期汇票，后者是由企业或个人承兑的远期汇票。

本票是指一个人向另一个人签发的保证于见票时或于一定时间向收款人或持票人无条件支付一定金额的书面凭证。当事人只有出票人和收款人。

支票是银行存款户对银行签发的授权其见票对某人或指定人或持票人即期无条件支付一定金额的书面支付命令。

（2）结算中的单据，分为基本单据和附属单据。

基本单据是指出口方向进口方提供的单据，有商业发票、运输单据、保险单据。

附属单据是指出口方为符合进口方政府法规或其他远期而提供的特殊单据。

1.2.2　国际结算的方式

国际结算方式共分为三种，即信用证、托收和汇付。

1. 信用证

信用证（letter of credit，L/C）是指由银行（开证行）依照（申请人的）要求和指示或自己主动，在符合信用证条款的条件下，凭规定单据向第三者（受益人）或其指定方进行付款的书面文件，即信用证是一种银行开立的有条件的承诺付款的书面文件。一般分为不可撤销的跟单信用证和可撤销的跟单信用证。最新的《跟单信用证统一惯例》（Uniform Customs and Practice for Documentary Credits，UCP600）规定银行不可开立可撤销信用证（注：常用的都是不可撤销信用证）。

2. 托收

托收是国际结算基本方式之一，是指出口商（托收申请人）向其开户银行（托收行）提交凭以收取款项的金融票据或商业票据或两者兼有，要求托收行通过其海外联行或代理行（代收行）向进口商（付款人）提示单据并要求其付款的一种结算方式。托收也称单托收，根据交单条件不同分为付款交单和承兑交单。

3. 汇付

汇款即汇付，是指银行应其客户的申请将一定的货币资金转移到其国外的联行或代理行，并指示后者将款项付给国外的某指定人或公司的结算方式，又称国际汇兑。汇付分为信汇、电汇和票汇。

1.2.3 国际结算的单据

国际结算单据是国际结算中广泛使用的物权凭证和结算凭证。由于国际结算具有“时空性”的特点，在国际办理资金结算很难立即做到“钱货两清”，而是需要通过有关单据的传递、交接清偿债权债务。国际贸易结算是国际结算的主要内容，国际贸易项下的货运单据是代表物权的重要凭证，单据的转移就代表物权的转移。

因为国际贸易上的货物单据化，所以作为国际结算信用中介的外汇银行及其他有关各方均以符合要求的货运单据作为资金结算的依据，也就是通常所说的“只认单据、不问货物”的国际结算准则，由此可见，国际结算单据在国际资金结算中起着极其重要的作用。国际结算的单据种类繁多，但按其作用可分为两大类：第一类是基本单据，即在国际贸易中出口方必须提供的常规单据，如商业发票、提单、保险凭证等。第二类是附属单据，是进口方根据本国政府有关当局的规定、进口货物的性质或其他需要，要求出口方特别提交的单证，如海关发票、领事发票、产地证明书，以及附属于商业发票的有关单证，如检验证明书、卫生证明书、包装单、尺码单、重量单等。

1.2.4 担保类金融产品

国际结算还有银行担保类产品即银行保函和备用信用证，其中银行保函主要用于设备进出口、承包工程或境外筹融资等；备用信用证一般用在投标、还款或履约保证、预付货款和赊销等业务中，还可用于国际货物买卖合同项下的货款支付。

1.2.5 综合性金融产品

随着银行国际业务的拓展，国际保理作为国际贸易中新兴的一种综合性金融产品，也逐渐发展起来。

1.2.6　信用证项下银行审单实务

信用证是传统的结算方式中最为复杂的一种，其跟单性必然涉及银行的审单业务。

1.2.7　国际结算的融资业务

国际贸易融资产品与国际结算方式密切相关，并随着国际结算方式的变化和国际贸易的发展而不断创新，业务品种不断增加。除了传统的打包贷款出口押汇和出口贴现外，进口押汇、福费廷、保理、出口发票融资、出口信用保险项下融资等新产品层出不穷。近年来我国国际贸易量持续快速增长，为商业银行贸易融资业务的发展提供了良好的发展机遇，贸易融资产品的开发和创新又进一步促进了我国对外贸易的发展。

1.2.8　跨境贸易人民币结算

跨境贸易人民币结算是经国家允许指定的、有条件的企业在自愿的基础上以人民币进行跨境贸易的结算，商业银行在人民银行规定的政策范围内，可直接为企业提供跨境贸易人民币相关结算服务。其业务种类包括进出口信用证、托收、汇款等多种结算方式。

1.3　国际结算的历史演进

1.3.1　现金结算

现金结算是转账结算的对称，是指在商品交易、劳务供应等经济往来中直接使用现金进行应收应付款结算的行为，是货币结算的形式之一，在我国主要适用于单位与个人之间的款项收付在现金结算起点金额以下的零星小额收付。

现金结算主要有两种渠道：一种是付款人直接将现金支付给收款人，不通过银行等中介机构；另一种是付款人委托银行和非银行金融机构或非金融机构如邮局将现金支付给收款人。

1.3.2　非现金结算

非现金结算是现金结算的对称，即转账结算。转账结算，是指不使用现金，通过银行将款项从付款单位（或个人）的银行账户直接划转到收款单位（或个人）的银行账户的货币资金结算方式。银行接受客户委托代收代付，即从付款单位存款账户划出款项，转入收款单位存款账户，以此完成经济单位之间债权债务的清算或资金的调拨。由于转账结算不动用现金，故又称为非现金结算或划拨清算。

转账结算方式是货币收付的程序和方法，即办理结算业务的具体组织形式。转账结算方式的主要内容包括：货款、费用收付或资金周转调拨的时间、地点和条件；票据、结算凭证的格式及其操作程序。我国目前的结算以汇票、支票、本票为主体，增强了结算方式的通用性、灵活性、安全性。

1.3.3 电子结算

电子结算就是买主和卖主之间在线资金交换。交换的内容通常是由银行或中介机构发行的并由法定货币支撑的数字金融工具，包括信用卡结算、电子现金结算、电子支票结算、电子钱包结算、借记卡结算、电子代币结算等方式。

1.4 国际结算中的往来银行

1.4.1 代表处

代表处全称为外国企业代表处，又称外国企业在华常驻代表处。外国企业常驻代表机构只能在中国境内从事非直接经营活动，代表外国企业进行外国企业的业务范围内的联络、产品推广、市场调研、技术交流等业务活动。但是，如果中国和该外国企业所在国政府签订有双边条约，该双边条约明确规定外国企业常驻代表机构可以在华从事直接经营活动的，则应当按照这些规定办理。

1.4.2 海外联行

海外联行一般又指海外分行/支行，是指商业银行根据其业务发展的需要，在国外设立的分行和支行，它是一国总行在国外设立的营业性机构，是总行的一个组成部分。

海外联行是商业银行在海外市场上运作的最普遍的组织形式，它可以提供全方位的服务。设立分行是银行业全球化、多元化进程的标杆，有利于提高银行的运营风险管理水平，并能够学习到国外银行丰富、先进的管理经验，提高银行的国际化程度，并在全球进行资产配置，从而规避系统性风险。

1.4.3 子公司

子公司是指一定比例以上的股份被另一公司持有或通过协议方式受到另一公司实际控制的公司。虽然子公司受母公司的控制，但在法律上，子公司仍是具有法人地位的独立企业。它有自己的名称和章程，并以自己的名义进行业务活动，其财产与母公司的财产彼此独立，对各自的债务各自负责，互不连带。

子公司依法独立承担民事责任。子公司在经济上受母公司的支配与控制，但在法律上，子公司是独立的法人。子公司的独立性主要表现在以下方面：拥有独立的名称和公司章程；具有独立的组织机构；拥有独立的财产，能够自负盈亏，独立核算；以自己的名义进行各类民事经济活动；独立承担公司行为所带来的一切后果与责任。

1.4.4　代理行

代理行是指与其他国家建立往来账户，代理对方的一些业务，为对方提供服务的银行。对一家银行来说，代理行实际上不附属于本银行，代理行关系就是不同国家银行之间建立的结算关系。

代理行的建立一般有三个步骤。第一，开展资信调查，主要考察对方银行的资信，通过多方渠道了解对方银行所在国的有关政策、法规、市场信息等。第二，在分析与评价的基础上，确定代理行关系的层次。代理行关系的层次分为一般代理关系、账户代理关系、一定透支额度关系。第三，签订代理行协议。代理行协议由双方银行负责人签署签章后才开始生效。代理行协议包括双方机构的总称、交换和确认控制文件、代理业务的范围、业务往来头寸的调拨、融资便利的安排等内容。

➢本章习题

1. 什么是国际结算？
2. 国际结算的主要特点有哪些？
3. 什么是现金结算与非现金结算？
4. 国际结算的学习内容有哪些？
5. 为什么要建立海外代理行？

第 2 章　国际结算的票据

【导入案例】

2018 年 7 月 1 日，A 行签发了两张银行承兑汇票，出票后经多次背书转让给 Z 公司。Z 公司于 7 月 7 日向 B 行提出贴现申请，B 行审查后，就汇票真实性问题向 A 行发出查询电报，A 行回电证明两张汇票真实，B 行办理了贴现。但 Z 公司将汇票背书转让给 B 行时未记载日期，后补填背书日期为 8 月 6 日。汇票到期时 B 行向 A 行提示付款，A 行以 B 行是无对价的恶意取得为由拒绝付款，提起诉讼，请求判定 B 行对两张汇票不享有票据权利。

A 行认为：B 行办理贴现时未要求贴现申请人提供与其前手之间的商品交易合同及 Z 公司的经营范围等证明，因此 B 行属于重大过失取得票据，不享有票据权利；B 行取得汇票后，未给付对价；Z 公司将汇票背书转让给 B 行是在 8 月 6 日，办理贴现是在 7 月 7日，B 行在没有取得票据的前提下办理贴现手续，是虚假的。

B 行认为：根据有关规定，B 行作为贴现人仅应对贴现申请人与其前手之间交易的真实性做形式审查，只需审查合同复印件，B 行履行了义务，无过失；B 行通过票据贴现的方式向 Z 公司支付了贴现款，符合“给付对价”的要求；票据的背书日期虽为 8 月 6 日，但法律并未规定背书日期与支付对价日期一致；因此对两张汇票享有票据权利。

该案经二审由最高人民法院判决：B 行对两张汇票享有票据权利。

☆思考：

我们从该案例中得到什么启示？

在国际结算中，很少采用现金结算，一般采用票据作为结算工具。原因在于，票据结算比现金结算方便，不用企业直接支付款项，而是通过银行或其他个人进行付款。比如说采用商业汇票结算方式，可以使企业之间债权、债务关系表现为外在的票据形式，使商业信用票据化，加强约束力。对于购货企业来说，可以延期付款，便可在资金暂时不足的情况下及时购进商品，使商品流转活动顺利进行。对于销售企业来说，可以疏通商品渠道，扩大销售，加速资金周转。汇票经过承兑，信用较高，可以按期收回货款，防止拖欠。在需要资金时，还可以向银行申请贴现，融通资金。因此，票据在国际结算中具有重要意义。

2.1　票据概述

2.1.1　票据的概念

票据有广义和狭义之分。广义的票据是指商业上的权利单据，是作为某人的不在他实际占有下的金钱或商品的所有权的证据，包括股票、债券、汇票、本票、提单、仓单、发票等。狭义的票据则是以支付金钱为目的的证券，由出票人签名于票据上，无条件地约定由自己或委托付款人在见票时或指定的日期向收款人或持票人支付一定金额，可以流通转让的有价证券①。

票据法规定的票据包括汇票、本票和支票。若约定由出票人本人付款，则是本票；若由另一人付款，则是汇票或支票。

本书采用的票据，是狭义的票据，也可称支付工具，即汇票、本票、支票。

国际结算中的票据就是指这种狭义的票据，它能够代替现金起到流通和支付作用，从而抵消和清偿国际债权债务，或者完成资金转移，因而是国际结算的重要工具。例如，债务人向银行购买一张银行汇票寄给债权人，由债权人持票向当地银行兑取一定金额票款，从而结清双方间债权债务。

票据虽然可以代替现金流通，但票据本身并不是货币。票据与货币的主要区别在于：票据所依靠的是出票人、承兑人或背书人的私人信用，它不具有法定货币的强制流通效力。因此，当债务人以法定货币清偿债务时，债权人不能不接受；但当债务人准备以票据清偿债务时，则必须征得债权人的同意，否则债权人可以拒绝接受。

2.1.2　票据的特征

票据之所以在国际结算中可以代替现金成为主要结算工具，原因就在于票据具有如下特征。

1. 流通性

流通性是票据的最基本特性。票据的流通性是指票据可以代替现金在市场上流通，票据上的权利可依背书或交付的方式自由转让而不必通知原债务人。除非票据上载明“不得转让”字样或以其他形式载明不得转让的，受让人取得票据后即取得了其全部权利，有权以自己的名义行使这些权利。例如，甲签发汇票给乙，签发票据的原因是甲购买了乙的商品。之后，乙发现自己的债务到期，无法偿还给丙，则乙可以将甲签发的汇票背书或交付给丙，并且不用通知原债务人甲。

2. 无因性

票据的无因性是指持票人只要对票据债务人提示票据就可以行使票据权利，而对取得票据的原因，不负证明责任，即使票据的基础关系无效或者有瑕疵，票据债务人仍应对持票人按票据所载文义负责。例如，甲签发汇票给乙，签发票据的原因是甲购买了乙的商品。之后，甲发现乙提供的商品有质量问题，但这并不能免除甲对乙的票据责任，至于甲乙间的商品质量纠纷只能另行解决。

3. 设权性

票据的设权性即票据与其代表的权利不可分，是指持票人的票据权利随票据的设立

---

① 潘天芹，张冰，杨加琤．国际结算[M]．杭州：浙江大学出版社，2016.

而产生。票据开立的目的主要不在于证明已经存在的权利与义务关系，而是设定票据上的权利与义务关系。票据上的权利在票据生成之前并不存在，但在票据生成的同时其权利也被确立。票据权利的产生必须生成票据，权利的转移要交付票据或提示票据。这里的票据权利是指付款请求权、追索权及转让票据权。例如，甲签发汇票给乙，签发票据的原因是甲购买了乙的商品。之后，乙就拥有这张票据上的权利，乙可以转让给其他人，当甲拒绝付款时，乙也有付款请求追索的权利。

4. 文义性

票据的文义性是指票据当事人的权利义务完全取决于票据上记载的具有法律效力的文字含义，而与其他非票据记载的事项无关。凡是在票据上签名的人即对票据文义负责，承担到期付款责任。票据上所记载的文义，即使有错误也不得依据票据之外的其他方式变更补充。其目的就是保护善意持票人的权利，维护交易的安全。但是票据上金额以外的记载若有变更，应在开立时予以变更，且于变更时签名或盖章。因此，买方不得以汇票金额有误拒绝向持票人支付款项。例如，当票据记载的出票日与实际出票日不一致时，以票据上所记载日期为准。

5. 要式性

票据的要式性是指票据行为必须符合票据法的法定形式，即票据上所记载的绝对必要项目必须齐全且严格按票据法的规定，否则不产生法律效力；同时票据行为必须根据法律规范进行。无论出票、背书还是提示、转让或追索等票据行为，都必须符合票据法的要求，否则票据及票据行为无效。但票据法没有规定的事项可由关键当事人或关系人约定。

6. 可追索性

票据的可追索性是指票据的付款人或承兑人如果对合格票据拒绝承兑或拒绝付款，正当持票人有权通过法定程序向所有票据债务人起诉、追索，以要求行使票据权利。例如，甲签发汇票给乙，签发票据的原因是甲购买了乙的商品。之后到期，乙提示甲付款，但是甲拒绝。此时，乙可以通过法定程序向甲起诉，要求甲支付货款。

7. 提示性

票据的提示性是指票据的持有人要求行使票据权利时必须先行提示票据，按照各国的票据立法，对于不同类型的票据分别规定了不同的提示期限，以促使持票人在法定期限内及时完成提示，否则持票人将丧失拒付后的追索权。例如，甲签发汇票给乙，签发票据的原因是甲购买了乙的商品。乙在请求债务人甲履行票据义务时，必须向甲提示票据，如果乙没有提示票据，则甲没有履行付款的义务。

8. 返还性

票据的返还性是指持票人获得付款后，有义务在票据上签收，并将票据交还给付款人或承兑人，票面上的债权债务关系得以消灭，从此该票据退出流通领域，不能再转让或使用，这也是票据区别于货币的主要原因。如果负有返还票据义务的持票人不返还票据，可能会造成付款人双重付款的危险。所以，法律强制要求已获付款的持票人对付款人承担票据返还义务，一旦付款即结束流通。

【例 2-1】A 公司与 B 公司订立一份木材购销合同，约定由 A 公司在一个月内向 B 公司提供优质东北红松 1 000 立方米，价值 200 万元，B 公司开给 A 公司一张面额 200 万元的银行承兑汇票，开户行为 D 银行。A 公司因拖欠 C 公司的货款，就将此汇票背书给 C 公司。A 公司按约交付了 1 000 立方米红松，双方对质量没有异议。但是 B 公司的下家撤销了购买红松的意向，1 000 立方米红松就积压在 B 公司的手上，也就无力付款。当汇票到期时，C 公司向 D 银行提示付款，但 D 银行称 B 公司的公司账上没有足够的存款，遂拒绝对该票付款。C 公司向 A 公司行使追索权，要求 A 公司付款。但是 A 公司称："我的 1 000 立方米红松卖出去还没有赚到钱，你还来向我要钱。没有这个道理啊，我卖了东西不但拿不到钱，还要自己贴钱。"于是拒绝对 C 公司付款。

分析：根据票据无因性，C 是票据的最后持票人，有权利取得票据权利，但是因为 B 的公司账户存款不足无法承兑汇票，那么持票人有权利向背书人和出票人要求兑现票据利益。也就是说，前手和出票人都有义务承兑汇票。那么 C 既可以选择向 A 要求承兑汇票，也可以向 B 要求，当然也可以要求 A、B 负连带责任。案例中，如果 A 承兑了汇票，可以向出票人要求追索，这也就是行使追索权。

2.1.3　票据的作用

1. 流通作用

票据在一定程度上有替代货币流通的功能，从这个意义上讲，票据是资金工具和流通工具。票据可以经背书不断转让，且每一次转让，其背书人对票据的付款都有担保义务。因此，转让的次数越多，票据付款的担保人越多，票据的流通价值越高，替代通货的作用就越大。目前随着票据业务的发展和电子化，票据特别是汇票和本票的功能大大加强。

2. 汇兑作用

票据可以代替货币在不同地方之间运送，方便异地之间的支付，比运送或携带现金要安全、方便。当代的国际结算中，非现金结算方法取代了现金结算。在非现金结算条件下，必须使用一定的支付工具来结清位于不同国家的两个当事人之间的债权债务关系，而票据就是这样一种支付工具。

3. 结算作用

当代国际结算中，票据就是一种能起到货币的支付功能和结算作用的支付工具。通过票据这一支付工具可以结清国际当事人之间的债权债务关系。

4. 信用与融资作用

在国际贸易结算中，买方获得货物或服务时，本应同时提供价款或金钱的对价，但实际提供的却是承诺付款的票据，即债务人承诺债权人的权利在一定时间界限内能够得到实现，即交易商之间的信用。目前票据多由银行等金融机构出票，因为有银行信用的介入，可以转让的票据经背书等方式转让后可以流通，因此票据具有了社会信用的功能。票据是信用工具，因此特别是在承兑或远期票据情况下，为了资金周转的便利，持票人可将未付款或未到期的票据在贴现市场贴现，或卖给其他愿意买入票据的人，或作为获得其他来源资金的担保，以获得现金。这样，票据就成了融资的工具。

2.2 票据立法

票据法是关于票据的种类、形式、内容与规定票据当事人权利、义务关系等法律规范的总称，它以票据关系为调整对象，具有强制性。因为票据在一国经济中具有重要作用，各国纷纷起草并制定了本国的票据法。票据法产生于 17 世纪后半期至 18 世纪初，那时西方各国都制定了票据法，但是各国票据法的编制体系不同。

近代的票据法是在欧洲中世纪末的商事习惯法的基础上形成并发展起来的。最早的票据成文法是 1673 年法国《陆上商事条例》中有关票据的规定。1865 年又制定了《支票法》。1847 年，以《普鲁士邦票据法》为基础，制定统一适用的《德意志普通票据条例》。1875 年国际法协会议定了《不莱梅规则》；国际法学会于 1885 年召开会议以德国法系为标准制定了《标准票据法》；1910 年由德国、意大利提议，31 国在海牙召开票据法统一会议，拟定统一汇票本票法和汇票本票公约草案，1912 年在二草案基础上制定了统一汇票本票法规制、统一汇票本票法公约、统一支票法规制；1920 年国际联盟召开国际财政会议，重新启动票据法统一运动，1927 年草拟国际票据法规则；1930 年在日内瓦召开了有 31 国参加的国际票据法统一会议，会议签署了三个公约，即《统一汇票本票法公约》《解决汇票及本票若干法律冲突公约》《汇票本票印花税公约》，1931 年又签署了三个公约，即《支票统一法公约》《解决支票若干法律冲突公约》《支票印花税公约》。至此，以德国票据法为代表的德国法系和以法国票据法为代表的法国法系的对立已基本消除，大陆法系各国的票据法逐步趋于统一①。

目前世界上影响较大的票据法有两类，一类是以英国《1882 年票据法》为代表的英美法系，另一类是以《日内瓦统一法》为代表的日内瓦统一法系。现阶段世界上票据法已经形成日内瓦统一法系与英美法系并存的局面。

2.2.1 英国票据法

英国是普通法系国家，在其多年法院判例的基础上，于 1882 年制定和实施了票据法，命名为《1882 年票据法》。1957 年又公布了《1957 年支票法》，共八条，实际上只是《1882 年票据法》的补充。现在的英国票据法一般泛指《1882 年票据法》《1957 年支票法》及有关修正法案和判例规则的总和，其中以《1882 年票据法》最为重要，全

① 胡晓红，邱磊. 我国票据法与国际票据法的比较研究[J]. 甘肃广播电视大学学报，1999，（1）：60-64.

文共 5 章 100 条，包含了汇票支票和本票的基本规则。英国制定票据法较晚，当时票据已被广泛使用，票据作为流通手段和信用工具的作用已日益显著，因此，《1882 年票据法》对票据的正常流通和信用作用都给予了法律保护。它把持票人分为对价和正当持票人两类，分别赋予完全不同的权利，即对价持票人权利受前手权利瑕疵的影响，如前手背书人系伪造背书的话，后手持票人的权利将受影响，但正当持票人不受前手权利瑕疵的影响；此外，该法没有强调票据的要式性，凡满足其规定定义者都是有效的票据。

美国及大部分英联邦成员国如加拿大、印度等都以此为参照制定本国的票据法。美国和其他英联邦国家的票据法虽在具体法律条文上与英国票据法有所不同，但总体说来，英美法系国家的票据法基本上是统一的，这种统一是建立在英国《1882 年票据法》基础上的。

2.2.2　《日内瓦统一票据法公约》

第一次世界大战后，在国际联盟的主持下，先后于 1930 年与 1931 年在瑞士日内瓦举行了两次关于统一票据法的国际会议，通过了 4 项关于统一票据法的日内瓦公约：1930 年《统一汇票本票法公约》；1930 年《解决汇票及本票若干法律冲突公约》；1931 年《支票统一法公约》；1931 年《解决支票法律冲突公约》。

此外，还通过了两个关于统一票据与印花税法的有关公约，合称《日内瓦统一票据法公约》。《日内瓦统一票据法公约》的主要目的是尽可能弥合各国票据法，特别是英美法系与日内瓦公约体系之间的分歧，使《日内瓦统一票据法公约》成为被不同法律体系的国家所普遍接受的一项统一法。但是英美并没有加入《日内瓦统一票据法公约》，所以在票据立法上仍然存在大陆法系和英美法系的差异，具体体现在《日内瓦统一票据法公约》和《1882 年票据法》的差异上。

《日内瓦统一票据法公约》强调票据的要式性，故对汇票、本票和支票的构成内容都做了明确要求；它没有如《1882 年票据法》一样将持票人分为对价和正当持票人两类，强调持票人只要能证明票据背书的连续性，就是合法的持票人，就能享有充分的票据权利，除非他是恶意或在取得时有严重过失；此外还规定有“保证”的做法，而《1882 年票据法》是没有“保证”做法的。

2.2.3　《联合国国际汇票和国际本票公约》

从 1968 年起，联合国国际贸易法委员会（United Nations Commission on International Trade Law，UNCITRAL）就有了关于统一国际汇票和本票的设想。1982 年 UNCITRAL 公布了《国际汇票和国际本票公约（草案）》，设想将两大票据法体系统一在一个“公约”范围内。1988 年 12 月 9 日，UNCITRAL 在纽约联合国第 43 次大会上正式通过了《联合国国际汇票和国际本票公约》，旨在消除国际支付所用票据中现有的重大不一致和不确定之处，但该公约不适用于支票，并且目前因接受国数量不足公约规定的 10 个而尚未生效，仍然未能实现全球票据法的统一。

2.2.4 《中华人民共和国票据法》

中华人民共和国的第一部票据立法于 1995 年 5 月 10 日由第八届全国人民代表大会常务委员会第十三次会议通过，命名为《中华人民共和国票据法》，自 1996 年 1 月 1 日起施行。2004 年 8 月 28 日，《全国人民代表大会常务委员会关于修改〈中华人民共和国票据法〉的决定》由中华人民共和国第十届全国人民代表大会常务委员会第十一次会议通过，并于同日起施行。该法共七章，包括总则、汇票、本票、支票、涉外票据的法律适用、法律责任、附则。修改的内容仅包括一项，即删去原票据法中第七十五条，并对条款顺序做了一定的调整，仍命名为《中华人民共和国票据法》（以下简称《票据法》）。

《票据法》是我国重要的经济立法，对调整我国国内票据关系及涉外票据关系起着重要的作用。我国有关涉外票据关系法律适用的规定成为我国国际私法的一个组成部分。国际票据法律适用的原则大致为：第一，有关出票及票据的合法性适用出票地法律；第二，其他票据行为适用行为地法律。在我国对外经济交往中发生涉外票据关系时，既要依照我国票据法，有时也要适用别国的票据法。

我国票据立法从本国国情出发，对伪造背书的法律后果问题，采用了日内瓦法系的理论，注重保护善意持票人的权益，使票据更易于流通。然而，在这一问题上的具体规定与日内瓦法系的相关规定尚有差距。这是因为《日内瓦统一票据法公约》以及该法系的成员国家，如法国、日本、德国、韩国等在票据法中均明确规定，善意地取得有连续背书的票据的持票人没有返还票据的义务，旗帜鲜明地保护善意持票人的利益。我国《票据法》却缺乏这一规定，因此，需要在今后的实践中逐步完善我国《票据法》的相关规定①。

总之，我国《票据法》是一部反映票据运行规律，规范票据行为，保障票据活动当事人合法权益的重要法律，也是经济、金融、法律体系中的一部重要法律，我们应当熟练掌握其中的各项规定，知晓怎样进行票据行为，懂得如何依法维护权利，自觉履行义务。

2.3 汇票

汇票是票据法中最重要的一种票据，它最能反映票据的性质、特征和规律，最能集中地体现票据所具有的信用、支付和融资等各种经济功能，因而是票据的典型代表。

2.3.1 汇票的概念

1. 汇票的含义

我国《票据法》第十九条规定，汇票是出票人签发的，委托付款人在见票时或者在指定日期无条件支付确定的金额给收款人或者持票人的票据。汇票票样见图 2-1。

---

① 王学惠，王可畏. 国际结算[M]. 北京：北京交通大学出版社，2011.

Drawn under （开证行名称）
L/C No. （信用证号码） Dated（信用证开证日期）
Payable with interest @ % per annum （利息条款） NO.（汇票号码）
Exchange for （小写金额） Export - City， Export – Country 出票日期、地点
（出票地点）
At （汇票期限）sight of this FIRST of Exchange （Second of exchange being unpaid ）
Pay to the order of （收款人） the sum of
（大写金额）
To （受票人）

（出票人签章）
（出票人名称与签字）

图 2-1 汇票票样

英国《1882 年票据法》第三条规定，汇票是由一个人向另一个人签发的，要求即期或于一定日期或在可以确定的将来的某个时间，向某人或其指定人或持票人无条件支付一定金额的书面支付命令。

2. 汇票的基本内容

根据各国票据法的规定，汇票的要项必须齐全，否则受票人有权拒付。根据《日内瓦统一票据法公约》的有关规定，汇票必须具备以下基本内容。具体见图 2-2。

BILL OF EXCHANGE
Drawn under (1)BANK OF NEW YORK (开证行详细名称) L/C NO. L-02-I-03437(信用证号码)
Dated Sept.30th,2001 (开证日期)支取 Payable with interest @.....%.....按.....息......付款
NO. (2) STP015088 (汇票号码，与发票号码同)
Exchange for (3) U SD23,522.50 (汇票金额)(4)Shanghai(出票地点)20.OCT.2001 (出票时间即交单时间)(5) At *** (付款期限) sight of this SECOND of Exchange (First of Exchange being unpaid)
Pay to the order of (6) BANK OF CHINA(持票人，收款人) the sum of(3) SAY' US DOLLARS TWENTY THREE THOUSAND FIVE HUANDRED TWENTY TWO CENTS FIFIY ONLY(大写金额)
To :(7) BANK OF NEW YORK
48 WALL STREET
P. O. BOX 11000
NEW YORK.N.Y.10249.U.S.A (受票人，付款人)
(8) Tianhe TEXTILE IMP. & EXP. CORPORATION
X X X (出票人签名)

图 2-2 信用证项下汇票的制作

（1）载明“汇票”字样，通常以“exchange”或“draft”表示。

（2）无条件支付委托（unconditional order to pay）。

（3）确定的金额。

（4）付款人（payer）名称，即受票人（drawee）。

（5）收款人（payee）名称。

（6）出票人签章（signature of the drawer），汇票只有经有权签发的人签发才能生效。

（7）出票日期和出票地点。

汇票若未载明以上规定事项之一的，该汇票无效，但下述情形除外。

（1）付款期限（若欠缺，推定为见票即付）。

（2）付款地点（若欠缺，推定为付款人的营业场所或住所）。

（3）出票地点，通常是付款人所在地（若欠缺，推定为出票人的营业场所或住所）。

（4）汇票编号。

（5）出票依据。

（6）付一不付二或付二不付一。

（7）利息和利率。

2.3.2 汇票的当事人

汇票是一种无条件的书面支付命令，根据汇票的定义，可以看出汇票有三个基本当事人，即出票人、付款人和收款人。

出票人（drawer）是依法定方式开立汇票并在汇票上签名并将票据交付给收款人的人，简言之，是开立（签发）汇票的人。国际结算中一般为出口商或信用证中的受益人。

付款人（又称受票人）（drawee）是接受支付命令付款的人，国际结算中一般为进口商或信用证中的开证申请人、开证行或付款行或承兑行。

收款人（又称受款人）（payee）是汇票到期后有权收取票据所记载金额的人，国际结算中一般为出口商或信用证中的受益人或议付行。

此外，汇票还有其他当事人，如承兑人（acceptor）、背书人（indorser/endorser）、被背书人（indorsee/endorsee）、保证人（guarantor）、持票人（holder）等。

2.3.3 汇票的记载事项

作为一种要式和文义证券，汇票上的权利义务必须依据其记载事项的文义而定。因此，票据的文义必须明确。各国票据法均对汇票记载事项做了详细规定。尽管内容及规定不完全相同，但通常分为绝对必要记载事项、相对必要记载事项和任意记载事项三大类。汇票成立和有效，是以这些项目的齐全和符合票据法的规定为前提的。

1. 绝对必要记载事项

绝对必要记载事项是指票据法明文规定必须记载的，如不记载，票据即无效的事项。

（1）标明“汇票”字样。这表明它是汇票而不是其他票据，并注明汇票编号。

（2）无条件支付命令。汇票是出票人委托付款人支付一定款项给收款人的无条件支付命令。支付不能受到限制，也不能附带任何条件。

（3）确定的金额。汇票上记载的金额必须是“确定的”或“可以确定的”。例如，汇票记载带有支付利息条款的，其利息支付条款记载要完整，必须有明确的利率和计息起讫时间。

（4）出票人。出票人在交付汇票前，必须在汇票上加具真实签章以明确其票据责任。汇票的签字如果是伪造的，或由未经授权人签字，则视为无效汇票。

（5）受票人。接受支付命令付款的人，又称付款人。如其对远期汇票承兑，作为汇票的承兑人，则成为汇票的主债务人；如其对即期汇票或承兑汇票付款，则成为付款人。

（6）收款人。它是汇票的主债务人，必须在汇票上载明。

（7）出票日期。汇票上必须加注出票日期，以便凭以确定出票人在签发汇票时有无行为能力，并凭以确定某些汇票的付款到期日、提示期限、承兑期限、利息起算日等。

依据我国《票据法》第二十二条，汇票必须记载的具体事项与大陆法系的票据法规定基本一致。

【例 2-2】根据我国《票据法》，当票据上的金额大小写不一致时，应（　）。

A. 以大写金额为准　　B. 以小写金额为准

C. 以金额较小者为准　　D. 票据无效

答案：D

2. 相对必要记载事项

相对必要记载事项是指除了必须记载事项外，票据法规定的其他应记载的事项。相对记载事项可以记载，也可以不记载。记载的，按照记载的具体事项履行权利和义务；未记载的，适用法律的统一认定。

（1）付款日期又称付款到期日，是受票人履行付款义务的日期。汇票上未记载付款日期的，为见票即付。

（2）付款地点即汇票金额支付地，也是请求付款地或拒绝证书做出地。汇票上未记载付款地的，付款人的营业场所、住所或者经常居住地为付款地。

（3）出票地点通常是在汇票的右上方，常和出票日期连在一起。汇票上未记载出票地的，出票人的营业场所、住所或者经常居住地为出票地。

3. 任意记载事项

任意记载事项，是指票据法不强制当事人必须记载而允许当事人自行选择，不记载

商业汇票是指由工商企业开出的汇票，所以商业汇票的付款人可以是工商企业，也可以是银行。商业汇票票样如图 2-4 所示。

BILL OF EXCHANGE
（汇票）

No.98WYHD-0042　（汇票号码）

For US$91061.90　（汇票金额）　SHANGHAI　11-May-98（汇票签发地点、日期）
(amount in figure)　(place and date of issue)

（汇票期限）
At ******* ************* sight of this FIRST Bill of exchange(SECOND being unpaid)

（受款人\汇票抬头 Payee）
pay to　BANK 0F CHINA, SHANGHAI BRANCH　or order the sum of

SAY U.S.DOLLARS NINETY ONE THOUSAND AND SIXTY ONE CENTS NINETY ONLY
(amount in words)

（对价条款）
Value received for　930 CTNS　of　5 ITEMS OF PLUSH TOYS
(quantity)　(name of commodity)

（出票条款）
Drawn under　F. VAN LANSCHOT BANKIERS N.V.,AMSTERDAM, THE NETHERLANDS.　开证行

L/C No.　AM/VA0515ILC　（信用证号码）　dated　10-Apr-98（开证日期）

（付款人 Payer/受票人Drawee）
To:F. VAN LANSCHOT BANKIERS N.V.,
AMSTERDAM,THE NETHERLANDS

（出票人 Drawer）
For and on behalf of
UNIVERSAL TRADING CO., LTD

(Signature)

图 2-4　商业汇票票样

银行汇票和商业汇票的区别与联系如表 2-1 所示。

表 2-1　银行汇票和商业汇票的区别与联系

<table>
<tr><th colspan="2">汇票种类</th><th>银行汇票</th><th>商业汇票</th></tr>
<tr><td rowspan="2">区别</td><td>签发人</td><td>出票银行</td><td>企业</td></tr>
<tr><td>安全性</td><td>较高</td><td>较低</td></tr>
<tr><td rowspan="4">联系</td><td>基本当事人相同</td><td colspan="2">出票人、收款人和付款人</td></tr>
<tr><td>签发汇票的对象和使用范围相同</td><td colspan="2">出票人与收款人都必须在银行开立存款账户，两者之间具有真实的交易关系或债权债务关系</td></tr>
<tr><td>持票人的收款方式相同</td><td colspan="2">从 1997 年 6 月 1 日起，都一致采用委托收款方式向承兑银行提示付款</td></tr>
<tr><td>使用方式相同</td><td colspan="2">都可以在出票时向付款人提示承兑后使用，也可以在出票后先使用再向付款人提示付款</td></tr>
</table>

（2）根据是否随附商业单据，汇票可分为光票和跟单汇票。

光票是指出具的汇票不附带任何商业单据，光票一般用于贸易从属费用、货款尾数、佣金等货物贸易与非贸易结算；跟单汇票是指出具的汇票附有商业单据（发票提单、保险单等），一般用于货物贸易结算。在国际贸易中大多数使用跟单汇票。

（3）根据付款时间的不同，汇票可分为即期汇票和远期汇票。

即期汇票是指汇票上规定付款人见票后立即付款的汇票；远期汇票是指汇票上规定付款人于将来可确定日期或某固定日期付款的汇票。即期汇票和远期汇票的付款期限及

其表述如表 2-2 所示。

表 2-2　即期汇票和远期汇票的付款期限及其表述

汇票种类	付款期限	付款期限的表述
即期汇票	见票即付	at sight pay on demand pay upon presentation of this exchange pay
远期汇票	按出票日期推算 按见票日期推算 按跟附单据日期推算 股东日期	at 30 days after date at 30 days after sight at 30 days after B/L date

远期汇票付款日期的确定一般有以下几种形式：①付款人承兑后若干天付款；②出票后若干天付款；③提单日期后若干天付款；④议付后若干天付款；⑤按指定日期付款等。按国际惯例，远期汇票的付款期限一般为 30 天、60 天、90 天、120 天，最长不超过 180 天，其中以 30 天、60 天约期付款的较多。远期汇票在到期前可以背书转让、流通，使之成为支付工具和流通手段；若持票人在远期汇票到期前急需用款，经过付款人承兑亦可提交贴现公司或银行，通过贴现提前取得票款净额。在国际贸易结算中远期汇票已广泛使用。

定期汇票付款到期日计算，主要有以下四种情况。

第一，按日计算应遵循的准则：算尾不算头。即起算日不包括在内，而最后一天则是付款到期日。例如，出票后 30 天付款的汇票于 3 月 31 日出票，则起算日即出票日不计入，应从 4 月 1 日计算，到期日为 4 月 30 日。同理，见票后定期汇票中的见票日、特定事件后定期汇票的事件发生日不应计入。

第二，月为日历月。以月计算的不考虑每月的具体天数，一律以相应月份中的同一日期为到期日，若无同一日期，则为该月最后一天。例如，1 月 31 日承兑的见票后一个月付款，应于 2 月 28 日（若闰年则为 29 日）到期。

第三，先算整月，后算半月，半月以 15 天计。例如，8 月 31 日交单的汇票规定交单后一个半月付款，则先算整月至 9 月 30 日，再算半月 15 天于 10 月 15 日到期。

第四，节假日顺延。通过上述计算确定到期日，若恰逢节假日等银行的正常的非营业日，则顺延至其后的第一个营业日。

【例 2-3】某汇票其见票日为 5 月 31 日，“见票后 90 天”“从见票日后 90 天”“见票后 1 个月”的付款日期分别是（　）。

A. 8 月 29 日，8 月 28 日，6 月 29 日
B. 8 月 28 日，8 月 29 日，6 月 30 日
C. 8 月 29 日，8 月 28 日，6 月 30 日
D. 8 月 28 日，8 月 29 日，6 月 29 日

答案：C

【例 2-4】关于汇票的付款时间，如果提示日为 2018 年 4 月 21 日，票面上写明“At 90 days from sight”，则付款到期日为（　）。

A．7 月 18 日
B．7 月 19 日
C．7 月 20 日
D．7 月 21 日

答案：C

（4）根据承兑人的不同，汇票可分为商业承兑汇票和银行承兑汇票。

商业承兑汇票是指商业企业出票而以另一商业企业为付款人的远期汇票，经过付款人承兑后，便成为商业承兑汇票；银行承兑汇票是指商业企业出票而以银行为付款人的远期汇票，经过付款银行承兑后，便成为银行承兑汇票。

（5）根据记载权利人方式的不同，汇票可分为记名汇票、指示汇票和无记名汇票。

记名汇票（又称限制性抬头汇票）是指汇票上明确记载收款人姓名或商号的汇票，这种汇票可记载“禁止转让”等文句；指示汇票（又称指示式抬头汇票）是指出票人不仅明确记载收款人姓名和商号，而且还附加“或其指定的人”字样的汇票，这种汇票可以背书转让；无记名汇票（又称持票人或来人抬头汇票）是指出票人在出票时没有在票据上载明收款人的姓名或商号，或仅载明将票据金额付给“来人”或“持票人”字样的汇票，这种汇票无须由持票人背书即可转让。

根据我国《票据法》第二十二条的规定，未记载“收款人名称”的汇票无效，因此，在我国不承认无记名汇票。另外，我国《票据法》对指示汇票没有明文禁止。

2.3.5　汇票的票据行为

票据行为是以票据权利义务的设立及变更为目的的法律行为。广义的票据行为是指票据权利义务的创设、转让和解除等行为，包括票据的签发、背书、承兑、担保、参加承兑、参加付款、追索等行为在内。狭义的票据行为专指以设立票据债务为目的的行为，只包括票据签发、背书、承兑、担保、参加承兑等，不包括解除票据债务的付款、参加付款、追索等。简单地说，票据行为是一张票据从最初的出票到票据关系借以消灭或解除过程中所经历的一系列步骤。汇票的票据行为主要包括以下几种。

1. 出票

汇票的出票，是指出票人依照票据法，做成汇票并交付给收款人。

汇票的出票是在出票人和收款人之间发生票据权利义务的票据法律行为，是票据法律关系得以发生的法律事实，且出票行为是其他法律行为的基础。我国《票据法》第二十条规定，出票是指出票人签发票据并将其交付给收款人的票据行为。出票人对汇票债务的责任有两方面：保证承兑和保证付款。持票人得到了债权，获得付款请求权和追索权。

2. 背书

背书是指持票人（背书人）在票据上签名将汇票权利转让给他人（被背书人）的一种票据行为。

根据各国票据法的规定，除无记名汇票（“来人抬头”形式）仅凭交付转让外，指示性的记名汇票必须以背书的方式进行转让。

背书是因背书人在票据背面签字而得名。背书是否一定要在背面进行，各国票据法是存在差异的。我国《票据法》第二十七条规定，背书是指在票据背面或者粘单上记载有关事项并签章的票据行为，由此背书是要在背面进行的。背书样式如图 2-5 所示。《1882年票据法》没有强调背书一定要记载于背面，也可写在粘单上。《日内瓦统一票据法公约》要求背书必须于汇票背面或所附粘单上进行。

被背书人	被背书人
背书人签章 年 月 日	背书人签章 年 月 日

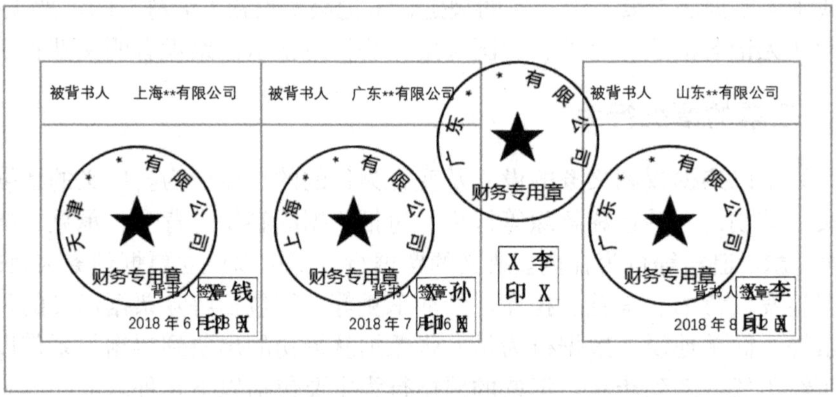

图 2-5 汇票背书样式（有盖章、签字）

背书中，对被背书人来说，所有在其之前的背书人及原出票人都是他的“前手”；对背书人来说，所有在他让与后的被背书人（受让人）都是其“后手”。前手背书人要对后手被背书人承担汇票到期会被承兑或付款的责任，“后手”可以对“前手”行使追索权。被背书人可以将受让的票据通过背书而转让他人，称为再背书。这种票据的连续转让，称为票据的流通。背书的形式有以下几种。

1）特别背书

特别背书（又称完全背书或记名背书），持票人背书时，在汇票背面写上被背书人的姓名，并签上自己的名字，然后将汇票交付给被背书人，汇票的转让即告完成。

2）空白背书

空白背书（又称无记名背书或略式背书），背书人仅在汇票背面签上自己的名字，而不填写被背书人的姓名。经空白背书后的汇票可以仅凭交付而转让，其结果与“来人抬头”汇票相同。

我国《票据法》第三十一条规定：“以背书转让的汇票，背书应当连续。持票人以背书的连续，证明其汇票权利；非经背书转让，而以其他合法方式取得汇票的，依法举证，证明其汇票权利。前款所称背书连续，是指在票据转让中，转让汇票的背书人与受让汇票的被背书人在汇票上的签章依次前后衔接。”由此，我国《票据法》应只认可记名背书，但随着空白背书在实际业务中的不断产生，有关空白背书是否合法和被认可的争议也逐渐被重视。我国《最高人民法院关于审理票据纠纷案件若干问题的规定》第四十八条：“依照票据法第二十七条和第三十条的规定，背书人未记载被背书人名称即将票据交付他人的，持票人在票据被背书人栏内记载自己的名称与背书人记载具有同等法律效力。”由此可见，我国的司法解释实际上有限度地认可了空白背书的存在。

3）限制性背书

通常限制性背书以限制票据再流通为主，我国《票据法》第三十四条规定，背书人在汇票上记载“不得转让”字样，其后手再背书转让的，原背书人对后手的被背书人不承担保证责任。

4）有条件背书

有条件背书是指“支付给被背书人”的指示是带有条件的。我国《票据法》第三十三条明确规定：“背书不得附有条件。背书时附有条件的，所附条件不具有汇票上的效力。”

5）托收背书

托收背书要求被背书人按照背书人委托收取票款，处理汇票。这种背书转让不是票据所有权的转让，而是委托被背书人代为行使票据权利。因此，被背书人不能再以背书方式转让票据。托收背书一般记载有“委托收款”字样。托收背书有以下特点：一方面，被背书人不能转让票据，背书人对任何后手不承担责任；另一方面，被背书人可以行使票据权利，即付款请求权和追索权。

【例 2-5】背书人在汇票背面只有签字，不写被背书人名称，这是（　）

A. 限定性背书

B. 特别背书

C. 空白背书

D. 记名背书

答案：C

3. 提示

提示是持票人将汇票提交付款人要求承兑或要求付款的行为，是持票人为行使与保全其票据权利所必须做的一种行为。

提示分为承兑提示和付款提示。承兑提示是指远期汇票的持票人向付款人出示汇票，要求付款人承诺到期付款的行为。付款提示是指汇票的持票人向付款人或承兑人出示汇票要求付款的行为。即期汇票只有一次付款提示；远期汇票需要经历两次提示，先由持票人在汇票到期前作成承兑提示，再于到期日作成付款提示。

4. 承兑

承兑是汇票付款人明确表示到期日支付汇票金额的一种票据行为。

“承兑”就是债务人表示接受远期债务，也就是表示愿意承担票据义务的行为，是承诺到期兑付的简称。

汇票承兑制度有十分重要的意义。在票据法上，汇票付款人并不应为出票人的付款委托而当然地承担付款义务，但汇票一经付款人，即负有支付票据金额的义务而成为汇票的主债务人。

1）汇票承兑的种类

根据承兑的方式不同，分为正式承兑和略式承兑。前者又称完全承兑，是在汇票正面记载承兑文句，并由付款人签章的承兑行为。后者是指付款人只签章而无承兑文句的承诺行为。

根据承兑有无限制，分为单纯承兑和不单纯承兑。前者是指不附加任何条件的承兑；后者是指对汇票上记载的文义加以变更或限制的承兑，我国《票据法》不承认附条件承兑。

2）汇票承兑的程序

汇票承兑的程序包括提示承兑、承兑或拒绝承兑和交还汇票三个环节。

（1）提示承兑。提示承兑又称为“见票”，它是指持票人依法向付款人实际出示和交付票据，并请求付款人在票据上表示在票据到期日愿意付款的行为。提示承兑是付款人票据行为的前提，目的在于保全持票人的票据权利。受款人必须在承兑人付款前将票据向其提示承兑，根据承兑地域是异地还是同城，分别给予对方充分的提示期间，提示付款期限是汇票到期日起 10 天。提示承兑可以通过邮寄或送达方式。

（2）承兑或拒绝承兑。在承兑之前，付款人仅是汇票的关系人，而非汇票的债务人；承兑以后，付款人就变成为承兑人和汇票上的主债务人，承担到期付款的责任。付款人自收到持票人提示承兑的汇票之日起 3 日内应当做出承兑或拒绝承兑的决定。为保护持票人的利益，付款人无论是否同意承兑，持票人在提示承兑期满后都可以凭借持票人签发的收到汇票的回单向付款人要求交还汇票。《票据法》规定付款人承兑汇票，不得附有条件；承兑附有条件的，视为拒绝承兑。

（3）交还汇票。付款人同意承兑的，在汇票正面记载有关事项后，应将汇票重新交还给持票人；付款人不同意承兑的，在将汇票交还给持票人时应附有拒绝证明以便持票人行使追索权。在未交还汇票之时，承兑行为不发生法律效力，付款人可以在交还汇票之前撤销其承兑。

3）汇票承兑的效力

汇票经付款人承兑后，产生承兑效力，依据惯例和各国票据法，对承兑人而言，即承担了到期付款的责任，即使承兑人与出票人并不存在资金关系。总而言之，承兑人不得以任何理由对抗持票人的付款请求。同时，汇票的其他债务人（如出票人、背书人、保证人等）被追索或主动清偿了汇票债务而取得汇票时，均可对承兑人行使再追索权。另外，当持票人未按期提示付款时，则其对背书人、保证人等的追索因此而丧失，但持票人仍有权对承兑人主张权利。

【例 2-6】汇票上的付款人在（ ）后必须承担付款责任。

A. 收到提示

B. 对汇票做出承兑

C. 汇票到期

D. 见票当天

答案：B

5. 保证

保证是指汇票债务人以外的第三人，以担保汇票债务的履行为目的，在汇票上记载有关事项并签字的一种附属票据行为。

英美法系国家一般没有专门规定票据保证问题，仅规定凡未以出票人或承兑人名义在票据上签字的，应对善意持票人承担背书人的义务；而大陆法系国家的票据法通常对此专设规定。

6. 付款

付款是指付款人或担当付款人支付票据金额以消灭票据关系的行为。

我国《票据法》第五十三条规定："通过委托收款银行或者通过票据交换系统向付款人提示付款的，视同持票人提示付款。"我国《票据法》第五十四条规定："持票人依照前条规定提示付款的，付款人必须在当日足额付款。"汇票的被提示人包括付款人或其委托的付款银行或票据交换中心。付款人付款后，持票人应将汇票交给付款人，以使汇票退出流通领域。

只有付款人或承兑人或其各自指定的人付款才能消灭所有的票据关系，而其他当事人的付款并不能消灭所有的票据关系，如保证人或背书人的付款都未能完全消灭所有的债权、债务关系。

7. 拒付

拒付（又称退票）是指持票人提示汇票要求承兑或付款遭到拒绝的行为。

拒付包括拒绝付款和拒绝承兑，后者仅限于远期汇票。除受票人明确表示拒绝付款和承兑外，受票人避而不见、死亡或宣告破产等均可称为事实上的拒付。《票据法》第六十一条明确规定，汇票到期被拒绝付款的，持票人可以对背书人、出票人以及汇票的其他债务人行使追索权。

8. 拒绝证书

拒绝证书是指用以证明持票人曾经依法行使票据权利而被拒绝，或者无法行使票据权利的一种公证文书。

拒绝证书为一种单纯的证书，只证明一种事实而不创设或表示任何权利，持票人据此得以行使追索权利，其由有权制作的机关制作。一经制作，其效力不因当事人的否认而失效，除非有相当证据证明之。

9. 追索

追索是指汇票遭到拒付时，持票人对其前手背书人或出票人有请求其偿还汇票金额及费用的权利。持票人需先行将遭遇拒付的事实和证明文件作成书面形式之后才可以在规定期限内行使追索权。行使追索权所涉及的书面文件通常包括退票通知和拒绝证书。

1）汇票追索的种类

根据追索权发生的不同情况，分为期前追索权、期后追索权和再追索权。期前追索权是指在汇票上所载的到期日到来之前，因发生到期付款的可能性显著减少的情况，而得进行追索的权利。期后追索权是指在票据到期时，持票人因不获付款而得进行追索的权利。再追索权是指被追索人在履行了自己的追索义务，向追索人偿还追索金额后，得向其前手追索义务人进行追索的权利。

2）汇票追索的程序

（1）保全追索权。汇票持票人必须依法为票据权利保全行为，之后才可行使追索权，持票人不为保全手续将丧失追索权。因此，票据保全是持票人行使追索权的前提。

（2）通知拒绝事由。通知拒绝事由是持票人的义务，这个行为的主要目的是使票据的全部债务人知悉被拒绝的事实，以便做好准备，或者准备届时自动偿还，或者及早筹备资金。同时，通知拒绝事由也有期限设定，持票人应当自收到被拒绝承兑或者被拒绝付款的有关证明之日起三日内将被拒绝事由书面通知其前手，其前手应当自收到通知之日起三日内书面通知其再前手。

（3）债务人自动偿还。被追偿人收到拒绝事由通知后，如果自动偿还票款，出票人应该受领，持票人的追索权至此实现，并应将汇票即收款单据交给自动偿还人，追索权转移于自动偿还人。

（4）确定追索对象与追索顺序。追索对象是负有偿还义务的人，包括出票人、背书人、保证人。前述追索对象对持票人承担连带责任。

（5）请求偿还。追索对象确定后，持票人即可向其出示汇票、拒绝证书或其他拒绝证明文件，请求其偿还追索金额。请求可以通过非诉讼方式或诉讼方式解决。

（6）受领和交回汇票。被追索人如清偿票据债务，追索人应受领并将汇票连同解决证书以及收款清单一并交给被追索人。至此，初次追索权的行使程序即告结束。

3）汇票追索权

持票人拥有的汇票追索权是一种票据法上的特别权利，这种权利具有以下性质：第一，连带性或共同性。出票人、承兑人、背书人及其他汇票债务人，对持票人负连带责任。第二，飞跃性或选择性。持票人可以自行选择追索对象，而不必依债务的前后顺序依次向前追索，同时既可向一个债务人追索，也可向多个债务人追索，或向全体债务人追索。第三，变向性或变更性。持票人对于汇票债务人中的一人或数人已经进行追索的，对于其他尚未被追索的汇票债务人仍可行使追索权。第四，移转性或代位性。持票人行使追索权在获得清偿后，追索权并未消灭，而是转移给被追索人；被追索人在清偿债务后，即与持票人享有同等权利，可以继续向其前手追索，同时也拥有上述飞跃请求权和变向请求权。

2.3.6　汇票行为的不同规定

汇票行为的不同规定详见表 2-3。

表 2-3　汇票行为的不同规定

项目	《中华人民共和国票据法》	《英国票据法》	《日内瓦统一票据法》之《汇票本票统一法公约》
汇票必要记载项目	第二十二条　汇票必须记载下列事项：（一）表明“汇票”的字样；（二）无条件支付的委托；（三）确定的金额；（四）付款人名称；（五）收款人名称；（六）出票日期；（七）出票人签章	第三条（4）规定：汇票不因下述原因而无效：①无出票日；②未说明已付之价值，或过去已付之价值；③无出票地或付款地	第一章　汇票的开立和格式 第一条规定：1.票据主文中列有“汇票”一词，并以开立票据所使用的文字说明之；2.无条件支付一定金额的命令；3.付款人（受票人）的姓名；4.付款日期的记载；5.付款地的记载；6.受款人或其指定人的姓名；7.开立汇票的日期和地点的记载；8.开立汇票的人（出票人）的签名
票据名称	依据第二十二条，汇票必须记载表明“汇票”的字样	无明文规定	第一章　汇票的开立和格式 第二条规定：汇票应记载其为汇票的文句，否则汇票无效 第一章　汇票的开立和格式 第一条规定：1.票据主文中列有“汇票”一词，并以开立票据所使用的文字说明之；2.无条件支付一定金额的命令；3.付款人（受票人）的姓名；4.付款日期的记载；5.付款地的记载；6.受款人或其指定人的姓名；7.开立汇票的日期和地点的记载；8.开立汇票的人（出票人）的签名 第二条　欠缺前条所载任何要求的票据，无汇票效力
无条件支付的委托	无明文规定	是指出票人要求付款人无条件支付一定金额的命令 第三条　汇票之定义：（1）汇票为一次书面之无条件支付之命令，由一人开致另一人，并由发出命令者签名，要求受票人见票或定期或在某一可预定之日期，将一定金额之款项付与规定之人或其指定人或来人	无明文规定
确定的金额	第八条　票据金额以中文大写和数码同时记载，二者必须一致，二者不一致的，票据无效 第九条　票据金额、日期、收款人名称不得更改，更改的票据无效	第九条　应付金额： （2）如应付金额的文字和数字同时表示，而两者有差异，应以文字所表示之金额为准	第一章　汇票的开立和格式 第六条　凡汇票应付金额同时以文字及数字表示者，如有任何差异，以文字表示的数额为应付金额。凡汇票应付金额多次以文字或数字表示者，如有任何差异，以较小的数额为应付金额
载有利息条款	无明文规定	第九条　应付金额：（1）汇票上应付之金额，就本法含义而言，即为一定之金额，即使它要求（a）带有利息	第五条　凡汇票为见票即付或见票后定期付款者，出票人得就应付的金额规定附加利息。至于任何其他汇票，此项规定视为无记载。利率应在汇票上表明；如未表明，上述规定视为无记载。除表明其他日期外，利息自出票日起算

续表

项目	《中华人民共和国票据法》	《英国票据法》	《日内瓦统一票据法》 之《汇票本票统一法公约》
载有分期付款条款	无明文规定	允许分期付款 第九条　应付金额： （1）汇票上应付之金额，就本法含义而言，即为一定之金额，即使它要求： （b）注明分期支付 （c）注明分期支付，并规定任何一期不获付款，全部汇票金额即为到期	不许分期付款 第五章　到期日 第三十三条　汇票得开立为： 见票即付； 见票后定期付款； 出票后定期付款； 定日付款； 其他到期日的汇票或分期付款的汇票均属无效
付款人名称	依据第二十二条，汇票必须记载下列事项：(四)付款人名称	第五条　不同当事人为同一人之后果： （1）汇票得开立为付与出票人或其指定人，或开立为可付与受票人或其指定人 （2）如汇票出票人或受票人为同一人，或如受票人为虚拟者，或无缔约行为能力者，持票人得自行决定，视该票据为汇票或本票	第一章　汇票的开立和格式 第一条规定：3.付款人（受票人）的姓名； 第二条　欠缺前条所载任何要求的票据，无汇票效力
出票人签章	第七条　票据上的签章，为签名、盖章或者签名加盖章。 法人和其他使用票据的单位在票据上的签章，为该法人或者该单位的盖章加其法定代表人或者其授权的代理人的签章。在票据上的签名，应当为该当事人的本名	无明文规定	第一章　汇票的开立和格式 第二条规定：汇票应记载其为汇票的文句，否则汇票无效 第一章　汇票的开立和格式 第一条规定：8.开立汇票的人（出票人）的签名 第二条　欠缺前条所载任何要求的票据，无汇票效力
付款日期	第二十五条　付款日期可以按照下列形式之一记载：（一）见票即付；（二）定日付款；（三）出票后定期付款；（四）见票后定期付款。前款规定的付款日期为汇票到期日	无定期付款的规定，却允许采用“某一将来必定发生事件后定期付款”的办法	第五章　到期日 第三十三条　汇票得开立为： 见票即付； 见票后定期付款； 出票后定期付款； 定日付款； 其他到期日的汇票或分期付款的汇票均属无效
出票地点	第二十三条　汇票上记载付款日期、付款地、出票地等事项的，应当清楚、明确 汇票上未记载付款日期的，为见票即付 汇票上未记载付款地的，付款人的营业场所、住所或者经常居住地为付款地 汇票上未记载出票地的，出票人的营业场所、住所或者经常居住地为出票地	第三条　汇票之定义： （4）汇票不因下述原因而无效： （a）无出票日 （b）未说明已付之价值，或过去已付之价值 （c）无出票地或付款地	第二条　欠缺前条所载任何要求的票据，无汇票效力，但下列各款规定的情况除外： 未载出票地的汇票，出票人姓名旁所载的地点视为出票地

续表

项目	《中华人民共和国票据法》	《英国票据法》	《日内瓦统一票据法》之《汇票本票统一法公约》
付款地点	第二十三条规定：汇票上未记载付款地的，付款人的营业场所、住所或者经常居住地为付款地	第三条　汇票之定义： （4）汇票不因下述原因而无效： （a）无出票日 （b）未说明已付之价值，或过去已付之价值 （c）无出票地或付款地	第二条　欠缺前条所载任何要求的票据，无汇票效力，但下列各款规定的情况除外：如无特殊记载，受票人姓名旁记载的地点视为付款地；同时视为受票人的住所地
免于追索	出票人或背书人不能免于追索 第六十一条　汇票到期被拒绝付款的，持票人可以对背书人、出票人以及汇票的其他债务人行使追索权	出票人和背书人均可以用文句来免除当票据被拒绝承兑或者拒绝支付时受追索的责任	出票人只能免除担保承兑的责任，不能免除担保付款的责任
提示承兑	第三十九条规定：定日付款或者出票后定期付款的汇票，持票人应当在汇票到期日前向付款人提示承兑 第四十条规定：见票后定期付款的汇票，持票人应当自出票日起一个月内向付款人提示承兑。见票即付的汇票无需提示承兑	规定提示承兑必须在合理的时间内完成，只要不是故意拖延就是合理	第二十三条　见票后定期付款的汇票应在出票日起 1 年内提示承兑。出票人得缩短或延长此期限。此项期限背书人得予缩短
付款人承兑	《票据法》规定是否承兑的考虑期为三天 第四十一条　付款人对向其提示承兑的汇票，应当自收到提示承兑的汇票之日起三日内承兑或者拒绝承兑	无明文规定	规定持票人第一次提示时，付款人可以不做承兑，而要求持票人次日做提示，但面对第二次提示，必须做出是否承兑的决定 第二十四条　受票人得要求在第一次提示后之次日作第二次提示。有关当事人不得以该项要求未在拒绝证书上注明而作为不履行该要求的理由。持票人无义务把提示承兑的汇票放弃给受票人
保留性承兑	《票据法》规定视保留性承兑为拒绝承兑 第四十三条　付款人承兑汇票，不得附有条件；承兑附有条件的，视为拒绝承兑	第四十四条　保留承兑之责任： （1）汇票持票人得拒绝接受保留承兑，如未取得无保留之承兑，可视汇票为因拒绝承兑而退票 （2）如保留承兑被接受，而出票人和背书人未明示或默示授权持票人接受保留承兑，在其后又未予以同意，出票人及该背书人可解除汇票责任。本款之规定不适用于已对部分承兑发出通知之部分承兑。如对外国汇票作成部分承兑，其未承兑部分必须作成拒绝证书 （3）如汇票之出票人或背书人收到保留承兑之通知，而未在合理时间内向持票人表示不同意，应被视为同意保留承兑	承认部分承兑而不加任何附加条件，持票人可对部分承兑做出拒绝，但承兑人仍就其部分承兑负责 第五十一条　如在部分承兑后行使追索权，对汇票的未承兑部分付款的当事人，得要求把此项付款注明在汇票上，并要求取得付款的收据。持票人也须向其交付该汇票经证实的副本及拒绝证书，以使其以后能行使追索权

续表

项目		《中华人民共和国票据法》	《英国票据法》	《日内瓦统一票据法》之《汇票本票统一法公约》
承兑票据外的第三人		无明文规定	只有票据债务人以外的第三人才能够参加承兑	第二十七条　如汇票出票人表明以付款人住所以外之地为付款地，但未表明在第三人的地址付款时，则付款人得在承兑时指定该第三人。如未指定，即视为承兑人承担在付款地内自己付款的责任。如汇票在付款人住所支付时，付款人在其承兑中可以表示在相同地点的一个地址付款
参加承兑方式		《票据法》不承认参加承兑	无明文规定	第五十七条　参加承兑应在汇票上表明，由参加人签名，并应注明被参加人姓名，如无该项记载，应视出票人为被参加承兑人
参加承兑的效力	参加承兑人	《票据法》不承认参加承兑	第六十七条　向参加承兑人提示汇票： （1）如遭退票之汇票已被参加承兑，或有关于预备付款之记载，则必须在向参加承兑人或预备付款人提示付款之前，作成拒绝付款证书 （2）如参加承兑人的地点与拒绝付款证书作成地相同时，汇票必须在不迟于到期日的次日向参加承兑人提示；如参加承兑人的地点与拒绝付款证书作成地相异时，汇票必须在不迟于到期日的次日送出，以便向参加承兑人提示 （3）如对延迟提示付款或不作提示付款可予宽恕的情况发生于向参加承兑人延迟提示或不予提示时，同样可以宽恕，持票人对延迟提示或不作提示可予免责 （4）当汇票遭参加承兑人退票时，对参加承兑人必须做出拒绝付款证书	第五十五条　出票人、背书人或保证人得指定一人在必要时承兑或付款。汇票得由为维护被索偿的任何债务人的信誉而参加之人按规定承兑或支付。参加人可以是第三人，甚至是受票人或除承兑人以外的已对汇票承担责任的当事人。参加人有责任在两个营业日内向被参加人发出其参加的通知。如未发出通知，则应对由于其疏忽而造成的损害（如有的话）负责，但赔偿额以不超过汇票上的数额为限 第五十七条　参加承兑应在汇票上表明，由参加人签名，并应注明被参加人姓名，如无该项记载，应视出票人为被参加承兑人
	持票人	《票据法》不承认参加承兑	《英国票据法》规定：持票人有权不接受参加承兑，如果同意则在到期前不得行使追索权	第五十六条　任何持票人对于可承兑的汇票，在到期前都拥有追索权，并有权选择参加承兑。如汇票表明已指定一人必要时在付款地承兑或付款，持票人在到期前不得对该在必要时的受托人或其后手签名人行使追索权，除其已向该在必要时的受托人提示汇票，并经后者拒绝，且已由拒绝证书证明者外。如在其他情况下参加承兑，持票人得拒绝接受参加承兑。但如同意接受，即丧失其在到期前对被参加承兑人及其后手签名人的追索权

续表

项目	《中华人民共和国票据法》	《英国票据法》	《日内瓦统一票据法》之《汇票本票统一法公约》
保证	《票据法》规定：只有票据债务人以外的第三人才能充当保证人 第四十五条　保证人由汇票债务人以外的他人担当	无明文规定	《汇票本票统一法公约》规定：允许任何人充当保证人，包括在汇票上签字的债务人
付款中受提示人票据交换地	汇票通过票据交换系统提示付款的，视同持票人提示付款 第五十三条　通过委托收款银行或者通过票据交换系统向付款人提示付款的，视同持票人提示付款	第四十五条　有关提示付款之规则： （4）汇票在下述地点提示者，即为在合适之地点提示： （a）如汇票上已指明付款地，汇票在该地提示； （b）汇票上未指明付款地，但有受票人或承兑人之地址，汇票在该地提示； （c）汇票上未指明付款地亦无受票人或承兑人之地址，在受票人或承兑人之营业处所提示，如该处所属已知者。如属不知，则在已知之彼等之惯常居所提示； （d）在任何其他情况下，如能找到付款人或承兑人，则向彼等提示，或在其最后为人所知的营业处所或居住地提示	第三十八条　定日付款或出票或见票后定期付款的汇票之持票人在付款日或其后两个营业日之一作付款提示。经票据交换所提示汇票等同于提示请求付款
远期付款的提示付款的时间和地点	《票据法》规定：自到期日起十日内提示 第五十三条　（二）定日付款、出票后定期付款或者见票后定期付款的汇票，自到期日起十日内向承兑人提示付款	《英国票据法》规定必须在到期日提示	第三十八条　定日付款或出票或见票后定期付款的汇票之持票人在付款日或其后两个营业日之一作付款提示。经票据交换所提示汇票等同于提示请求付款
拒绝证书	无明文规定	必须在拒付日的第二天内完成	第四十四条　拒绝承兑或拒绝付款须由公证书（拒绝承兑或拒绝付款的拒绝证书）证明之。拒绝承兑的拒绝证书应于规定的提示承兑期限内作成。如发生第二十四条第一款所述的情况，第一次提示系在该期限的最后一日提示者，则拒绝证书得于次日作成。定日付款或在出票或见票后定期付款的汇票，其拒绝证书须在汇票应付日后两个营业日之一做出。如系见票即付汇票，其拒绝证书须按前款有关做出拒绝承兑的拒绝证书的条件作成。作成拒绝承兑的拒绝证书后，无须提示付款也无须作成拒绝付款的拒绝证书。不论汇票已否承兑，如受票人停止付款，或对其货物已执行扣押而无效果，持票人在把汇票向受票人提示付款和拒绝证书作成前，不得行使追索权。不论汇票已否承兑，如受票

续表

项目	《中华人民共和国票据法》	《英国票据法》	《日内瓦统一票据法》之《汇票本票统一法公约》
拒绝证书	无明文规定	必须在拒付日的第二天内完成	人已宣告破产，或未获承兑的汇票出票人已宣告破产，提示宣告破产的裁决即能使持票人行使追索权 第二十条　汇票到期后的背书与到期前的背书有同等效力。但因拒付而作成拒绝证书后，或规定作成拒绝证书的期限届满后的背书，只具有通常债权转让的效力。如无相反证明，凡未载明日期的背书，视为在规定作成拒绝证书期限届满前在汇票上所作的背书
拒付通知	《票据法》规定：持票人或者背书人发出通知的时间均为三天 第六十六条　持票人应当自收到被拒绝承兑或者被拒绝付款的有关证明之日起三日内，将被拒绝事由书面通知其前手；其前手应当自收到通知之日起三日内书面通知其再前手。持票人也可以同时向各汇票债务人发出书面通知	如果前手在同地，持票人必须在拒绝证书做好的第二天内通知到；如果在异地，则在拒绝证书做好后的第二天发出通知	持票人必须在拒绝证书做好后第四天内，背书人必须在收到通知书两天内通知前手 第四十五条　持票人应于在拒绝证书作成日后 4 个营业日内，将拒绝承兑或拒绝付款事由通知背书人和出票人。或如汇票上有“退票时不承担费用”的规定，应于提示日为上项通知。每一背书人应于收到通知日后两个营业日内，将收到通知的事由，并列举上项通知的各人姓名及地址，通知其前手背书人，依次直至出票人。上述期限自收到上一通知之日起算。在按照前款规定通知曾签名于汇票上之人时，对其保证人，亦应于同一期限内发给同样通知。背书人如未写明地址，或地址模糊不清，则此项通知发给其前手背书人即可。应发出通知的人得以任何方式发给，甚至仅把汇票退回亦可。发出通知的人须证明其在规定期限内发出。在规定期限内把通知信件投邮，应认为已遵守规定期限。未在上述规定期限内发出通知的人，并不丧失其权利。但应对其疏忽造成的损失（如有的话）负责赔偿，其金额以不超过汇票上的数额为限

2.3.7 汇票的贴现

汇票的贴现是指持票人将已承兑而尚未到期的远期汇票按低于汇票到期价值的价格出售给银行或其他金融机构的行为。

贴现的公式：

$$贴现息=\frac{票面金额\times 贴现天数}{360/365}\times 贴现率$$

净款（最终获得的金额）=票面金额-贴现息

或：净款=票面金额×（$1-\frac{\text{贴现天数}}{360/365}$×贴现率）

（应注意的是一年的基本天数按美元、欧元计是 360 天，而按英镑计则是 365 天）

国外有专门的贴现公司或贴现行通过贴现已承兑汇票来收取佣金，是贴现市场的重要组成部分。我国主要是通过银行贴现已承兑汇票，尤其是银行承兑汇票最容易被贴现。

汇票在贴现过程中应该注意以下几方面：

（1）出票人在票据上记载“不得转让”字样，其后手以此票据进行贴现的，通过贴现取得票据的持票人不享有票据权利。

（2）背书人在票据上记载“不得转让”字样，其后手以此票据进行贴现的，原背书人对后手的被背书人不承担票据责任。

（3）商业汇票的持票人向非其开户银行申请贴现，与向其开户银行申请贴现具有同等的法律效力。但是，持票人有恶意或者与贴现银行恶意串通的除外。

【例 2-7】一公司于 8 月 15 日拿一张银行承兑汇票，申请贴现面值为 1 000 000 元、贴现率为 2.62%，签发于上年的 12 月 30 日，到期日为 10 月 29 日，贴现息如何计算？

答案：贴现天数，为从贴现日起至到期日的天数，算头不算尾，算尾不算头，如果是异地的话要再加 3 天，碰上休假要顺延。

16（16~31 日）+30（9 月）+29（1~29 日）=75 天

也可 17（15~31 日）+30（9 月）+28（1~28 日）=75 天

贴现息=75×1 000 000×（2.62%/360）=5 458.33 元

2.4 本票

2.4.1 本票的概念

我国《票据法》第七十三条规定，本票是出票人签发的，承诺自己在见票时无条件支付确定的金额给收款人或者持票人的票据。本法所称本票，是指银行本票。

《1882 年票据法》规定，本票是一项书面的无条件的支付承诺，由一人作成并交给另一人，经制票人签名承诺即期或定期或在可以确定的将来时间，支付一定数目的金钱给一个特定的人或其指定人或来人。

简言之，本票是出票人对收款人承诺无条件支付一定金额的票据。

2.4.2 本票的必要项目

《日内瓦统一法》规定，本票必须具备以下项目：①写明“本票”的字样；②无条件支付的承诺；③一定的金额；④收款人名称；⑤出票日期；⑥出票人签章；⑦出票地点（未载明出票地点的，出票人名称旁边的地点即出票地点）；⑧付款地点（未载明付款地点的，出票地即付款地）。

我国《票据法》第七十五条规定，本票必须记载下列事项：①表明“本票”的字样；②无条件支付的承诺；③确定的金额；④收款人名称；⑤出票日期；⑥出票人签章。

我国《票据法》虽未把付款地点和出票地点作为有效本票必须记载的内容，但也要求本票上记载付款地、出票地事项等应当清楚、明确；如未记载付款地、出票地，出票人的营业场所即付款地与出票地（图 2-6）。

Promissory Note for GBP1000.00 London, 13th Nov., 200－

At 30 days after date we promise to pay ABC Co. or order the sum of One thousand Pounds

For DEF Co., London

Signature

（a）

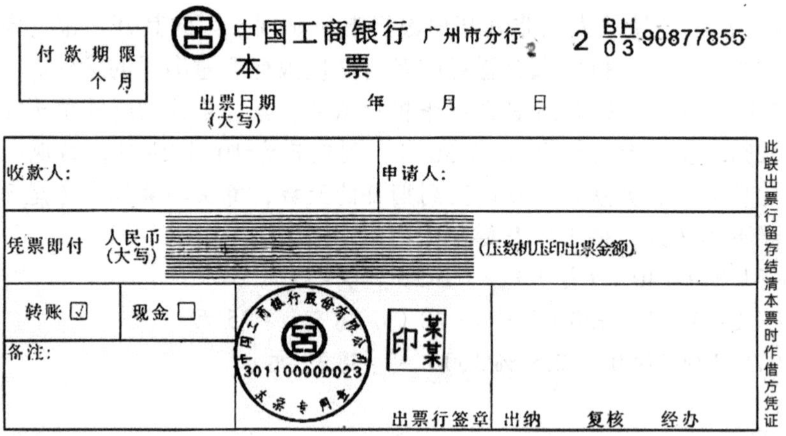

（b）

图 2-6 本票票样

2.4.3 本票的当事人

与汇票相比较而言，本票只有两个基本当事人，即制票人和受款人。

制票人即签发本票的人，是本票的主债务人，既签发本票，又是付款人。由于本票属于自付票据，没有付款人的记载，制票人自始至终承担第一付款人的义务，且无须承兑。

受款人即受领本票票面款项的人，可以通过背书或交付转让本票。

2.4.4 本票的种类

根据不同的分类标准，本票可以从不同角度进行分类。

（1）根据付款期限的不同，本票可分为即期本票和远期本票。

即期本票是见票即付的本票；远期本票是承诺于未来某一规定的或可以确定的日期支付票款的本票。我国《票据法》不承认远期本票的效力，在我国本票均为见票即付的本票。因此，在我国本票的功能仅为支付工具，其信用功能下降。

（2）根据出票人的不同，本票可分为商业本票和银行本票。

商业本票是指公司、企业或个人签发的本票；银行本票是指由银行签发的本票。我国《票据法》所规定的本票专指银行本票。

商业本票可按付款时间分为即期本票和远期本票两种。银行本票都是即期本票。我国《票据法》规定，我国允许开立出票日起、付款期限不超过 2 个月的银行本票。我国《票据法》还规定，银行本票仅限于由中国人民银行审定的银行或其他金融机构签发。银行本票票样如图 2-7 所示。

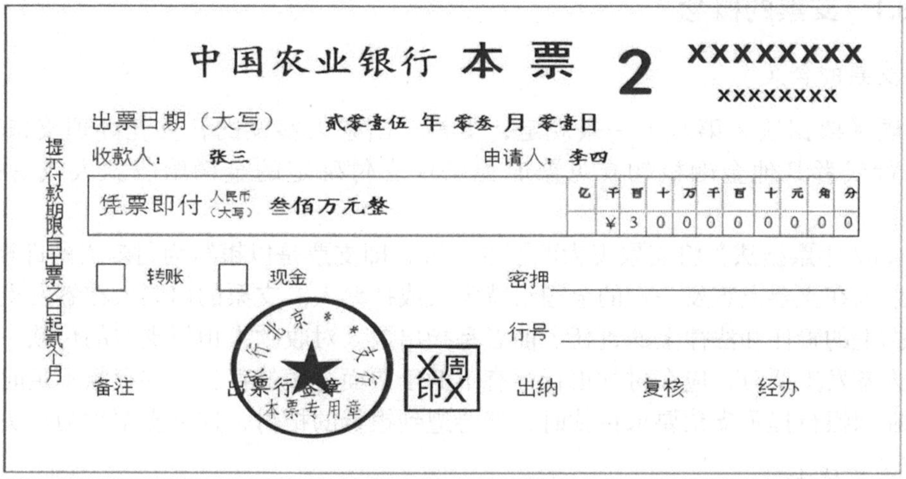

图 2-7　银行本票票样

（3）根据是否记载权利人，本票可以分为记名本票、指示本票和无记名本票。

记名本票（又称抬头本票）是指在出票时记载受款人名称的本票，持票人在转让时必须背书。

指示本票是指出票时除了记载受款人名称外，还记载“或其指定人”的本票，出票人开立这种本票时不得禁止持票人背书转让。

无记名本票（又称来人本票）是指在出票时不记载受款人名称，或记载为“来人”“持票人”的本票，持票人转让时只需交付而无须背书。

根据我国《票据法》第七十五条的规定，本票必须记载收款人的名称，否则本票无效。因此，在我国不存在指示本票和无记名本票，只有记名本票。

【例 2-8】2018 年 8 月 16 日，甲企业（买方）与乙企业（卖方）签订购销合同，双方约定货款以本票支付。合同生效后，乙企业按时向甲企业发货，甲企业向其开户银行申请开立了银行本票，并转交乙企业作为货款支付。由于乙企业先期拖欠丁企业款项，正好与该本票金额相同，于是乙企业将该本票背书转让给了丁企业，但丁企业没有按时向银行支取该本票款项，直到 10 月才向银行请求支付本票金额。银行以该本票已经过期为由拒付。于是丁企业转向乙企业要求支付本票款项，但也遭到拒绝。多次交涉无果后，丁企业向法院起诉乙企业和银行，要求它们共同承担赔偿责任。丁企业的请求能得到法院支持吗？

答案：可以部分得到支持，因为丁企业自己也有责任。丁企业作为正当持票人，未在法定期限内提示付款，前手背书人乙企业不再承担保证本票付款的责任。但作为本票出票人的银行，则不能免除付款责任。最终法院判决银行支付本票金额给丁企业，但丁企业应承担延期取款责任。

2.5 支票

2.5.1 支票的概念

1. 支票的含义

我国《票据法》第八十一条规定，支票是出票人签发的，委托办理支票存款业务的银行或者其他金融机构在见票时无条件支付确定的金额给收款人或者持票人的票据。

《1882年票据法》将支票视为汇票的一种，即支票是以银行为付款人的即期汇票。

出票人在支票上签发一定的金额给特定人或持票人。支票的出票人在签发支票后，应负票据上的责任和法律上的责任。前者是指出票人对收款人担保支票的付款；后者是指出票人签发支票时，应在付款银行存有不低于票面金额的存款。如存款不足时，支票持有人在向银行提示支票要求付款时，就会遭到银行的拒付，这种支票称为空头支票。

2. 支票的支付

支票支付（公司支票）具体见图2-8。

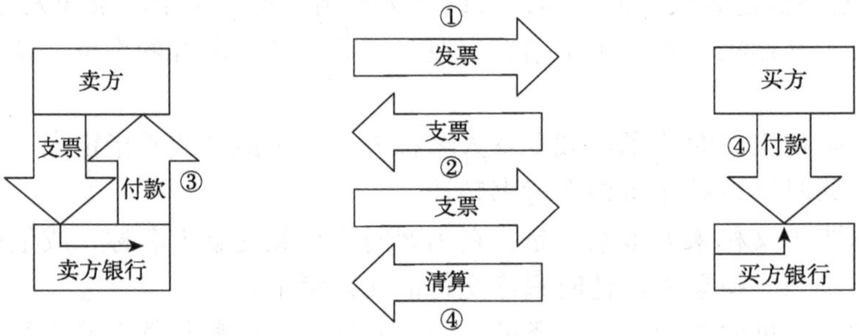

图2-8 支票支付（公司支票）

（1）一经交货即寄送发票。

（2）支票作为支付工具寄给卖方。

（3）卖方从其银行收到支票款项，起息日延误较长时间，或买方银行很长时间后才收到支票。

（4）支票在不同银行间进行清算，支票款项借记买方账户。

如图2-9所示，支票正面画有两条平行线，通常作为安全提示。这种支票不可以支付现金，支票款项只能划入收款人的账户，此种情况下卖方可之后在其银行支取现金。

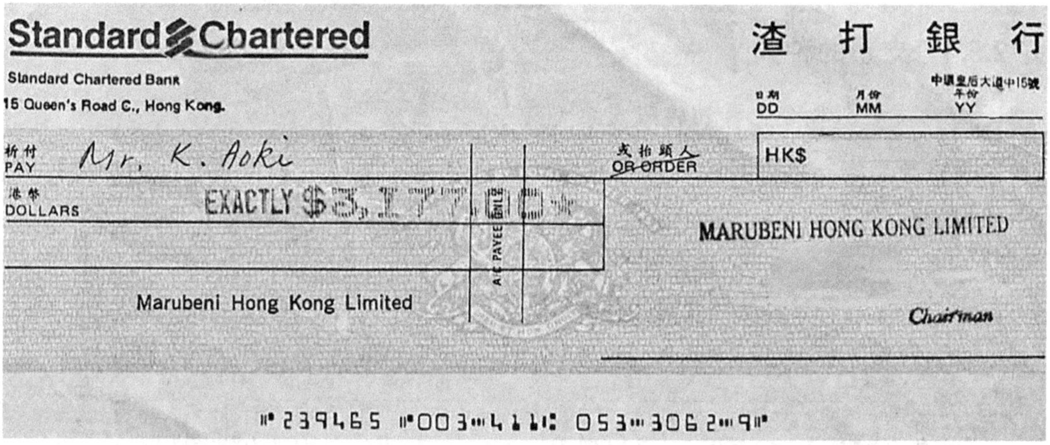

图 2-9　银行支票样本

2.5.2　支票的必要项目

《日内瓦统一法》规定，支票必须具备以下几项：①写明“支票”字样；②无条件支付命令；③付款银行的名称和地点；④出票人的名称和签字；⑤出票日期和地点（未载明出票地点者，出票人名称旁的地点视为出票地）；⑥写明“即期”字样（如未写明即期者，仍视为见票即付）；⑦一定金额；⑧收款人或其指定人。具体见图 2-10。

Cheque for GBP5000.00　　　　London, 8th Sept., 200 —
Pay to the order of ABC Co. the sum of five thousand pounds only
To: National Westminster Bank Ltd., London

For DEF Co., London

(Signed)

图 2-10　支票票样

我国《票据法》第八十四条规定，支票必须记载下列事项：①表明“支票”的字样；②无条件支付的委托；③确定的金额；④付款人名称；⑤出票日期；⑥出票人签章。

2.5.3　支票的当事人

支票的出票人是银行的存款户。出票人开出支票，存款的银行承诺保证付款。出票人可以在支票上记载自己为收款人。出票人签发的支票金额超过其在付款人处实有的存款金额的，为空头支票，禁止签发空头支票。

支票的付款人是出票人的开户银行。当持票人向开户银行提示支票时，银行要审核支票上必须载明事项和出票人存款金额是否满足支付金额并在提示期内承担付款义务。

支票的收款人是出票人或持票人或其指定人。支票上应记载收款人名称，支票上未记载收款人名称的，经出票人授权，可以补记。

2.5.4 支票的种类

1. 普通支票、现金支票和转账支票

普通支票是指支票上面没有标明现金或转账字样，既可用于转账也可用于提取现金（图 2-11）。

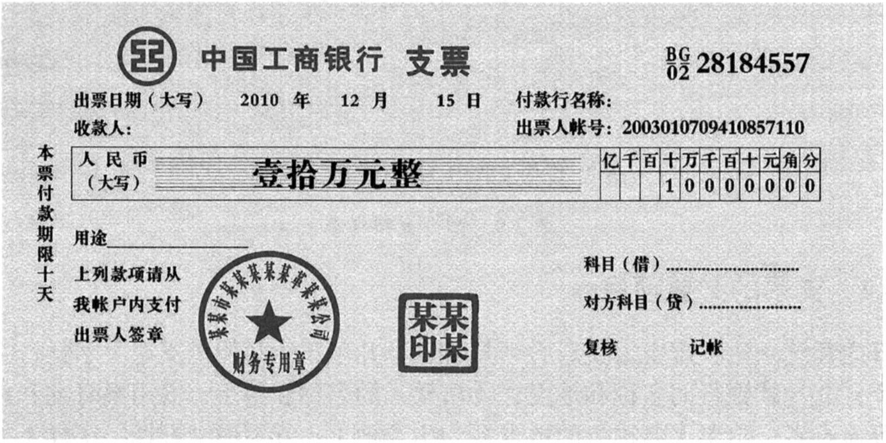

图 2-11 普通支票票样

现金支票只能用于支取现金，通常票面上印有“现金支票”。它可以由存款人签发用于到银行为本单位提取现金，也可以签发给其他单位和个人用来办理结算或者委托银行代为支付现金给收款人。当客户需要使用现金时，随时签发现金支票，向开户银行提取现金，银行在见票时无条件支付给收款人确定金额的现金（图 2-12）。

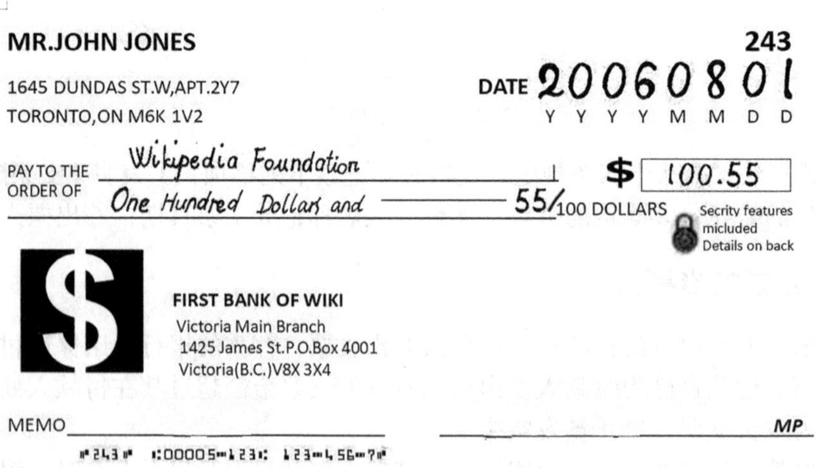

图 2-12 现金支票票样

转账支票是指支票上印有“转账支票”字样，或标明“不待流通”字样，不能支取现金，只能以记入受款人账户的方式支付该支票（图 2-13）。

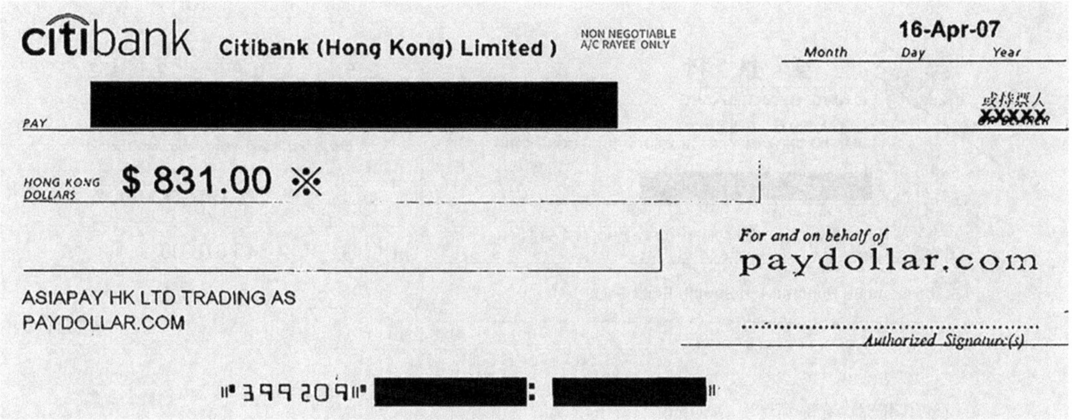
citibank
Citibank (Hong Kong) Limited)
NON NEGOTIABLE
A/C PAYEE ONLY
16-Apr-07
Month Day Year
PAY [redacted]
或持票人
XXXXX
HONG KONG DOLLARS
$ 831.00 ※
For and on behalf of
paydollar.com
ASIAPAY HK LTD TRADING AS
PAYDOLLAR.COM
Authorized Signature(s)
⑈399209⑈ [redacted] : [redacted]

（a）

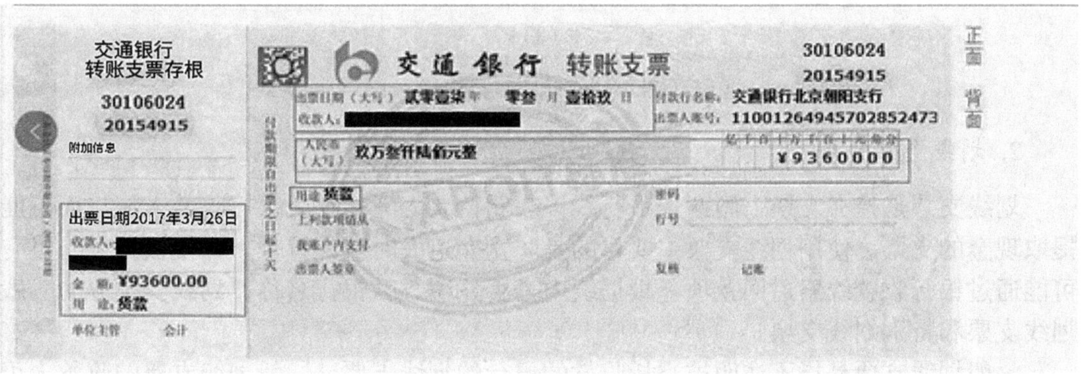
交通银行
转账支票存根
30106024
20154915
附加信息
出票日期2017年3月26日
收款人: [redacted]
金 额: ¥93600.00
用 途: 货款
单位主管 会计
交通银行 转账支票
30106024
20154915
出票日期（大写） 贰零壹柒 年 零叁 月 壹拾玖 日
收款人: [redacted]
付款行名称: 交通银行北京朝阳支行
出票人账号: 11001264945702852473
人民币（大写） 玖万叁仟陆佰元整
¥9360000
用途 货款
上列款项请从
我账户内支付
出票人签章
密码
行号
复核 记账
正面
背面

（b）

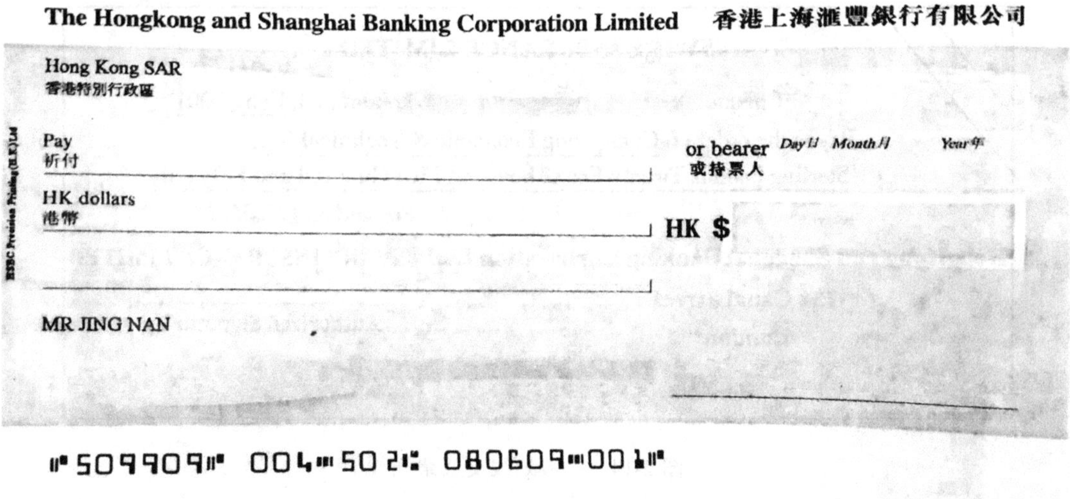
The Hongkong and Shanghai Banking Corporation Limited 香港上海滙豐銀行有限公司
Hong Kong SAR
香港特別行政區
Pay
祈付
or bearer
或持票人
Day日 Month月 Year年
HK dollars
港幣
HK $
MR JING NAN
⑈509909⑈ 004⑉502⑆ 080609⑉001⑈

（c）

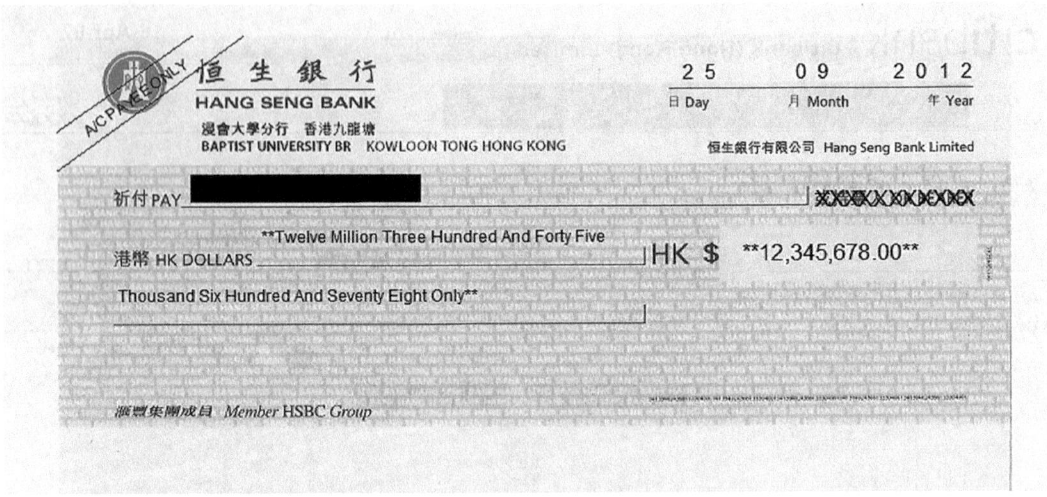

（d）

图 2-13 转账支票票样

2. 划线支票

划线支票是指在支票上画两条平行线以表明持票人只能委托银行收款入账，而不能提取现金的支票。使用划线支票主要目的是防止在遗失时被人冒领。即使被冒领，也有可能通过银行收款线索追回款项。根据线内是否注明收款银行名称，划线支票分为一般划线支票和特别划线支票。

一般划线支票是指不注明被委托收款的银行的划线支票。一般划线支票的收款人可以通过任何一家银行收款（图 2-14）。

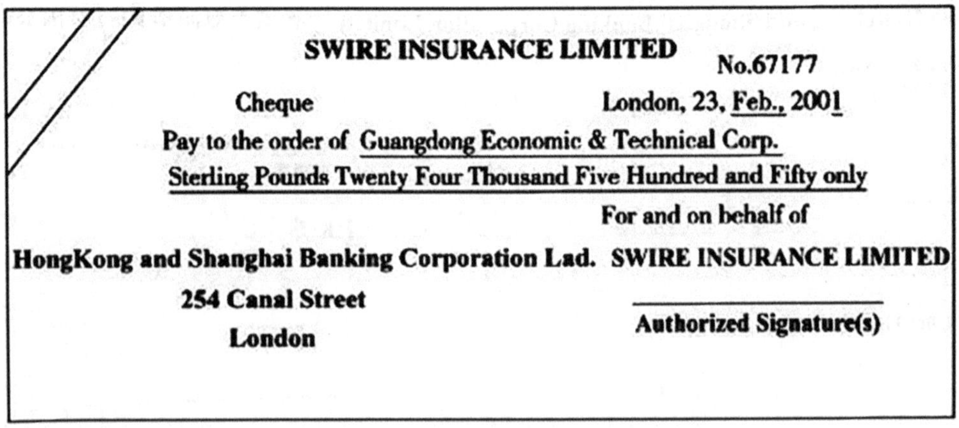

图 2-14 一般划线支票票样

特别划线支票是指在平行线内写明具体收款银行的划线支票，如两条平行线内加列“纽约 ABC 银行”。特别划线支票的付款银行只能将票款付给划线中指定的银行。若该支票的付款银行将票款付给非划线内注明的收款指定银行，那么就应对真正所有人承担由此造成损失的赔偿责任（图 2-15）。

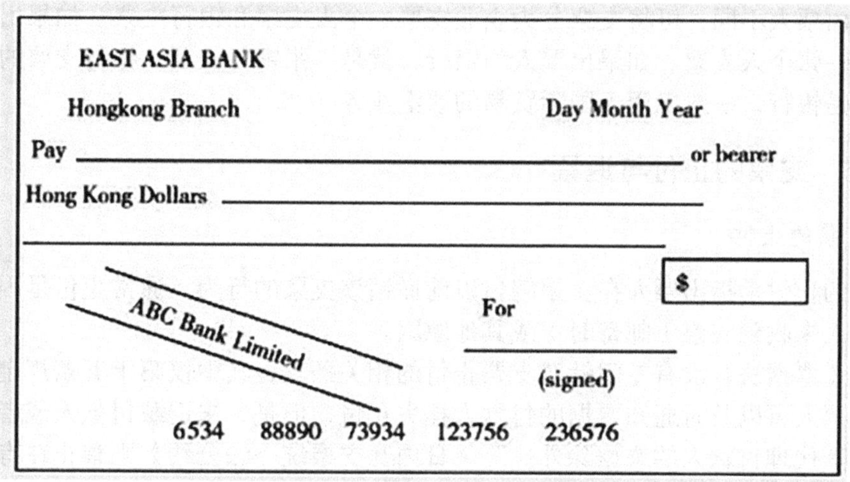

图 2-15　特别划线支票票样

3. 记名支票与不记名支票

记名支票是指在支票收款人一栏中记载收款人的具体名称，有的还加上“或其指定人”，如“付 ABC 公司”或者“付 ABC 公司或其指定人”。持记名支票取款时，须由载明的收款人在背面签章。

不记名支票又称来人支票或空白抬头支票，即支票上不写明收款人的具体名称，只写明“付来人”。支款时无须收款人签章。持票人仅凭交付即可将支票权利转让。

4. 保付支票

保付支票是指由付款银行批注“保付”字样并签字的支票。支票一经保付，付款银行成为主债务人，而出票人和背书人都可免责。经银行保付过的支票信誉好，便于流通（图 2-16）。

图 2-16　保付支票票样

5. 企业支票、个人支票和银行支票

根据出票人不同，可将支票分为企业支票、个人支票和银行支票。如果出票人为个人，则是一张个人支票。如果出票人为银行，就是一张银行支票。银行支票的出票人与受票人都是银行，一般多用于国际贸易的票汇业务。

2.5.5 支票的止付与退票

1. 支票的止付

支票的止付是指出票人在支票解付以前撤销该支票的行为。通常止付是因为票据丢失、收款人未收到支票（邮寄时）或其他原因。

我国《票据法》没有专门针对支票止付的相关条款，其中仅第十五条规定："票据丧失，失票人可以及时通知票据的付款人挂失止付，但是，未记载付款人或者无法确定付款人及其代理付款人的票据除外。"《日内瓦支票统一法公约》则禁止在有效期内止付支票。《1882 年票据法》第七十五条撤销对银行的授权规定："银行对于支付以其本身为付款人支票之权责，得因下列实施而终止：①因奉命止付；②得悉该客户已亡故。"

因特殊原因需要止付支票时通常需要签发止付命令。止付命令通常是在出票人发现受款人的若干违约行为（如欺诈或交付缺陷产品等）或在支票丢失之后发出的，其目的是防止受款人或非正当持票人从银行立即取得付款。

2. 支票的退票

支票的退票是指支票在提示时遭付款银行拒绝付款而发生的行为。

具体来说，退票一般有以下几种：①出票人账户的存款不足，即支票是空头支票；②持票人提示付款的时期超过提示期限，即支票是过期支票；③支票的背书欠缺（如背书人签章不清、不全、空白）或不连续；④支票的印鉴不符；⑤破损支票；⑥大小写金额不符；⑦已经出票人申请止付；⑧账户已被依法冻结；⑨其他原因。收款人收到银行退回的支票后，应立即与付款人联系，并进行相应的账务处理。

【例 2-9】甲水果批发公司和乙进出口贸易公司签订了一份购销合同。甲水果批发公司卖给乙进出口贸易公司价值 20 万元的水果，乙进出口贸易公司以空白转账支票方式支付货款。9 月 22 日货物发出，乙进出口贸易公司验收合格后签发给甲水果批发公司一张在用途上注明"限额 20 万元"的空白转账支票。10 月 5 日，甲水果批发公司与丙纸箱有限责任公司签订了一份购销合同。甲水果批发公司购买丙纸箱有限责任公司 30 万元包装纸箱，遂将上述空白转账支票补记 30 万元金额背书转让给了丙纸箱有限责任公司。10 月 20 日，丙纸箱有限责任公司向当地工商银行分行提示付款银行拒付，理由是：票面写有限额 20 万元，而提示的票据票面金额为 30 万元，超过了限额。丙纸箱有限责任公司遂向出票人乙进出口贸易公司行使追索权。乙进出口贸易公司认为自己出票时已经注明该空白转账支票限额 20 万元，所以只能承担 20 万元的责任，对超过部分不承担。丙纸箱有限责任公司又向甲水果批发公司行使追索权。甲水果批发公司认为尽管金额是自己补记的，但是支票是乙进出口贸易公司签发的，应由乙进出口贸易公司承担付款责任。丙纸箱有限责任公司只得起诉至法院。

问：银行是否应该足额付款？“限额 20 万元”的票据记载事实是否具有票据法上的效力？为什么？

答案：银行审查票据合格之后，应当足额付款。根据我国《票据法》，“确定金额”是支票绝对必要记载事项，空白支票可以授权补记。只要支票被补记成为完全票据，就以票据上记载的金额发生票据法上的效力。合法票据持有人依法有权主张票据权利。注明“限额 20 万元”的限制，在票据法上是没有法律依据的。所以，在银行审查票据合格后，应当足额付款。

2.6　汇票、本票和支票的比较

汇票、本票和支票的比较具体见表 2-4~表 2-6。

表 2-4　本票与汇票的区别

区别	本票	汇票
本质不同	允诺式票据	委托式票据
基本当事人不同	两个当事人：出票人和收款人	三个当事人：出票人、付款人和收款人
主债务人不同	本票在任何情况下，出票人只有债务人	汇票承兑前，出票人是主要债务人；承兑后，承兑人是主要债务人
份数不同	本票只能开出一张	一式两份或多份
有无承兑不同	无须承兑	远期汇票需要承兑

表 2-5　支票与汇票的区别

区别	支票	汇票
提示期限不同	10 天	见票即付和见票后定期付款的汇票自出票后 1 个月内提示
用途不同	支票用途是结算	汇票用途既可以是结算，也可以是信贷
付款期限不同	支票是即期付款，流通期限短，不需承兑	汇票有即期和远期之分，远期汇票需要承兑
可否止付不同	英国票据法规定：出票人可以止付	汇票无止付

表 2-6　汇票、本票和支票的区别

项目	汇票	本票	支票
出票人	承兑前为主债务人，承兑后为次债务人	始终是主债务人	始终是主债务人
受票人	可以是企业或银行	无受票人	只能是银行
收款人	记名或不记名	记名或不记名	记名或不记名
出票人与受票人之间的关系	存在基础关系	为同一人	是存款户与开户行的关系
付款时间	可以是即期或远期	可以是即期或远期（我国只承认即期）	只能是见票即付

续表

项目	汇票	本票	支票
是否需要承兑	即期不需要，远期需要	不需要	不需要
签发份数	一般为一套，两份居多	一张	一张
担保	只有第三方担保的做法	只有第三方担保的做法	“保付支票”有保证支付的作用

【例 2-10】下列票据中出票人为银行的有（　）。

A. 银行汇票

B. 支票

C. 银行承兑汇票

D. 商业承兑汇票

答案：A

➢本章习题

1. 什么是票据？狭义上的票据一般是指哪些票据？
2. 票据的作用和特征是什么？
3. 目前主要的票据立法有哪些？它们之间的差别主要体现在哪些方面？
4. 什么是汇票？汇票的主要当事人有哪些？
5. 汇票上必须记载哪些事项？
6. 汇票的票据行为主要有哪些？
7. 持票人行使追索权时应满足哪些条件？
8. 汇票有哪些种类？各自的特点是什么？
9. 什么是本票？本票的主要当事人有哪些？
10. 本票有哪些种类？各自的特点是什么？
11. 什么是支票？支票的主要当事人有哪些？
12. 什么是划线支票？画线的作用是什么？有哪些画线形式？
13. 支票止付和退票的主要原因有哪些？
14. 试比较汇票、本票和支票。

第3章　国际结算中的主要单据

【导入案例】

某日，B银行开立一张不可撤销保兑信用证，该证的保兑行与通知行均为A银行。受益人在接到A银行通知后，即刻备货装运，且将全套单据送A银行议付。A银行审核单据后，发现有两处不符：一是迟装，二是单据晚提示。于是A银行与受益人电话联系，征求受益人意见。受益人要求A银行单寄开证行并授权议付。

收到议付行寄来的不符单据，B银行认为其不能接受此两不符点，并且将此情况通知了开证申请人。开证申请人也认为单据严重不符，拒绝付款。于是B银行电告A银行："由于货物迟装运以及单据晚提示的原因，金额为×××的第×号信用证项下的款项被拒付。我们掌握单据听候你们方便处理。我们已与申请人联系，据告他们会直接与受益人协商，请指示。"

A银行收到B银行电传即告受益人。受益人要求A银行电告B银行单据交由B银行掌握并等待受益人的进一步指示。遵受益人指示，A银行即电告B银行上述内容。

收到A银行要求单据交由其掌握，听候受益人进一步指示的电传后，B银行与申请人取得了联系。由于申请人迫切希望得到这批货物，他随即指示B银行付款。于是B银行电传A银行道："你方要求单据交由你方掌握，进一步听候受益人指示的电传已收到，经进一步与申请人联系，他已同意接受不符的单据，并且授权付款FFr×××，请即对受益人付款，并借记我方开在你处的账户外加所有的银行费用。"

收到B银行电传指示，A银行打电话通知受益人。受益人认为他们不能接受。因为在得到申请人拒付的信息后，货物市价突然上涨，他们已将货物以更高的价格转卖给了另一买主。况且在对方拒付的情况下，他们毫不延迟地做出决定：单据交由A银行掌握，听候处理。得此信息后，A银行给B银行发了一则电传："由于你方拒绝接受我方的不符单据，在此情况下，受益人已将货物转卖给另一客商。因此他们不能接受你方在拒绝不符单据后再次接受该单据的做法。此外，据受益人称，申请人已掌握了代表货物所有权的正本提单。我们认为未经我方许可，你方擅自放单的做法严重违反了UCP600的规定。"

B银行电告A银行称申请人与其关系极好，该银行的放单纯粹是为了有利于争端的解决。B银行认为由于受益人提供的单据与信用严重不符，据其估计该笔业务只能以跟单托收的方法进行。既然申请人随后接受了单据并且支付了货款，B银行在此情况下将提单背书给买方，即将货物所有权转至买方，故B银行也无须再将全套单据退A银行掌握。

国际贸易货物单据化，使得商品买卖可以通过单据买卖来实现，主要凭借国际结算中的单据来处理国际货物的支付、运输、保险、商检、结汇等。货物流转的过程，也可以说是单据流转的过程。尤其在象征性交货的情况下，卖方交单意味着交货，而买方也是凭单据付款。单据与货款的对流原则已成为国际贸易中商品买卖和货款支付的一般原则。只有做好单据才能保证正常的收汇、结汇。

☆**思考：**

如何妥善解决此案？

3.1 单据概述

3.1.1 单据的概念

单据是指国际结算中出现的从不同角度代表货物、服务或者其他债权债务关系的各种文件凭证。

单据是国际贸易结算的核心，在国际结算中具有举足轻重的作用。单据是进行会计核算的原始资料和重要依据，是办理货物的交付和货款的支付的一种依据。单据可以表明出口商是否履约、履约的程度。进口商品以单据作为提取货物的货权凭证，有了单据，就表明有了货物。

在跟单托收和信用证结算方式中单据是进口商和开证行付款的依据。在汇款结算方式中单据虽然不是付款的依据，却依然是进口商提货的重要凭证。国际贸易虽然是进出口商之间商品的买卖，但在结算实务中却表现为与商品有关的单据的买卖。出口商的交货通过交单来实现，进口商的付款根据单据来完成。单据代表了货物，单据的交接代表了货物的交接，单据的转让代表了物权的转让。国际结算是以商业银行为中介的间接结算，凭单据付款是现代国际结算的重要特点，商业银行在国际结算中只处理单据不处理货物。

3.1.2 单据的作用

国际结算中常见的单据有汇票、商业发票、海运提单、保险单据、原产地证书、检验证书等。不同的单据有不同的作用，如汇票是支付凭证，发票是价格凭证，装箱单和重量单是计量凭证，海运提单是物权凭证，检验证书是质量凭证，保险单据是索赔凭证。在国际贸易中，出口商无论采用哪种结算方式，都必须向进口商提供相关的单据，通过单据，实现收汇的目的。

1. 单据体现了不同当事人之间的权责利益关系

在进出口交易中，出口商有按合同规定装运货物、提交单据的义务，也有凭单据收取货款的权利。进口商有凭单付款的义务，也有凭单提货的权利。双方权利的大小取决于各自承担的责任和义务。具体而言，海运提单是承运人和托运人之间订立的海上货物运输合同的证明，体现了承运人和托运人之间的权利义务关系。保险单据是保险人和被保险人之间保险合同的证明，投保人必须按规定支付保费，保险人承担对合同约定的风险所造成的损失进行赔偿的责任。因此，不同当事人之间的权利和义务关系通过单据来体现。

2. 单据是当事人履行合同或义务的证明

单据是一种书面凭证，贸易合同的执行情况通过单据反映出来。出口商只有在货交承运人后才能取得海运提单，只有在为货物办理了保险以后才能取得保险单据，只有在货物经过检验以后才能取得检验证书。进口商只有履行了相关手续后才能取得进口许可证。单据是进出口商履约的证明。

3. 单据是办理国际结算的基本工具

单据是出口商收汇和进口商付款的依据，也是银行办理国际结算和贸易融资的重要依据。在汇款结算方式下，银行不接触单据，出口商发货后，直接将单据寄给进口商，进口商委托银行将货款支付给出口商，单据是出口商交付货物的基础，也是进口商支付货款的依据。

3.1.3　单据的分类

根据单据的性质，单据可以分为金融单据和商业单据。金融单据是指汇票、本票、支票或其他用于获得货币付款的相似票据；商业单据主要是指非金融单据的其他所有单据，包括运输单据、物权单据或其他相似单据等。

3.1.4　单据的制作

1. 制单方法

打字、复写、影印、自动处理或电脑处理。正本单据需要标明“Original”字样，出口企业在单据上加盖法人章，副本单据注明“Copy”或“Nonnegotiable”，也可不标明“Copy”字样。

2. 制单顺序

第一，先制发票、装箱单或重量单。在所有单据中，发票是中心单据，其他单据都参照发票制作，以期达到“单单相符”。

第二，根据发票上的数量、单价和金额要求中国国际贸易促进委员会或国家出入境检验检疫局签发原产地证书，保险公司签发保险单证。

第三，根据发票和装箱单上的金额和件数托运，运输公司签发海运提单、空运单、承运货物收据、国际铁路运单和多式联运单据等。

第四，根据发票金额制作汇票。

第五，根据合同或信用证要求制作其他单据。

3. 签字盖章

正本单据需要签字，副本单据可以不签。对于非基本单据（附属单据），如果信用证不要求签字则可不签字。

4. 单据更改

所有单据原则上应避免更改。除许可证、产地证、汇票、发票单价金额、提单包装件数，其他单据允许三处以内的更改，但需盖更正章。

3.2 发票

发票是出口货物的价目清单和货物情况说明书，是一项非常重要的单据。

无论使用什么结算方式，发票都是不可缺少的基本单据。广义的发票是指所有带有发票字样的单据，如商业发票、海关发票、形式发票等，狭义的发票仅指商业发票。

3.2.1 商业发票

1. 商业发票的含义

商业发票（commercial invoice）是卖方开立的载有货物名称、数量、价格等内容的清单，理论上商业发票代表了买卖双方（进口商和出口商）关于所销售货物的完整记录。商业发票作为买卖双方交接货物和结算货款的主要单证之一，是进口国确定征收进口关税的依据，也是买卖双方索赔、理赔的依据。商业发票是所有其他单据的基础。

2. 商业发票的作用

（1）商业发票是出口商履约的证明。发票是一笔交易的全面叙述，它详细列明了该装运货物的货物名称、商品规格、装运数量、价格条款、商品单价、商品总值等全面情况，为进口商提供识别该批货物属于哪一批订单项下的信息。进口商可以依据出口商提供的发票，核对签订合同的项目，了解和掌握合同的履约情况，进行验收。

（2）商业发票是进出口商收付货款和记账的依据。出口商通过发票表明合同的履行和交易的总体情况，并凭以收取货款。进口商通过发票了解货物情况，并凭以付款。在不用汇票的情况下，发票代替汇票作为收付货款的依据。发票是出口商的销售凭证和进口商的购货凭证，进出口商都需要根据发票内容记账、核算盈亏。

（3）商业发票是进出口商报关纳税的依据。发票是销售货物的凭证，对进口商来说，需要根据发票逐笔登记记账，按时结算货款。同时进口商在清关时需要向当地海关当局递交出口商发票，其是海关凭以核算税金、验关放行和统计的凭证之一。

3. 商业发票的内容

商业发票的主要内容包括发票名称、号码、签发日期、出单人、抬头、唛头、货物描述、数量、单价和总值等。就单据功能而言，其中的货物描述、单价和总值是最为重要的内容。

4. 商业发票的样式

商业发票样式如图 3-1 所示。

COMMERCIAL INVOICE
商业发票

(Please complete in English print)
（请用英文标准字体填写）

INTERNATIONAL AIR WAYBILL NO..

(NOTE: All shipments must be accompanied by a FedEx International Air Waybill & two duplicate copies of CI.)
请注意:所有货件必须附有 FedEx 国际运单及两份商业发票副本.

DATE OF EXPORTATION 发货日期	**SHIPPER'S EXPORT REFERENCES** (i.e., order no., invoice no.) 寄件人发货参考信息 （例如：订单号码，发票号码）
SHIPPER/EXPORTER (complete name, address, telephone, Business Registration No./ Customs / Tax ID No. e.g. GST / RFC / VAT / IN / EIN /ABN / SSN, or as locally required) 发货人（请填写姓名、地址、电话号码、营业登记号/进口税/税金 ID 号，如 GST/RFC/VAT/IN/EIN/ ABN/SSN，或根据本地海关要求填写其它信息）	**CONSIGNEE** (complete name, address, telephone, Business Registration No./ Customs / Tax ID No. e.g. GST / RFC / VAT / IN / EIN / ABN / SSN, or as locally required) 收件人（请填写姓名、地址、电话号码、营业登记号/进口税/税金 ID 号，如 GST/RFC/VAT/IN/EIN/ ABN/SSN，或根据本地海关要求填写其它信息）
COUNTRY OF EXPORT 出口发货国家 **REASON FOR EXPORT** (e.g. personal gift, return for repair) 出口原因 （如：私人礼品，返修货品等） **COUNTRY OF ULTIMATE DESTINATION** 出口目的地国家	**IMPORTER - IF OTHER THAN CONSIGNEE** (complete name, address and telephone) 进口商 - 如不是收件人请填写此项 （请填写姓名、地址、电话）

COUNTRY OF ORIGIN 货品原产国	MARKS/ NO'S 外包装标识	NO. OF PKGS 件数	TYPE OF PACKAGING 包装类型	FULL DESCRIPTION OF GOODS 货品描述	HS CODE 物品税则编码	QTY. 数量	UNIT OF MEASURE 度量单位 e.g. pieces, units, set 例如:.片、套.	WEIGHT 重量 lb / kg 磅/公斤	UNIT VALUE 单位价值 Currency 币种	TOTAL VALUE 总价值
				To assist clearance times & reduce delay, the description should answer: 为提高清关速度避免延误，货品描述应包括以下内容: What is it? 物品具体名称是什么？ What is it made of? 货品由什么材料制成？ What is it used for? 货品用途是什么？ What is it a component of? 此货品为什么物品的部件或组成部分？ e.g.) Ladies' 100% Silk Knitted Blouse. 例如，100%丝织女式上衣.						
		TOTAL PKGS 总件数						TOTAL WEIGHT 总重量	RMB	TOTAL INVOICE VALUE 发票登记总价值

Payment Method 付款方式	Check one
☐L/C ☐T/T ☐Others Check if applicable	☐F.O.B ☐C & F ☐C.I.F

I DECLARE ALL THE INFORMATION CONTAINED IN THE INVOICE TO BE TRUE AND CORRECT. 我声明发票上所填信息均真实准确

SIGNATURE OF SHIPPER / EXPORTER
发货人签名

NAME (PLEASE PRINT)　　TITLE (PLEASE PRINT)　　DATE

图 3-1　商业发票样式

5. 商业发票的缮制

（1）卖方栏目（name and address of the seller）要按合同和信用证的规定填写名称和地址的全称：一般名称和地址要分行打。

（2）买方栏目（name and address of the buyer）（又称发票的收货人或抬头人）（consignee）：当采用信用证方式付款时，商业发票必须以信用证申请人为抬头，除非信用证另有规定。跟单托收业务，发票上的收货人应根据合同所列买方或指定名称缮制，并列明详细地址。

（3）发票号码（invoice No.）：发票号码由出口商自行编制，一方面便于出口商的查寻，同时又代表了全套单据的号码和某批货物，所以，在缮制时不能遗漏，如缮制汇票时的号码就是按发票号码填写。

（4）发票日期（date of invoice）：发票的出票日期，一般在信用证开证日期之后，装运日期之前，或至少在交单或有效期之前。

（5）信用证号码（L/C No.）：按信用证填写。

（6）信用证日期（L/C date）：按信用证填写。

（7）开证行（issuing bank）：填写信用证的开证行。

（8）合同号码（sale contract No.）：应与信用证上所列的一致，须在发票上列明，若一笔交易有多个合同号码，都应打在发票上。

（9）合同日期（date of sale contract）：订立合同的时间。

（10）起运地（the port/place of shipment）：按信用证规定填写，并与提单所列明的一致。

（11）目的地（the port/place of destination）：按信用证填写，同时注意目的地的规定要明确具体，不能笼统；有重名的目的地后面要加打国别。

（12）运输工具（transportation）：在得到海运公司或运输代理的配载通知后，按其配载内容列明运输工具和航次。

（13）唛头（marks&Nos.）：凡是信用证上规定唛头的，必须逐字逐行按规定缮制，并与其他单据的唛头相一致。信用证中没有规定唛头的，则按合同条款中指明的唛头或买方已提供的唛头缮制；如果都没有规定的，则由卖方自行设计，并注意单单相符。

（14）商品名称及规格（description of the goods）：必须与合同和信用证一致，如果信用证方式下制单，应特别注意以下几点：第一，发票的品名不能超出信用证的内容；第二，货名不能遗漏和随便减缩，如果来证货物名称详细具体，应照抄；第三，要正确缮制中文和外文品名；第四，来证品名开错时，如果是实质性问题，应及时修改，如果是次要问题，可采用照抄并加注括号的办法，但严格来说，这也是单证不符，最好还是修改信用证；第五，来证所要求的规格必须在单据上充分体现出来。

（15）数量或重量（quantity or weight）：既要与实际装运货物相符，又要符合信用证规定。以件数计算价格的商品，发票要列明件数；以重量计算价格的，必须列出重量。

如果货品规格较多，每种商品应打明小计数量，最后表示出总数量。

（16）价格术语（price terms）：要严格按信用证规定填制，有时含佣金，有时不含佣金。

（17）单价和总值（amount）：这是发票的重点，特别要注意发票金额不超过信用证金额，发票的货币要与信用证相一致。

（18）出具人和签章（signature）：一般发票必须经出口商正式签字盖章才有效，并注意使用的图章和签字与其他单据的签章相一致。如果对方国家要求手签时，要注意各国的习惯。

3.2.2　海关发票

1. 海关发票的含义

海关发票（customs invoice）是商业发票的一种扩展形式，它是出口商应进口国海关要求出具的一种单据。

海关发票的基本内容同普通的商业发票类似，其格式一般由进口国海关统一制定并提供，主要是用于进口国海关统计、核实原产地、查核进口商品价格的构成等。由于各国海关规定不同，各国和各地区都有自己不同格式的海关发票，不能混用。海关发票是进口国海关核定进口货物原产地征收关税以及海关统计的依据，也是进口国海关核对商品是否倾销的依据。

2. 海关发票的作用

供进口国海关核定货物的原产地国，以采取不同的国别政策；供进口商向海关办理进口报关、纳税等手续；供进口国海关掌握进口商品在出口国市场的价格情况，以确定是否低价倾销，以便征收反倾销税；供进口国海关作为统计的依据。

3. 海关发票的内容

海关发票是由有关国家政府规定的，其内容比一般的商业发票复杂。尽管各国制定的海关发票格式不同，但一般包括三大部分，即价值部分、产地部分和证明部分。海关发票的内容主要包括以下几点：

（1）填写海关发票日期、地点；

（2）供货方名称及地点；

（3）收货方名称及地点；

（4）运输工具；

（5）订单（合同）号码；

（6）发票号码；

（7）货物简称；

（8）货物原产国家；

（9）货物的唛头、数量、件数；

（10）单价及总值；

（11）各项费用详表。

4. 海关发票的样式

海关发票样式如图 3-2 所示。

Revenue Canada Customs and Excise | Revenue Canada Douanes et Accise

CANADA CUSTOMS INVOICE
FACTURE DES DOUANES CANADIENNES

Page of / de

1. Vendor (Name and Address) *Vendeur (Nom et adresse)*	2.Date of Direct Shipment to Canada/*Date d' expedition directe vers ie Canade* 3.Other References (include Purchaserys Order No.) *Autres reterences(inclure ie n de commande de l acheteur)*
4. Consignee (Name and Address) *Destinataire (Nom et adresse)*	5. Purchaser's Name and Address(if other than Consignee) *Nom et adresse de l acheteur(S'Il differe du destinataire)* 6. Country of Transhipment/*Pays de transbordement* 7. Country of Origin of Goods *pays d' origine des marchandises* CHINA IF SHIPMENT INCLUDES GOODS OF DIFFERENT ORIGINS ENTER ORIGINS AGAINST ITEMA IN12 *SIL' EXPEDON COMPREND DES MARCHANDISES D' ORIGINES DIFFERENTES PRECISER LEUR PROVENANCE EN12*
8. Transportation Give Mode and Place of Direct Shipment to Canada *Transport Preciser mode et point d' expedition directe vercte vers ie canada*	9. Condirtions of Sale and Terms of Payment (i.e Saie, Consignment Shipment, Leased Goods, etd.) *Conditions de vente et modaitites de paiement* *(P.ex vente, expedition en consignation, location, de marchandises, etc)* 10.Currency of Settlement/*Devises du paiement*

11.No of Pkgs *Nore de colis*	12.Specification of Commodities (Kind of Packages,Marks,and Numbers,General Description and Characteristics, ie Grade, Quality) *Designation des articles (Nature des colis, marques et numeros, description ger erale et caracteristiques., P ex classe, qualite)*	13. Quantity (State Unit) *Quantite (Preciser l unite)*	Selling Price/*Prix de vente* 14.Unit Price *Prix unitaire*	15. Total

18. If any Of fields 1 to 17 are included on an attached commercial invoice, check this box ☐ *si tout renseignement relativement aux zones 1 e 17 ligure sur une ou des tactures commerciales ci-attachees cocher cette case commercial invoice No. 1 N de la factre commerciale*	16. Total Weight/*Poids Total* Net	Gross/*Brut*	17. Invoice Total *Total de la facture*
19.Exporter's Name and Address(if other than Vendor) *Nom et adresse de l exportateur(s'Il differe du vendeur)*	20.Originator (Name and Address)/*Expediteur d' origine(Nom et adresse)*		

图 3-2 海关发票样式

5. 海关发票的缮制

（1）与商业发票的相应项目必须完全一致。

（2）须列明国内市场价或成本价时，应注意其低于销售的离岸价。

（3）经准确核算的运费、保险费及包装费。

（4）海关发票应以收货人或提单的被通知人为抬头人。

（5）签具海关发票的人可由出口单位负责办事人员签字，证明人须另由其他人员签字，不能是同一人。

3.3　包装单据

3.3.1　包装单据的含义

包装单据（packing documents）是出口商向进口商签发的反映货物包装重量和尺码情况的单据。

包装单据是对发票内容的必要补充，也是常见的用以向银行提交以获得付款的单据。因此，在通常情况下，包装单据是必不可少的文件之一。进口地海关验货、公证行检验、进口商核对货物时，都以包装单据为依据，从而了解包装内的具体内容，以便其接收、销售。

3.3.2　包装单据的作用

包装单据主要有四个作用：第一，包装单据是出口商缮制发票及其他单据时计量、计价的基本资料；第二，包装单据是出口商清点数量或重量以及销售货物的依据；第三，包装单据是海关查验货物的凭证；第四，包装单据是公证或商检机构查验货物的参考资料。

3.3.3　包装单据的内容

包装单据的主要内容与发票比较接近，主要反映货物的包装细节，因此少了单价和总值的表示。就其功能而言，货物的毛重、净重和尺码是其中最为重要的内容。毛净重均以 KGS（千克）表示，尺码以 CMB（立方米）表示。

3.3.4　包装单据的样式

包装单据样式如图 3-3 所示。

3.3.5　包装单据的缮制

（1）出单人（drawer）：出口商名称与地址。

（2）发票号码、制单日（invoice No.，issuing date）：与商业发票一致。

EXPORTER xxxxxxx	PACKING LIST
IMPORTER xxxxxxx.	P/L DATE:
	INVOICE NO.:
	INVOICE DATE:
	CONTRACT NO.:

Letter of Credit No.:		Date of Shipment:					
Marks	Description of goods: Commodity No.	Quantity	Package	G.W	N.W	Meas.
	Total amount:	FIFTY THOUS AND SETS				

Exporter stamp an signature

图 3-3　包装单据样式

（3）装运港和目的港（port of shipment and port of destination）：一般只简单地表明运输路线及运输方式。

（4）唛头与箱号（marks&Nos. and carton No.）：唛头应与发票一致。

（5）货物描述（description of goods）：装箱单货物描述可以使用统称，但不得与信用证的规定相抵触。装箱单上不得表明商品的单价和总价。

（6）数量（quantity）：每个包装内的货物数量。

（7）包装件数（number of packages）：货物最大外包装件数，规格不同的应分列。

（8）毛重（gross weight）：每个包装件的毛重。

（9）净重（net weight）：每个包装件的尺寸。

（10）小写合计（sub-total）：整批货总数、总毛重、总净重、总尺码。

（11）大写合计（total）：总包装件件数或总数量合计。

（12）自由处理区（other information）：如 L/C 要求填写特殊条款的，应该在此填注。

（13）出票人签章（signature of the drawer）：一般不签署或与发票一致。

3.3.6　包装单据的种类

不同商品有不同的包装单据，常用的有以下几种。

1. 装箱单

装箱单（又称包装单）（packing list/packing slip）重点说明每件商品包装的详细情况，表明货物名称、规格、数量、唛头、箱号、件数和重量，以及包装情况。对定量箱装，每件商品都是统一的重量，则只需说明总件数多少，每箱多少重量，合计重量多少。如果信用证来证条款要求提供详细包装单，则必须提供尽可能详细的装箱内容，描述每件包装的细节，包括商品的货号、色号、尺寸搭配、毛净重及包装的尺寸等内容。

2. 重量单

重量单（weight list/weight note）是在排除装箱单上提供的内容外，尽量详细地表明商品每箱毛重、净重及总重量的情况，供买方安排运输、存仓时参考。重量单一般起码要具备编号及日期、商品名称、唛头、毛重、净重、皮重、总件数等内容。

3. 尺码单

尺码单（measurement list）偏重于说明货物每件的尺码和总尺码，即在装箱单内容的基础上重点说明不同规格项目的尺码和总尺码。如果货物不是每件统一尺码的，应逐渐列明每件的尺码。

4. 其他

除了以上三种不同的包装单据以外，还有花色搭配单（assortment list）、包装说明（packing specification）、详细装箱单（detailed packing list）、包装提要（packing summary）、重量证书（weight certificate/certificate of weight）、磅码单（weight memo）等。

3.4 运输单据

随着世界贸易的发展和运输条件的改善，国际货物运输出现了多种运输方式，如海运、空运、公路、铁路、内河运输、特快专递、邮寄运输及多式联运等，其中海洋运输在国际货物运输中占据重要地位，是国际贸易中使用最多的运输方式，这是因为海运具有运量大、运费低、对货物的适应性强等特点，所以我国对外贸易中80%以上的货物运输都是通过海运完成的。不同的运输方式产生了各种不同的运输单据。

3.4.1 提单

1. 提单的含义

提单（bill of lading，B/L）是指由承运人签发的用以证明海上货物运输合同和货物已经由承运人接收或者装船，以及承运人保证据以交付货物的单证。收货人凭提单向货运目的地的运输部门提货（若收货人手里是小单，则需要向国内货代换取主单），提单须经承运人或船方签字后才能生效。D/O 单是海运货物向海关报关的有效单证之一。

2. 提单的作用

（1）提单是承运人或其代理人出具的货物收据。承运人不仅对于已装船货物负有签发提单的义务，而且根据托运人的要求，即使货物尚未装船，只要货物已在承运人掌管之下，承运人也有签发一种被称为“收货待运提单”的义务。所以，提单一经承运人签发，即表明承运人已将货物装上船舶或已确认接管。

（2）提单是一种所载货物的物权凭证。提单的合法持有人凭提单可在目的港向轮船公司提取货物，也可以在载货船舶到达目的港之前，通过转让提单而转移货物所有权，或凭以向银行办理押汇货款。

（3）提单是托运人与承运人之间所订立的运输契约的证明。在班轮运输的条件下，它是处理承运人与托运人在运输中产生争议的依据；包租船运输的条件下，承运人或其代理人签发的提单也是运输契约的证明。这种运输的契约是租船合同，它是处理承运人（船东）与租船人在运输中的权利义务的依据。

3. 提单的内容

1）必要记载事项

《中华人民共和国海商法》[①]第七十三条规定，提单内容，包括下列各项：

（1）货物的品名、标志、包数或者件数、重量或者体积，以及运输危险货物时对危险性质的说明；

---

①《中华人民共和国海商法》已由中华人民共和国第七届全国人民代表大会常务委员会第二十八次会议于1992年11月7日通过，现予公布，自1993年7月1日起施行。

（2）承运人的名称和主营业所；

（3）船舶名称；

（4）托运人的名称；

（5）收货人的名称；

（6）装货港和在装货港接收货物的日期；

（7）卸货港；

（8）多式联运提单增列接收货物地点和交付货物地点；

（9）提单的签发日期、地点和份数；

（10）运费的支付；

（11）承运人或者其代表的签字。

上述规定说明：提单缺少其中的一项或几项的，不影响提单的性质，但是必须符合《中华人民共和国海商法》关于提单的定义和功能的规定。除在内陆签发多式联运提单时船舶名称、签发海运提单时多式联运提单的接收货物地点和交付货物地点以及运费的支付这三项外，其他八项内容是必不可少的，目前各船公司制定的提单内容与此相仿。

2）一般记载事项

（1）属于承运人因业务需要而记载的事项：如航次顺号、船长姓名、运费的支付时间和地点、汇率、提单编号及通知人等。

（2）区分承运人与托运人之间的责任而记载的事项：如数量争议的批注；为了减轻或免除承运人的责任而加注的内容；为了扩大或强调提单上已印妥的免责条款；对于一些易于受损的特种货物，承运人在提单上加盖的以对此种损害免除责任为内容的印章等。

（3）承运人免责和托运人作承诺的条款等。

4. 提单的样式

提单样式如图 3-4 所示。

5. 提单的缮制

（1）提单编号（B/L No.）：一般列在提单右上角，以便于工作联系和查核。发货人向收货人发送装船通知（shipment advice）时，也要列明船名和提单编号。

（2）托运人（shipper）：填写托运人的名称、地址，必要时也可填写代码。托运人一般为信用证中的受益人（出口商）。

（3）收货人（consignee）：填写收货人的名称、地址，必要时可填写电话、传真或代码。如要求记名提单，此栏可填上具体的收货人的名称；如属指示提单，则填为“Toorder”或“Toorder of×××”。

B/L No.

1.Shipper insert Name,Address and Phone

2.Consignee Insert Name,Address and Phone

3.Notify Party insert Name, Address and Phone

中远集装箱运输有限公司

COSCO CONTAINER LINES

TLX: 33057 COSCO CN

FAX: +86(021) 6545 8984

ORIGINAL

Port-to-Port or Combined Transport

BILL OF LADING

RECEIVED in extemal apparent good order and condition except as other-Wise noted. The total number of packages or unites stuffed in the container, The description of the goods and the weights shown in this Bill of Lading are Furnished by the Merchants, and which the carrier has no reasonable means Of checking and is not a part of this Bill of Lading contract The carrier has ssued the number of Bills of Lading stated below, all of this tenor and date. One of the original Bilts of Lading must be surrendered and endorsed or sig Ned against the delivery of the shipment and whereupon any other original Bils of Lading shall be void. The Merchants agree to be bound by the terms And conditions of this Bill of Lading as if each had personaily signed this Bill of Lading.

SEE clause 4 on the back of this Bill of Lading (Terms continued on the back Hereof, please read carefully).

*Applicable Only When Document Used as a Combined Transport Bill of Lading.

4.Combined Transport* Pre - carriage by	5.Combined Transport Place of Receipt
6.Ocean Vessel Voy.No	7.Port of Loading
8. Port of Discharge	9.Combined Transport"

Marks &Nos Container/ Seal No	No. of Containers Or Packages	Description of Goods (ifDangerous Goods.See Clause 20)	Gross Weight Kgs	Measuremment

图 3-4　提单样式

（4）通知方（notify party）：这是船公司在货物到达目的港时发送到货通知的收件人，有时为进口商。在信用证项下的提单，如信用证上对提单通知方有具体规定，则必须严格按照信用证要求填写。如果是记名提单或收货人指示提单，且收货人又有详细地址的，则此栏可以不写。如果是空白指示提单或托运人指示提单，则此栏必须填写通知方的名称与详细地址，否则船方就无法与收货人联系，收货人也不能及时报关提货。通知方一般为预定的收货人或收货人的代理人。

（5）船名（name of vessel）：填写装运货物的船名及航次。若是已装船提单，必须填写船名；若是待运提单，待货物实际装船完毕后记载船名。

（6）接货地（place of receipt）：此栏在多式联运方式下填写，表明承运人接收到货物的地点，其运输条款可以是门—门、门—场、门—站。

（7）装货港（port of loading）：此栏应填写实际装船港口的具体名称。

（8）卸货港（port of discharge）：此栏应填写实际卸下货物的港口具体名称。如属转船，第一程提单上的卸货港填转船港，收货人填第二程船公司；第二程提单上的装货港填上述的转船港，卸货港填最后的目的港，如由第一程船公司签发联运提单（through B/L），则卸货港即可填写最后目的港，并在提单上列明第一和第二船名。如经某港转运，要显示“via××”字样。填写此栏要注意同名港口问题，如属选择港提单，要在此栏中注明。

（9）交货地（place of delivery）：此栏在多式联运方式下填写，表明承运人交付货物的地点，其运输条款可以是门—门、场—门、站—门。

（10）货名（description of goods）：在信用证项下，货名必须与信用证上规定的货名一致。

（11）件数和包装种类（number and kind of package）：此栏按箱子的实际包装情况填写。在集装箱整箱货运输下，此栏通常填写集装箱的数量、型号（如：1×20FTDC）；如果是在拼箱货运输下，此栏应填写货物件数（如：10 cases machinery）。

（12）唛头（shipping marks）：信用证上有规定的，必须按规定填写；否则可按发票上的唛头填写。

（13）毛重、尺码（gross weight；measurement）：信用证上有规定的，必须按规定填写；否则一般以千克为单位列出货物的毛重、以立方米为单位列出货物的体积。

（14）运费与费用（freight and charges）：一般为预付（freight prepaid）或到付（freight collect）。例如，CIF（cost insurance and freight，成本加保险费加运费）或 CFR（cost and freight，成本加运费）出口，一般均填上"运费预付"字样，千万不可漏填，否则收货人会因为运费未清问题而晚提货或提不到货。如系 FOB（free on board，船上交货价）出口，则运费可制作"运费到付"字样，除非收货人委托发货人垫付运费。

（15）温度指示（temperature control instructions）：此栏填写冷藏箱运输时所要求的温度，应尽量避免标明具体温度。

（16）提单的签发地点、日期和份数［place and date of issue，number of original B（s）/L］：提单签发的地点原则上是装货地点，一般是在装货港或货物集中地签发。提单的签发日期应该是提单上所列货物实际装船完毕的日期，也应该与收货单上大副所签发的日期是一致的。如果是在跟单信用证项下结汇，提单上所签发的日期必须与信用证或合同上所要求的最后装船期一致或先于装船期。如果卖方估计货物无法在信用证规定的期限内装船，应尽早通知买方，要求修改信用证，而不应该利用"倒签提单""预借提单"等欺诈行为取得货款。提单份数一般按信用证要求出具，如"full set of"，一般理解为正本提单一式三份，每份都有同等效力，收货人凭其中一份提取货物后，其他各份自动失效。副本提单的份数可视托运人的需要而定。

（17）承运人或船长，或由其授权的人签字或盖章。

6. 提单的种类

1）根据提单收货人的抬头分为记名提单（straight B/L）、不记名提单（bearer B/L，or open B/L，or blank B/L）和指示提单（order B/L）

（1）记名提单又称收货人抬头提单，是指提单上的收货人栏中已具体填写收货人名称的提单。提单所记载的货物只能由提单上特定的收货人提取，或者说承运人在卸货港只能把货物交给提单上所指定的收货人。因为这种提单只能由提单内指定的收货人提货，所以提单不易转让。这种提单失去了代表货物可转让流通的便利，但同时也可以避免在转让过程中可能带来的风险。

（2）不记名提单是指在提单收货人栏内不填明具体的收货人或指示人的名称而留空的提单。不记名提单的转让不需任何背书手续，仅凭提单交付即可，提单持有者凭提单提货。承运人应将货物交给提单持有人，谁持有提单，谁就可以提货，承运人交付货物只凭单，不凭人。这种提单丢失或被窃，风险极大，若转入善意的第三者手中时，极易引起纠纷，故国际上较少使用这种提单。

（3）指示提单是指收货人栏内，只填写“凭指示”（to order）或“凭某人指示”（to order of…）字样的一种提单。这种提单通过背书方式可以流通或转让。所以，又称可转让提单。按照表示指示人的方法不同，指示提单又分为托运人指示提单、记名指示人提单和选择指示人提单。如果在收货人栏内只填记“指示”字样，则称为托运人指示提单。这种提单在托运人未指定收货人或受让人之时，货物所有权仍属于卖方，在跟单信用证支付方式下，托运人就是以议付银行或收货人为受让人，通过转让提单而取得议付货款的。如果收货人栏内填记“某某指示”，则称为记名指示人提单，如果在收货人栏内填记“某某或指示”，则称为选择指示人提单。记名指示人提单或选择指示人提单中指名的“某某”既可以是银行的名称，也可以是托运人。

2）根据货物是否已装船分为已装船提单（shipped B/L，or on board B/L）和收货待运提单（received for shipment B/L）

（1）已装船提单是指货物装船后由承运人或其授权代理人根据大副收据签发给托运人的提单。如果承运人签发了已装船提单，就是确认他已将货物装在船上。这种提单除载明一般事项外，通常还必须注明装载货物的船舶名称和装船日期，即提单项下货物的装船日期。这种提单的特点是提单上面有载货船舶名称和装货日期。

（2）收货待运提单又称备运提单、待装提单，或简称待运提单，它是承运人在收到托运人交来的货物但还没有装船时，应托运人的要求而签发的提单。这种提单上面没有装船日期，也无载货的具体船名。在国际贸易中，一般都必须是已装船提单。《跟单信用证统一惯例》规定，在信用证无特殊规定的情况下，要求卖方必须提供已装船提单。银行一般不接受备运提单。但当货物装船，承运人在这种提单上加注装运船名和装船日期并签字盖章后，待运提单即成为已装船提单。同样，托运人也可以用待运提单向承运人换取已装船提单。

3）根据提单上有无批注分为清洁提单（clean B/L）和不清洁提单（unclean B/L or foul B/L）

（1）清洁提单是指货物装船时，表面状况良好，承运人在签发提单时未加任何货损、包装不良或其他有碍结汇批注的提单。

（2）不清洁提单是指在货物装船时，承运人若发现货物包装不牢、破残、渗漏、玷污、标志不清等现象时，大副将在收货单上对此加以批注，并将此批注转移到提单上。例如，在提单上批注“铁条松失”“包装不固”“×件损坏”等。

3.4.2 多式联运单据

1. 多式联运单据的含义

多式联运单据（combined transport documents，CTD）是指在多式运输合同下证明承运人接管货物并负责按照合同条款交付货物的单据。

多式联运单据由承运人或其代理人签发，其作用与海运提单相似，既是货物收据也是运输契约的证明，在单据作成指示抬头或不记名抬头时，可作为物权凭证，经背书可以转让。例如，货物从西安通过飞机运到上海，从上海装上海轮运到东京，全程涉及空运和海运两种方式，但是由同一个承运人负责运输。

2. 多式联运单据的作用

多式联运单据主要有三方面作用：第一，是承运人和托运人之间签订的多式运输合同的证明；第二，是承运人接管货物的收据；第三，在特定情况下（一般认为最后一段运输为海运时），也是物权凭证。

3. 多式联运单据的内容

多式联运单据主要包括以下内容：

（1）货物品类、识别货物所必需的主要标志，如属危险货物，其危险特性的明确声明、包数或件数、货物的毛重或其他方式表示的数量等，所有这些事项均由发货人提供。

（2）货物外表状况。

（3）多式联运经营人的名称和主要营业所。

（4）发货人名称。

（5）如经发货人指定收货人，收货人的名称。

（6）多式联运经营人接管货物的地点和日期。

（7）交货地点。

（8）如经双方明确协议，在交付地点交货的日期或期间。

（9）表示该多式联运单据为可转让或不可转让的声明。

（10）多式联运单据的签发地点和日期。

（11）多式联运经营人或经其授权的人的签字。

（12）如经双方明确协议，每种运输方式的运费；或者应由收货人支付的运费，包括用以支付的货币；或者关于运费由收货人支付的其他说明。

（13）如在签发多式联运单据时已经确知，预期经过的路线、运输方式和转运地点。

（14）如不违背签发多式联运单据所在国的法律，双方同意列入多式联运单据的任何其他事项。

但是以上一项或者多项内容的缺乏，不影响单据作为多式联运单据的性质。如果多式联运经营人知道或者有合理的根据怀疑多式联运单据所列的货物品类、标志、包数或者数量、重量等没有准确地表明实际接管货物的状况，或者无适当方法进行核对的，多式联运经营人应在多式联运单据上做出保留，注明不符合之处及怀疑根据或无适当核对方法。如果不加批注，则应视为已在多式联运单据上注明货物外表状况的良好。

4. 多式联运单据的样式

多式联运单据样式如图 3-5 所示。

<table>
<tr><td>多式联运提单</td><td colspan="3"></td></tr>
<tr><td>Shipper</td><td></td><td colspan="2" rowspan="5">COSCO
CHINA OCEAN SHIPPING COMPANY. KJU6878-42
COMBINED TRANSPORT
BILL OF LADING
RECEIVED the goods in apparent good order and condition as specified below unless otherwise stated herein. The Carrier in accordance with the provisions contained in this document.
1) Undertakes to perform or to procure the performance of the entire transport from the place at which the goods are taken in charge to the place designated for delivery in this document, and
2) Assumes liability as prescribed in this document for such transport. One of the Bills of Lading must be surrendered duly indorsed in exchange for the goods or delivery order.</td></tr>
<tr><td>Consignee or order</td><td></td></tr>
<tr><td>Notify address</td><td></td></tr>
<tr><td>Pre-carriage by</td><td>Place of receipt</td></tr>
<tr><td>Ocean Vessel</td><td>Port of Loading</td></tr>
<tr><td>Port of Discharge</td><td>Place of Delivery</td><td>Freight payable at</td><td>Number of original B/L</td></tr>
<tr><td colspan="4">Container, Seal No. or Marks and Nos.   Number and kind of Packages   Description of Goods   Gross weight (kgs)   Measurement (m3)</td></tr>
<tr><td colspan="4">ABOVE PARTICULARS FURNISHED BY SHIPPER</td></tr>
<tr><td rowspan="3">FREIGHT & CHARGES</td><td colspan="3">IN WITNESS where of the number of original Bills of Lading stated above have been signed, one of which being accomplished, the other(s) to be void.</td></tr>
<tr><td colspan="3">Place and date of issue</td></tr>
<tr><td colspan="3">Signed for or on behalf of the Carrier</td></tr>
</table>

图 3-5 多式联运单据样式

5. 多式联运单据的缮制

（1）提单编号（B/L No.）。

（2）托运人（shipper）：应确保与信用证、托运单等单据记载相一致。

（3）运输工具（transportation）：此栏应填入运输工具名称。

（4）收货地（place of receipt）：如果在收货地收货，则此栏应填入具体名称。

（5）交付地（place of delivery）：在此栏应该填入具体名称。

（6）标志、集装箱号/铅封（sign；container No./lead seal）：应填入的标志须与商业发票及有关单据上的标志相一致，且不得与信用证有任何抵触。

（7）有关运费及费用栏目（freight and charges）：包括运费及费用、计费吨、费率、支付方式、兑换率、费用支付地点等，在通常情况下仅需要注明运费支付方式，到付还是预付。

（8）正本提单份数［No.of original B（s）/L］：应按信用证规定的份数出具，一般正本提单为 3 份。若信用证无特别规定，仅要求出具全套正本提单，也可出具 1 份。

（9）提单签发地和签发日期（place and date of issue）：提单签发地一般为收货人所在地或多式联运经营人办公地点；提单的签发日期应为收到货物的实际日期。

（10）运费支付地（place of freight payment）：填写实际运费支付地点。

（11）货物描述（description of goods）：与信用证一致。

6. 多式联运单据的种类

1）可转让的多式联运单据（transferable CTD）

多式联运单据以可转让的方式签发时：应列明按指示或向持票人交付；如列明按指示交付，须经背书后转让；如列明向持票人交付，无须背书即可转让；如签发一套一份以上的正本，应注明正本份数。

2）不可转让的多式联运单据（non-transferable CTD）

多式联运单据以不可转让的方式签发时，单据的收货人一栏必须记载具体收货人的名称，承运人必须向单据上记名的收货人凭其身份证明交付货物，它是多式运输承运人接管货物后签发的单据，属于收妥备运单据。

3.4.3　租船合同提单

1. 租船合同提单的含义

租船合同提单（charter party，B/L）是利用租船方式进行海上运输时签发的并受租船合同约束的提单。

租船合同提单属于略式提单（无背面详细条款），一般表面记载“受租船合同约束”字样，适用于大宗货物和集中交货，但银行不审租船合同，只需照转给信用证的申请人。

2. 租船合同提单的作用

租船合同提单主要有四个作用：第一，是货物收据；第二，是对租船运输合同的证明；第三，是否为物权凭证取决于租船合约；第四，租船合同的权利和义务只对船东和租船人有约束力。

3. 租船合同提单的内容

租船合同提单通常是简式提单，内容基本上与提单相同，有时只列有货名、数量、船名、装船港、目的港等项内容。

4. 租船合同提单的缮制

（1）单据名称（title）：只要表明货物已在信用证规定的装货港装上具名船只并从信用证规定的装货港发运至卸货港的运输单据，都被银行接受。

（2）签发或证实（sign or authenticate）：租船合同提单由以下人员签署和证实：船长或其具名代理人；船东或其具名代理人；租船人或其代理人签发；船长、船东、租船人或代理人的任何签字必须标明其船长、船东、租船人或代理人的身份；代理人签字必须标明其系代表船长、船东还是租船人签字；代理人代表船东或租船人签字时必须注明船东或租船人的名称。

（3）更正处（correction）：提单的更正处必须有船长、船东、租船人或其代理人的证实和小签。

（4）租船合同（charter party contract）：银行将不审核租船合同，即使信用证要求提交租船合同。

（5）装卸费用（loading and unloading fee）：船方不负担装船费用（free in，简称F.I.）；船方不负担卸船费用（free out，简称F.O.）；船方不负担装卸费用（free in and out，简称F.I.O.）；船方不负担装、卸、理舱费用（free in and out and stowed，简称F.I.O.S.）；船方不负担装、卸、理舱、平舱费用（free in and out and stowed and trimmed，简称F.I.O.S.T）。

（6）发运日期（date of shipment）：租船合同提单的出具日期将被视为发运日期。

（7）签发的租船合同提单份数（No. of original charter party B/L）：信用证规定的每一种单据须至少提交一份正本。若租船合同提单为正本提单，或以多份正本出具，租船合同提单中须注明全套正本的份数。

3.4.4 空运单

1. 空运单的含义

空运单（air waybill）是在航空运输方式下，由作为承运人的航空公司或其代理人接受托运人委托，以飞机装载货物进行运输时而签发的货运单据。

2. 空运单的作用

（1）空运单是发货人与航空承运人之间的运输合同。与海运提单不同，空运单不仅证明航空运输合同的存在，而且空运单本身就是发货人与航空运输承运人之间缔结的货物运输合同，在双方共同签署后产生效力，并在货物到达目的地交付给运单上所记载的收货人后失效。

（2）空运单是承运人签发的已接收货物的证明。空运单也是货物收据，在发货人将货物发运后，承运人或其代理人就会将其中一份交给发货人（即发货人联），作为已经接收货物的证明。除非另外注明，它是承运人收到货物并在良好条件下装运的证明。

（3）空运单是承运人据以核收运费的账单。空运单分别记录着属于收货人负担的费用，属于应付出给承运人的费用和应付出给署理人的费用，并具体列明费用的品种。

（4）空运单是报关单证之一。出口时空运单是报关单证之一，在货物到达目的地机场进行进口报关时，空运单也通常是海关查验放行的基本单证。

（5）空运单同时可作为保险证书。如果承运人承办保险或发货人要求承运人代办保险，则空运单也可用来作为保险证书。

3. 空运单的内容

空运单的主要内容包括运单名称、号码、托运人、收货人、起飞机场、目的机场、代理人国际航空运输协会代码、航班号和日期、件数、毛重、货物的性质和数量、正本份数、签发日期地点、签署方式等。

4. 空运单的样式

空运单样式如图 3-6 所示。

始发站 Airport of Departure		目的站 Airport of Dsstination	不得转让 NOT NEGOTIABLE 航空货运单 AIR WAYBILL
托运人姓名、地址、邮编、电话号码 Shipper'sName,Address,Postcode&Telephone No			航空货运单一、二、三联为正本，并具有同等法律效力 Copies 1.2and3 of this Air Waybill are originals and Have the same validity
收货人姓名、地址、邮编、电话号码 Consignee'sName,Address,Postcode&Telephone No			结算注意事项　AccouningInformation 填开货运单的代理人名称 Issuing Carrier's Agent Name

航线 Routing	到达站 To	第一承运人 By First Carrier	到达站 To	承运人 By	到达站 To	承运人 By

航班/日期 Flight/Date	航班/日期 Flight/Date	运输声明价值 Declared Value for carriage	运输保险价值 Amount of Insurance
储运注意事项及其它　Handing Information and Others			

件数 No.of Pes 运价点 RCP	毛重（千克）GrossWeight (KG)	运价种类 Rate Class	商品代号 Comm.Item No.	计费重量（千克）Chargeable	费率 Rate/KG	航空运费 Weight Charge	货物品名(包括包装寸或体积) Description of Goods (incl.Packaging.Dimensions.o Volume)

预付 Prepaid	到付 Collect		其它费用 Other Charge
	航空运费 Weight Charge		本人郑重声明:此航空货运单上所填货物品名和货物运输声明价值与实际交运货物品名和货物实际价值完全一致，并对所填航空运单和所提供的与运输有关文件的真实性和准确性负责 Shipper certifies that description of goods and declared value for carriageOn the face here of are consistent with actual desciption of goods andactual value of goods and that particulars on the face hereof are correct 托运人或代理人签字、盖章
	声明价值附加费 Valution Charge		
	地面运费 Surface Charge		
	其它费用 Other Charge		
			填开日期　填开地点　填开人或其他代理人签字/盖章

图 3-6　空运单样式

5. 空运单的缮制

（1）货运单号码（the air waybill No.）：货运单号码应清晰地印在货运单的左右上角及右下角（中性货运单需自行填制）。

（2）始发站机场（airport of departure）：填制始发站机场的 IATA 三字代号（如果始发地机场名称不明确，可填制机场所在城市的 IATA 三字代号）。

（3）货运单所属承运人的名称及地址（issuing carries name and address）：此处一般印有航空公司的标志、名称和地址。

（4）正本联说明（reference to originals）：无须填写。

（5）契约条件（reference to conditions of contract）：一般情况下无须填写，除非承运人需要。

（6）托运人栏（shipper）：托运人姓名和地址；填制托运人姓名（名称）、地址、国家（或国家两字代号）以及托运人的电话、传真、电传号码；托运人账号。此栏不需填写，除非承运人需要。

（7）收货人栏（consignee）：收货人姓名和地址；填制收货人姓名（名称）、地址、国家（或国家两字代号）及收货人的电话、传真、电话号码；收货人账号。此栏仅供承运人使用，一般不需填写，除非最后的承运人需要。

（8）填开货运单的承运人的代理人栏（issuing carriers agent）：填制向承运人收取佣金的国际航协代理人的名称和所在机场或城市；根据货物代理机构管理规则，该佣金必须支付给目的站国家的一个国际航协代理人，则该国际航协代理人的名称和所在机场或城市必须填入本栏。填入“收取佣金代理人”（commissionable agent）字样。

（9）保险的金额（amount of insurance）：如果承运人向托运人提供代办货物保险业务，此栏打印托运人货物投保的金额；如果承运人不提供此项服务或托运人不要求投保，此栏内必须打印“×××”符号。

6. 空运单的种类

1）根据有无承运人的名称分为航空公司货运单和中性货运单

航空公司货运单（airline air waybill）是指印有出票航空公司（issue carrier）名称及标志（航徽、代码等）的航空货运单。这类空运单代表出票航空公司的身份。中性货运单（neutral air waybill）是指没有预先在运单上打印任何承运人名称及标志的货运单。这类空运单不代表任何一个航空公司。

2）根据不同作用分为航空主运单和航空分运单

航空主运单（master air waybill，MAWB）是指凡由航空运输公司签发的航空运单。航空分运单（house air waybill，HAWB）是指航空货运代理公司在办理集中托运业务时签发给各个发货人的运单。

3.5 保险单据

3.5.1 保险单据的含义

保险单据（insurance policy）是由保险公司或承保人出具，并由其或其代理人签字，承保一定运输路程内的具体货物的风险和损失的单据。

3.5.2 保险单据的作用

保险单据主要有两个作用，一是国际货物运输保险合同的证明，二是被保险人索取赔偿的依据。

3.5.3 保险单据的内容

保险单据主要内容包括保单名称、编号、保险人与被保险人名称、唛头标记、被保险货物描述、数量及包装、保险金额、承保条件、运输工具、起运日期、运输起止地、赔款偿付地点、勘察代理人、正本份数、签发日期、签署方式等。

3.5.4 保险单据的样式

保险单据样式如图 3-7 所示。

3.5.5 保险单据的缮制

（1）保险公司名称（name of insurance company）：此栏应根据信用证和合同要求到相应的保险公司去办理保险单据，尤其在信用证支付方式下，如来证规定“insurance policy in duplicate by PICC”，PICC 即中国人民财产保险股份有限公司，则信用证要求出具由中国人民财产保险股份有限公司出具的保险单。

（2）保险单据名称（name of insurance document）：此栏按照信用证和合同填制，如来证规定“insurance policy in duplicate”，即要求出具保险单而非保险凭证等。

（3）发票号码（invoice No.）：此栏填写投保货物商业发票的号码。

（4）保险单号（No.）：此栏填写保险单号码。

（5）被保险人（insured）：如信用证和合同无特别规定，此栏一般填信用证的受益人，即出口公司名称。

（6）标记（marks and Nos.）：此栏填写装船唛头，与提单上同一栏目内容相同或填上“as per invoice No.×××”。

（7）包装及数量（quantity）：此栏填制了大包装件数，与提单上同一栏目内容相同。

（8）保险货物项目（description of goods）：此栏填写货物的名称，一般使用统称即可，与提单上名称相同。

（9）保险金额（amount insured）：保险金额应严格按照信用证和合同上的要求

中国人民保险公司
PEOPLE'S INSURANCE COMPANY OF CHINA
总公司设于北京 1949年创立
Head office: BEIJING Established in 1949

发票号码
INVOICE NO. TLGS11079

保险单号次
POLICY NO.

保险单
INSURANCE POLICY

中国人民保险公司（以下简称本公司）____________（以下简称被保险人）的要求由被保险人向根据公司重付约定的保险费，按照本保险单承保险别和背后所数条款与下列特款承保下述货物运输保险，特立本保险单。

THIS POLICY OF INSURANCE WIINESSES THAT THE PEOPLE' S INSURANCE COMPANY OF CHINA (CHERINAFTERCALLED"THE COMPANY") AT THE RBQUEST OF Jiangcheng Import&Export Corporation (HEREINAFTER CALLED "THEINSURED")AND IN CONSIDERATION OF THE AGREED PREMIUM BEING TO THE COMPONY BY THE INSURED, UNDERTAKES TO INSURE THE UNDERMENTIONED GOODS IN TRANSPORTATION SUEJECT TO TIOENDMTIONS OF THE POLICY AS PER THE CLAUSES PRINTED OVERLEAF AND OTHER SPECIAL CLAUSES ATTACHEDHEREON.

标记 MARKS& NOS.	包装和数量 PACKING&QUANTITY	保险货物项目 DESCRIPTION OF GOOD	保险金额 AMOUNT INSURED
L789XXSI4005SING APORECTN. 1-2910	910CARTONS	IMING DESK FAN	SD96671. 00

总保险金额
TOTAL AMOUNT INSURED: U. S. DOLLARS NINTY SIXTHOUSAND SIX HUNDRED AND SEVENTY ONE ONLY.

保费 费率 装载工具
PREMIUM AS ARRANGED RATE AS ARRANGED PER CONVEYANCE S. S. CHENOPDIOVS502

开航日期 自 至
SLG. ON OR ABT. AS PER B/L FROM DALIAN TO SINGAPORE

承保险别
CONDMTIONS: ALL RISKS, WARAND STRIKE RISKS, T. P.N. D AS PER OCEAN MARINE CARGO CLAUSE

所保货物，如遇风险，本公司凭本保险单及其有关证件给付赔款。所保货物，如发现保险单项下负责赔偿的损失或事故，应立即通知本公司下述代理人查勘。

GLADSY, IF ANY PAYABLE OF SURRENDER OF THIS POLICY TOGETHER WITH OTHER RELEVAT DOCUMENTS. IN THEEVENT OF ACCIDENT WHEREBY LOSS OR DAMAGE MAY RESSULT IN A CLAIM UNDER THIS POLICY IMMEDIATE NOTICE APPLYING FOR SURVEY MUST BE GIVEN TO THE COMPANY'S AGENT AS MENTIONED HEREUNDER:
SINGAPOPRE OFFICE
O. BOX 1369
P. SINGAPORE

中国人民保险公司
THE PIOPLE'S INSURANCE CO. OF CHINA

____

赔款偿付地点
CLAIMPAYABLEAT/IN SINGAPORE

日期

出单公司地址
ADDRESS OF ISSUING OPFICE XIAN ROAD 100JILIN DATE AUG. 9 20XX

图 3-7 保险单据样式

填制，如信用证和合同无明确规定，一般都以发票金额加一成（即 110%的发票金额）填写。

（10）总保险金额（amount insured in capital）：这一栏目只需将第 9 栏中的保险金额以大写的形式填入，计价货币也应以全称形式填入。

（11）保费（premium）：此栏一般由保险公司填制或已印好“as arranged”字样，除非信用证另有规定。

（12）费率（rate）：此栏由保险公司填制或已印上“as arranged”字样。

（13）装载运输工具（per conveyance S.S）：此栏应按照实际情况填写，当运输由两段或两段以上运程完成时，应把各种运输的船只名填在上面。

（14）开船日期（sailing on or about）：此栏填制提单的签发日期或签发日期前 5 天内的任何一天，或可简单填上 as per B/L。

（15）起讫地点（from…to…）：此栏填制货物实际装运的起运港口和目的港口名称，货物如转船，也应填写转船地点。

（16）承保险别（conditions）：此栏应根据信用证或合同中的保险条款要求填制。

（17）赔款偿付地点（claim payable at…）：此栏应按照信用证或合同规定而填制，如无具体规定，一般将目的地作为赔付地点，将目的地名称填入这一栏目，赔款货币为与投保险金额相同的货币。

（18）日期（date）：此栏填制保险单的签发日期。因为保险公司提供仓库服务，所以保险手续应在货物离开出口方仓库前办理，保险单的签发日期应为货物离开仓库的日期或至少填写早于提单签发的日期。

（19）投保地点（place）：此栏一般填制装运港口名称。

（20）盖章和签字（stamp&signature）：此栏盖与第一栏相同的保险公司印章及其负责人的签字。

（21）特殊条款（special conditions）：如信用证和合同中对保险单据有特殊要求，就填在此栏中。

（22）“original”字样：《跟单信用证统一惯例》条款中规定，正本保险单上必须有“original”字样。

3.5.6　保险单据的种类

（1）保险单（insurance policy）又称大保单，是最正式、最常用的保险单据，除载明被保险人（投保人）的名称、被保险货物（标的物）的名称、数量或重量、唛头、运输工具、保险的起讫地点、承保险别、保险金额、出单日期等项目外，还在保险单的背面列有保险人的责任范围，以及保险人与被保险人各自的权利、义务等方面的详细条款，它是最完整的保险单据。我国国内保险公司出具的均是保险单。

（2）保险凭证（insurance certificate）又称小保单，是简化了的保险单，除了背面没有印定合同条款外，其余内容均和保险单相同，与保险单具有同等效力，实务中使用不多。

（3）预约保单（open policy/open cover）又称开口保险单，是一种长期性的货物运输保险合同，保险公司对约定的最高金额以内的货物在合同有效期内自动承保。预约保险单上载明保险货物的范围、险别、保险费率、每批运输货物的最高保险金额以及保险费的结付、赔款处理等项目，凡属于此保险单范围内的进出口货物，一经起运，即自动按保险单所列条件承保。被保险人在获悉每批保险货物起运时，应立即将货物装船详细情况包括货物名称、数量、保险金额、运输工具种类和名称、航程起讫地点、开船日期等通知保险公司和进口商。

（4）联合保险凭证（combined insurance certificate）又称承保证明，是一种更为简化的保险凭证。保险公司在商业发票的空白处加列保险编号、险别、保险金额、运输工具、起运日期等，并加盖保险公司印章。这种保险凭证不能转让，在实务中很少使用，也不符合国际结算中单据一一对应的要求，特别是信用证中有时会规定不接受联合单据。

（5）暂保单（cover note）是保险经纪人签发的一种单据。投保人除了直接向保险公司投保外，还可以通过保险经纪人投保。保险人在一些条件尚未明确而投保人又急于获得保险单据的情况下，也会向投保人签发暂保单。暂保单不具有保险单的作用，被保险人不能向保险公司索赔，保险公司对保险经纪人签发的暂保单不承担任何责任。在大部分情况下保险经纪人是作为被保险人的代理人向保险公司投保，只有在保险公司出具正式的保险单据的情况下保险才生效。

3.6 原产地证明书

3.6.1 原产地证明书的含义

原产地证明书（certificate of origin）是由出口国政府有关机构签发的一种证明货物原产地或制造地的证明文件。

它主要用于进口国海关实行差别关税，是实施进口税率和进口配额等不同国别政策的依据。原产地证明书是出口商按进口商的要求提供的，有着多种形式，其中应用最多的是原产地证书和普惠制产地证，通常多用于不需要提供海关发票或领事发票的国家或地区。如果进口商没有特殊要求，出口商亦可直接在商业发票上标明货物的原产地。该文件主要用于进口国海关判定货物产地，以便核定、征收关税。

3.6.2 原产地证明书的作用

原产地证明书主要有以下几方面的作用：第一，是实行差别关税待遇的主要依据；第二，是实行对进口货物有差别的数量限制的根据；第三，是进口国实行国别贸易政策和出口国享受配额待遇的通关凭证；第四，是实施差别贸易政策、进行贸易统计的依据。

3.6.3　原产地证明书的内容

原产地证明书主要包括出口商、收货人、运输方式和路线、目的港、唛头、包装件数、商品名称、重量、发票号码及日期等内容。

3.6.4　原产地证明书的样式

原产地证明书样式如图 3-8 所示。

<table>
<tr><td colspan="2">1. Exporter
Jiangcheng Import & Export Corporation
A101 Dongfeng Street,Jilin China</td><td colspan="3" rowspan="2">Certificate No. 3513933
CERTIFICATE OF ORIGIN
OF
THE PEOPLE'S REPUBLIC OF CHINA</td></tr>
<tr><td colspan="2">2. Consignee
Electric appliance (Heng Li)SDN.BHD
Pobox No.687,10300 Singapore</td></tr>
<tr><td colspan="2">3. of transport and route
From Dalian to Singapore by sea freight</td><td colspan="3" rowspan="2">5.For certifying authority use only</td></tr>
<tr><td colspan="2">4. Country/region of destination
Singapore</td></tr>
<tr><td>6.Marks and numbers
HL 789
XXSJ4005
SINGAPORE
CTN.1-2910</td><td>7.Number and kind of packages ;description of goods
2910 cartons of timing desk fan</td><td>8.H.S.Code
841459909</td><td>9.Quantity
2910 sets</td><td>10.Number and date of invoices
TLGS11079
Aug.120xx</td></tr>
<tr><td colspan="2">11.Destination by the exporter
The undersigned hereby declares the above details and correct.
that all the goods were produced in China and they comply with the Rules of Origin of the People's Republic Of China.
Jilin Aug.920xx 王××
Place anddate ,signature and stamp of authorited signatory</td><td colspan="3">12.Certification
It is hereby certified that the declaration by the exporter is correct.
Jilin Aug.1020xx 李××
Place and date,signature and stamp of certifying authority</td></tr>
</table>

图 3-8　原产地证明书样式

3.6.5 原产地证明书的缮制

（1）出口商（exporter）。此栏包括出口商的全称和地址。信用证项下的证书，一般为信用证受益人，托收项下的是卖方。

（2）收货人（consignee）。填本批货物最终目的地的收货人全称和地址。信用证项下的证书一般为开证申请人，如信用证有具体规定，应按要求填写。

（3）运输方式和路线（means of transport and route）。应填装运港和目的港的名称，并说明运输方式。例如，from Shanghai to London by sea。如要转运，须注明转运地。例如，Bys.s.from Shanghai to London W/T Hongkong。

（4）目的港（port of destination）。按信用证或合同规定的目的港的名称填制，也可同时列出国家或地区名称，如 NewYork Port U.S.A.。

（5）供鉴证机构使用（for certifying authority use only）。本栏供检验检疫局根据需要加注说明，如补发、后发证书等事项。

（6）唛头及包装件数（marks & Nos.）。按信用证中规定的内容进行缮制，且与发票和提单的同项内容一致，不得留空。

（7）商品名称、包装件数及种类。填写具体的商品名称、包装件数和种类，如散装货物用“in bulk”表示。

（8）H.S.编码（H.S. code）。H.S.是海关合作理事会《商品名称及编码协调制度》的英文缩写。商务部和海关总署根据 H.S.分类编制了《中华人民共和国海关统计商品目录》，规定了商品名称和编码。本栏应按该规定填入，不同商品应分别标明不同的 H.S.编码。

（9）数量及重量（quantity and weight）。依据发票和装箱单有关内容填写。重量应注明毛重和净重。例如，G.W.40 000kg，N.W.38 000kg。

（10）发票号码及日期（No. and date of invoice）。按发票实际号码和日期填写，月份应用英文缩写表示。例如，DEC.3，2003。本栏内容填写完毕，从第 6 项开始用“*”符号打成横线表示结束。

3.6.6 原产地证明书的种类

1. 普惠制原产地证

普惠制原产地证（preferential C/O）又称 Form A 产地证，普惠制即普遍优惠制，是发达国家（给惠国）对发展中国家（受惠国）给予单方面关税优惠的一种普遍的、非歧视的和非互惠的国际性制度。受惠国向给惠国出口规定的商品时，必须出具普惠制原产地证才能享受约定的关税优惠待遇。目前世界上有 31 个给惠国，受惠国家和地区达 160 多个。

2. 一般原产地证

一般原产地证（general C/O）由各地出入境检验检疫局或中国国际贸易促进委员会出具。中国国际贸易促进委员会是对外的中国商会。一般原产地证的填制内容与普惠制原产地证基本一致，都需要有权签字人手签。

3. 出口商原产地证

出口商原产地证（exporter C/O）是由出口商自行签发的产地证。如果合同或信用证没有具体规定由谁来签发产地证，出口商可以自己出具产地证，也可以直接在商业发票上加注原产地证明的文句。有些国家和地区不允许产地证明联合出现在商业发票上，则应单独出具产地证。

3.7　商品检验证书

3.7.1　商品检验证书的含义

商品检验证书（inspection certificate）是检验机构对进出口商品进行检验、鉴定后出具的证明文件。

商品检验证书是卖方向银行办理议付的单据之一，是卖方所交货物是否与合同规定相符的证据，也是索赔和理赔必备的单据之一。检验者可以是政府指定的检验机构，也可以是民间公证机构；检验类型包括法定检验——国家强制规定公证检验——贸易当事人自愿（检验机构是第三方公证人）、委托检验（检验机构是检验代理人）。

3.7.2　商品检验证书的作用

商品检验证书关系到有关各方的经济责任和权益，其作用表现为：第一，作为卖方所交付货物的品质、重量、数量、包装及卫生条件等是否符合合同规定的依据；第二，作为买方对品质、数量、重量、包装等提出异议、拒收货物、要求赔偿的凭证；第三，作为卖方向银行议付货款的单据之一；第四，作为出口国和进口国海关验放的有效证件；第五，作为证明货物在装卸、运输中实际状况、明确责任归属的依据。

商品检验证书起着公正证明的作用，是买卖双方交接货物、结算货款和处理索赔、理赔的主要依据，也是通关纳税、结算运费的有效凭证。

3.7.3　商品检验证书的样式

熏蒸/消毒证书样式如图 3-9 所示。

3.7.4　商品检验证书的种类

（1）品质检验证书（quality inspection certificate）是由出口国政府指定的部门或国际承认的检验机构出具的证明货物品质的证明文件。如果买方认可，卖方亦可出具本公

中华人民共和国出入境检验检疫
ENTRY-EXIT INSPECTION AND QUARANTINE
OF THE PEOPLE'S REPUBLIC OF CHINA

熏蒸/消毒证书 编号 No.:
FUMIGATION/DISINFECTION CERTIFICATE

发货人名称及地址
Name and Address of Consignor

收货人名称及地址
Name and Address of Consignee

品名
Description of Goods SEE REMARKS

产地
Place of Origin GUANGDONG CHINA

报检数量
Quantity Declared **734CTNS

启运地
Place of Despatch GUANGDONG,CHINA

到达口岸
Port of Destination LOS ANGELES,CA,USA

运输工具
Means of Conveyance BY SEA

标记及号码
Mark & No.
MAGNUSSEN HOME
PONO.:013567
013441
MADE IN CHINA

杀虫和/或灭菌处理(DISINFESTATION AND/OR DISINFECTION TREATMENT)

日期
Date 17 Aug.,2018

药剂及浓度
Chemical and Concentration METHYL BROMIDE. $48g/m^3$

处理方法
Treatment FUMIGATION

持续时间及温度
Duration and Temperature 24hrs. 29℃

附加声明 ADDITIONAL DECLARATION

DEGASSED
CONTAINER NO.: /40HQ
/40HQ

备注REMARKS
DESCRIPTION OF GOODS:
METAL TABLES HTS#9403.200018
WOODEN TABLES HTS#9403.608081
FURNITURE PARTS HTS#9403.908061

****

印章 Official Stamp (中华人民共和国 深圳海关 046 检验检疫专用章 SHENZHEN CUSTOMS THE PEOPLE'S REPUBLIC OF CHINA INSPECTION AND QUARANTINE)

签证地点 Place of Issue SHENZHEN 签证日期 Date of Issue 21 Aug.,2018

授权签字人 Authorized Officer HU GENGLIANG 签名 Signature

中华人民共和国出入境检验检疫机关及其官员或代表不承担签发本证书的任何财经责任。No financial liability with respect to this certificate shall attach to the entry-exit inspection and quarantine authorities of the P. R. of China or to any of its officers or representatives.

[c7-1(2018.4.20) * 1]

图 3-9 熏蒸/消毒证书样式

司检验部门的质量证书，具体名称因合同商品属性或信用证要求而有所差异。

（2）重量或数量检验证书（weight or quantity inspection certificate）主要用于证明商品的重量或数量情况，也是进口国报关征税和计算运费、装卸费用的所需证件，可由出口商或受聘的检验机构签发。

（3）兽医检验证书（veterinary inspection certificate）是证明出口动物产品经过检疫合格的证件，适用于冻畜肉、冻禽、禽畜罐头、冻兔、皮张、毛类、绒类、肠衣等出口商品，可由出入境检验检疫局签发。

（4）卫生/健康证书（sanitary/health inspection certificate）是证明可供人类食用的出口动物产品、食品等经过卫生检验或检疫合格的证件，适用于肠衣、罐头、冻鱼、冻虾、食品、蛋品、乳制品、蜂蜜等，可由出入境检验检疫局签发。

（5）熏蒸证书（fumigation certificate）是用于证明出口粮谷、油籽、豆类、皮张等商品，以及包装用木材与植物性填充物等已经过熏蒸灭虫，以及证明出口动物产品经过消毒处理，保证安全卫生的证书。

（6）消毒证书（disinfection certificate）是证明出口动物产品经过消毒处理，保证安全卫生的证件，适用于猪鬃、马尾、羽毛、人发等商品，是对外交货、银行结汇和国外通关验放的有效凭证。

➢本章习题

1. 国际贸易中的单据有哪些主要作用？具体有哪些种类？
2. 什么是发票？发票的作用是什么？
3. 什么是包装单据？具体有哪些种类？
4. 主要的运输单据有哪些？各自的主要作用体现在哪些方面？
5. 什么是提单？提单的作用是什么？
6. 提单有哪些主要类型？各自的特点是什么？
7. 什么是保险单据？其作用是什么？主要的保险单据有哪些？
8. 什么是检验证书？其作用是什么？常见的检验证书有哪些？

第4章 国际汇款

【导入案例】

A企业系一电子设备生产企业，需要从国外进口电子元器件用于生产，付款方式为电汇（T/T）。由于近期订单增多，进口需求增加，资金紧张，A企业拟向长期合作的B银行申请贷款，由于A企业为非国有制中小企业，不符合B银行投信贷款的标准，且厂房系租用，设备价值也不高，抵押贷款难获批。B银行客户经理推荐A企业申请进口T/T融资，上游交单后，A企业提交进口贸易合同（复印件）和全套单据（复印件），并与B银行签订进口T/T融资协议，B银行为其办理押汇或代办对外付款。

☆思考：

从上述案例中我们能够得到什么启示？

4.1 汇款概述

4.1.1 汇款的定义

汇款是一种古老的结算方式。在早期的国际贸易结算中，它曾经是最主要的结算方式，也是其他各种结算方式产生和发展的重要基础。如今它仍被广泛地运用在各种贸易和非贸易结算中。

汇款即汇付，是指银行应其客户的申请将一定的货币资金转移到其国外的联行或代理行，并指示后者将款项付给国外的某指定人或公司的结算方式，又称国际汇兑。

相对于国内贸易来说，国际贸易的结算更为复杂，双方的信息更不对称，因此，国际贸易双方对于结算方式的要求更高。一个良好的国际贸易结算方式应该具备以下条件：第一，须能保证比较安全、比较快捷地结清对外贸易中的债权债务；第二，须能保证买卖双方的利益都能获得充分照顾；第三，应能便于资金融通。

4.1.2 汇款的当事人

汇款的基本当事人有四个：汇款人、汇出行、汇入行（或解付行）、收款人（或受益人）。

1. 汇款人

汇款人即主动将款项交付给银行，委托银行办理汇出款项业务的人。在国际结算中，汇款人通常为进口商。汇款人的责任是向银行提出完整而明确的汇款指示、交付所要汇出的款项和按银行规定应交纳的汇费。在电汇和信汇方式中，汇款人的权利是要求接受其汇款申请的银行提交相应的回执，并向银行查询该项汇款业务的办理情况，直至收到银行转来的收款人收据；在票汇方式下，汇款人的权利是向汇出行交付款项和汇费后，向汇出行索要银行即期汇票，并随后将银行即期汇票传递给收款人，由收款人自行向当地汇入行提取汇款。

2. 汇出行

汇出行即接受汇款人的委托，为汇款人办理汇出款项业务的银行。汇出行的责任是严格按汇款人的要求，通过其在收款人所在地点联行或代理行等，将汇款解付给收款人。汇出行的权利是向汇款人收取汇款手续费。

3. 汇入行

汇入行（也称解付行），即应国外联行或代理行的委托，将收到的款项解付给收款人的银行。在国际结算中通常是出口方所在地银行。在电汇和信汇中，汇入行的责任是按照汇出行的汇款通知，通知收款人到银行取款，并在收款人填写收据后，将汇款解付给收款人；并在随后将收款人的收据通过汇出行传递给汇款人。汇入行的权利是在向收款人付款后，向汇出行索要头寸偿付。

4. 收款人

收款人（或受益人）即收到款项的人。在国际结算中，收款人通常为出口商。收款人需要检查所到款项是否足额、是否应为自己所收，如有疑问及时与汇款人联系解决。在电汇和信汇中，收款人的责任是向解付行提交收据，而在票汇方式下，是向银行提示银行即期汇票。

5. 汇款当事人之间的关系

（1）汇款人与收款人之间的关系。在实务中表现为两方面：一是在非贸易汇款中，由于资金单方面转移的特性，故汇、收双方面表现为资金提供与接受的关系；二是在贸易汇款中，由于商品买卖的原因，故汇、收双方表现为债权债务关系。

（2）汇款人与汇出行之间是委托与被委托的关系。汇款人委托汇出行办理汇款时，要出具汇款申请书。这是当事双方委托与接受委托的契约凭证，它明确了双方在该项业务中的权利与义务。

（3）汇出行与汇入行之间既有代理关系，又有委托与被委托的关系。一般代理关系在前，即两行事先签有业务代理合同或有账户往来关系，在代理合同规定的业务范围内，两行各自承担所尽之责。就一笔汇款业务而言，汇出行通过汇款凭证传递委托之信息，汇入行接受委托承担解付汇款之义务。

（4）收款人与汇入行之间通常表现为账户往来关系，即收款人在汇入行开有存款账户。此外，它们两者也可以没有关系，汇入行有责任向收款人解付该笔款项。

汇款当事人关系图如图 4-1 所示。

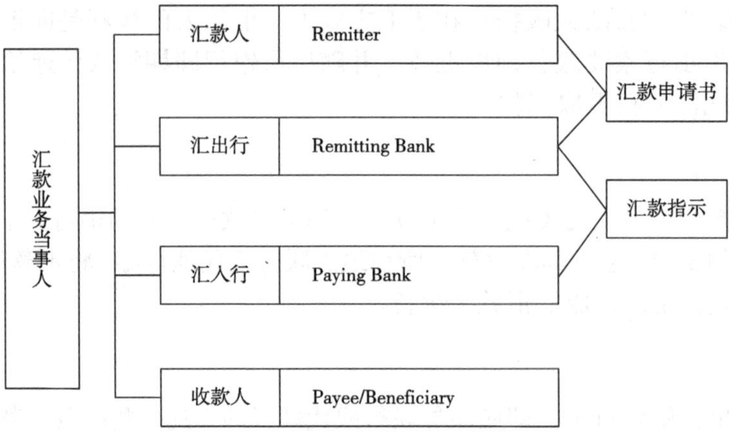

图 4-1 汇款当事人关系图

在进出口业务中，当买卖双方采用汇款方式结算债权债务时，这说明由卖方先将货物发运至买方，再由买方付款；或者由买方向卖方预先支付款项，然后卖方发货，因而汇款方式是建立在买卖双方相互提供信用的基础上的支付方式，属于商业信用的范畴。汇款方式不仅运用于贸易和非贸易结算，凡是属于外汇资金的调拨都可以采用这种方式，所以它是外汇银行的一项主要业务。

4.1.3 汇款申请书样式

汇款申请书样式如图 4-2 所示。

4.1.4 汇款方式

1. 顺汇

顺汇亦称汇付法，逆汇的对称。它是进行国际债权债务清算时，由债务人或付款人主动将款项交付给银行，委托其用某种信用工具支付给债权人或收款人的一种汇兑结算方式。

顺汇特点是结算工具传递与资金的运动方向一致，并且是从付款（债务）方传递到收款（债权）方的。对办理汇出汇款的银行来说，是卖出信用工具，债权人或收款人凭这种信用工具即可去汇入行取款，所以，顺汇有时又叫卖汇。顺汇一般在非贸易结算中使用最多，通常用于资本借贷、赠予、贸易从属费（佣金、回扣、履约保证金、样品款等）以及非贸易往来收支（侨汇、旅行支票等），而在贸易往来中很少使用。根据银行使用信用工具的不同，顺汇分为电汇（T/T）、信汇（M/T）、票汇（D/D）以及旅行信用证、旅行支票等活支汇款，常用的支付条件包括预付货款、分期付款、货到付款。

在国际贸易中使用顺汇方式，买卖双方仅凭商业信用进行交易，必然要承担巨大风险。倘若利用预付货款的方式成交，进口商则要承担出口商不交货、迟交货或以次充好等风险；若利用货到付款的方式成交，出口商则要承担进口商少付或拒付货款的风险。

招商银行 CHINA MERCHANTS BANK

申请日期 Application Date

汇 款 申 请 书

APPLICATION FOR OUTWARD REMITTANCE　　OR

*汇往境外、汇款申请书请以英文填写（For cross-border payment by T/T, please complete this form in English.）.

汇款方式 Means Of Payment	如未在□内"√"选，则默认为电汇（if not specified，the method of payment defaults to T/T） □电汇（T/T/）□信汇（M/T）□票汇，付款地点 D/ D. drawn on ______ ,取票人姓名 person designated to collect ,身份证件名称 type of ID ,身份证件号码 ID number
汇款人 Remitter	账号（A/C No.） **OSA755915727132201**
	户名（Name） KOFON ANTI-CORROSION CO.,LIMITED

币种及金额（小写）Currency& Amount in figures USD	币种及金额（大写）Currency&Amount in Words :

收款行之代理行 Correspondent of Beneficiary's Bank	名称(Name)
	地址(Address)
收款行 Beneficiary's Bank	英文名称(Name)
	SWIFT 代码(SWIFT Code)
	地址(Address)
收款人 Beneficiary 收款人类型 □公司　□个人	账号(A/C No.)
	户名（Name）
	地址(Address)

汇款附言(限 105 个字符) Remittance Information (not to exceed 105 letters)	银行费用承担方式 All Bank Charges Are To Be Borne By : □汇款人 Remitter □全额到账（仅供美元）Without any deduction (for USD only) □收款人 Beneficiary □共同承担（默认）Share (Default) 如未在□内"√"选，则默认为"共同承担"
本人（等）已详阅、了解和同意贵行离岸汇款相关规则以及背面条款，特委托贵行依此指令办理离岸款项汇出事宜。I/We hereby declare that I/We have understood and accepted your rules and the conditions on the back page completely and you are requested to effect the payment as per the above instruction. 汇款人印鉴 Remitter's Signature(s):	密押/支付密码 Test Key 联系人姓名及电话 Contact Person & Tel. No. 备注 Special Instructions

银行专用栏(For Bank Use Only)

核印相符，核印人签章		分行有权人签字		分行离岸业务章
电话确认人章	月　日　时　分与电话确认			
分行密押	顺序号			
	日期	密押号	加押人章	

图 4-2　汇款申请书样式

2. 逆汇

逆汇亦称出票法，顺汇的对称。它是由债权人或收款人出立票据（如汇票等），委托银行通过其联行或代理行向异地债务人或付款人收取款项的汇兑结算方法。

逆汇的特点是，资金流向和结算支付工具的流向不相同，即票据传递方向与资金流动方向相反，国际贸易项下信用证、托收结算方式的收汇均属于逆汇。按照国际惯例，当出口方银行或托收银行接受客户提交的有关票据代办收款时，如客户需要融通资金，银行可通过“押汇”“贴现”等方式，先垫款买进票据，然后再寄向异地债务人索偿票款归垫，在这种情况下，便是一种银行垫款买入票据的行为，所以，有时国际上又把“逆汇”称作“买汇”。对外汇银行来说，在逆汇方式下，客户向银行卖出汇票，等于银行付出本币，买进外汇。外汇银行接受收款人的托收委托后，就应通知其国外分支行或代理行，按照当日汇率向付款人收取一定金额的外币并归入其开在国外银行的外汇账户上。其结果，该银行国内本币存款账户余额减少了，而在其外币存款账户上却增加了相应的外币金额。

4.2 汇款的种类

根据所使用的支付工具不同，汇款结算可分为电汇、信汇和票汇三种类型。它们都属于汇款结算方式，但又有着各自不同的特点。

4.2.1 电汇

1. 电汇的定义

电汇是汇款人委托汇出行以电报、电传、环球银行间金融电信协会（Society for Worldwide Interbank Financial Telecommunications，SWIFT）等手段，指示出口地某一银行（其分行或代理行作为汇入行）解付一定金额给收款人的汇款方式。

电汇经历了从电报到电传再到 SWIFT 通信方式的演变过程。随着通信技术的发展和电传费用的降低，电传逐渐取代了电报，此后又出现了 SWIFT 通信方式。SWIFT 方式由于具有传递速度快、正确性高、收费合理等特点，已经成为银行电汇业务中所依赖的主要传送方式。

2. 电汇的业务流程

电汇的业务流程图如图 4-3 所示。

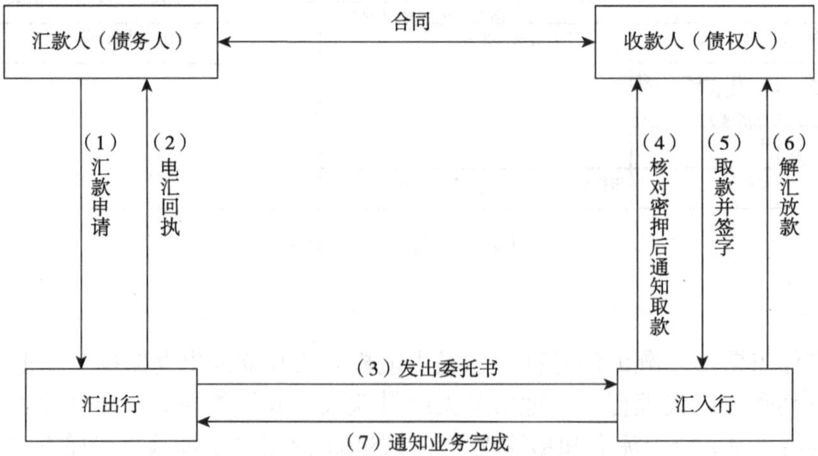

图 4-3 电汇的业务流程图

（1）汇款人填写汇款申请书，交款付费给汇出行，申请书中说明使用电汇方式。

（2）汇出行接受申请，并向汇款人开立电汇回执。

（3）汇出行根据申请书的内容，用电传或 SWIFT 方式向其国外的联行或代理行（即汇入行）发出汇款委托书。

（4）汇入行收到汇款委托书后核对密押，确认其真实性后，再通知收款人取款。

（5）收款人持通知书及其他有关证件前去汇入行取款，并在收款人收据上签字。

（6）汇入行核对无误后向收款人解付汇款。

（7）汇入行将付讫借记通知书邮寄给汇出行，通知解付完毕，电汇汇款业务完成。

3. 电汇的特点

（1）方便快捷。三种汇款方式中电汇是最为快捷的一种。

（2）安全可靠。电汇通常是银行间的直接通信，减少了中间环节，使产生差错的可能性大大缩小，因此电汇的使用越来越多。

（3）费用较高。电汇支付方式下，根据中国银行的规定，汇出行收取的费用由汇款手续费和电信费构成，因此电汇相对于信汇与汇票来说，其成本较高。

目前，电汇主要在汇款比较紧急或汇款金额较大时使用。在汇款金额较大时采用电汇能使单位成本降低，减少资金占用。

4. 电汇样式

电汇样式如图 4-4 所示。

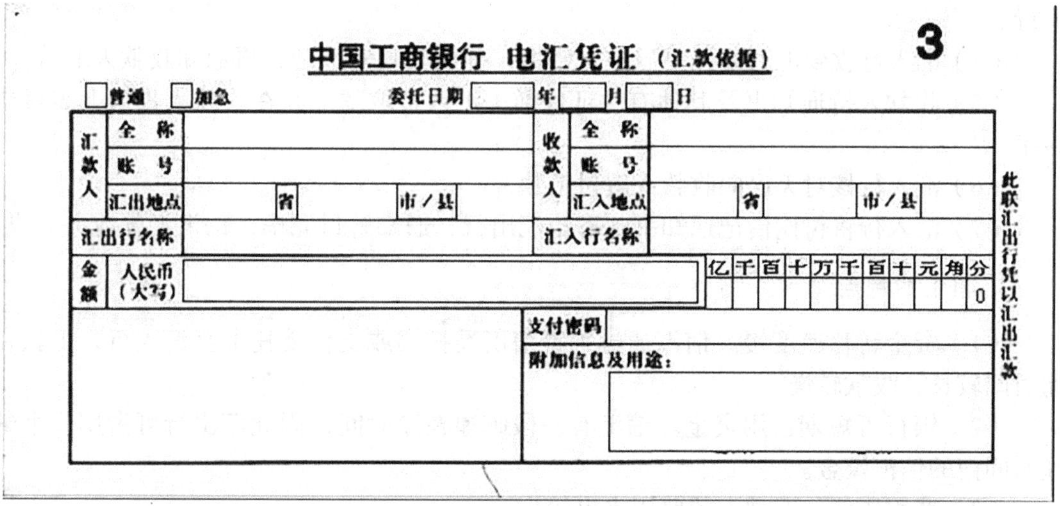
中国工商银行　电汇凭证（汇款依据）　3

□普通　□加急　　委托日期　　年　　月　　日

汇款人	全　称		收款人	全　称	
	账　号			账　号	
	汇出地点	省　市/县		汇入地点	省　市/县
汇出行名称			汇入行名称		
金额	人民币（大写）		亿 千 百 十 万 千 百 十 元 角 分		0
			支付密码		
			附加信息及用途：		

此联汇出行凭以汇出汇款

图 4-4　电汇样式

4.2.2　信汇

1. 信汇的定义

信汇是指汇出行应汇款人的申请，将信汇委托书或支付委托书寄给汇入行，授权其解付一定的金额给收款人的汇款方式。

2. 信汇的业务流程

信汇的业务流程图如图 4-5 所示。

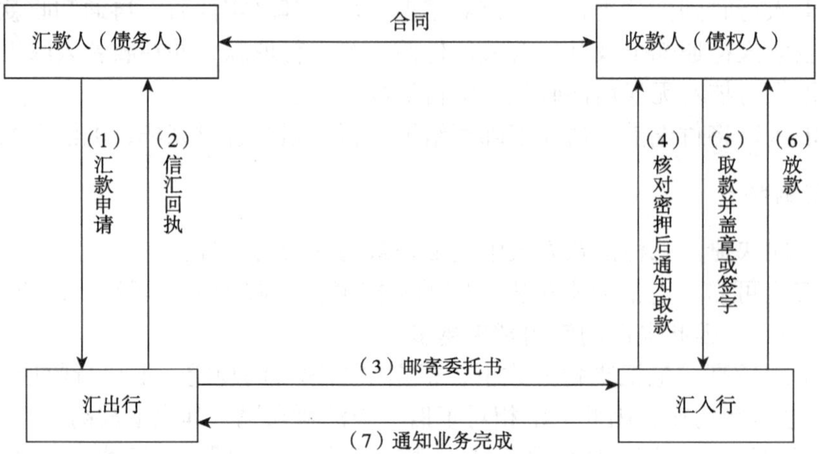

图 4-5　信汇的业务流程图

（1）汇款人填写汇款申请书，交款付费给汇出行，申请书中说明使用信汇方式。

（2）汇出行接受申请，并向汇款人开立信汇回执。

（3）汇出行根据申请书的内容，通过航空信函邮寄信汇委托书或支付委托书给汇入行。

（4）汇入行收到汇款委托书后核对密押，确认其真实性后，再通知收款人取款。

（5）收款人持通知书及其他有关证件前去汇入行取款，并在收款人收据上盖章或签字。

（6）汇入行核对无误向收款人解付汇款。

（7）汇入行将付讫借记通知书邮寄给汇出行，通知解付完毕，信汇汇款业务完成。

3. 信汇的特点

（1）资金转移速度慢。信汇通过邮寄信汇委托书或支付委托书至汇入行，汇款在途时间较长，收款较慢。

（2）银行可短期占用资金。信汇有一段邮递在途时间，因此汇出行可占用一个邮递时间内的信汇资金。

（3）费用较低。汇款人的费用支出较少。

4. 信汇样式

信汇样式如图 4-6 所示。

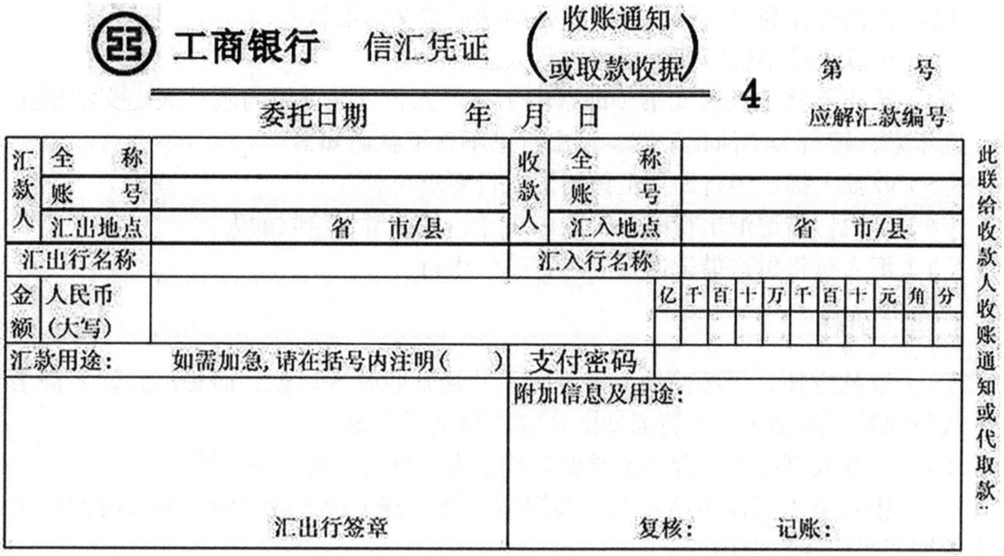

工商银行 信汇凭证（收账通知 或取款收据） 4 第 号

委托日期 年 月 日 应解汇款编号

汇款人	全称		收款人	全称	
	账号			账号	
	汇出地点	省 市/县		汇入地点	省 市/县
汇出行名称			汇入行名称		
金额	人民币（大写）		亿 千 百 十 万 千 百 十 元 角 分		
汇款用途：	如需加急，请在括号内注明（ ）		支付密码		
汇出行签章			附加信息及用途： 复核： 记账：		

此联给收款人收账通知或代取款收据

图 4-6 信汇样式

4.2.3 票汇

1. 票汇的定义

票汇是指汇出行应汇款人的申请，代汇款人开立以其联行或代理行为汇入行的银行即期汇票，支付一定的金额给收款人的汇款方式。

2. 票汇的业务流程

票汇的业务流程图如图 4-7 所示。

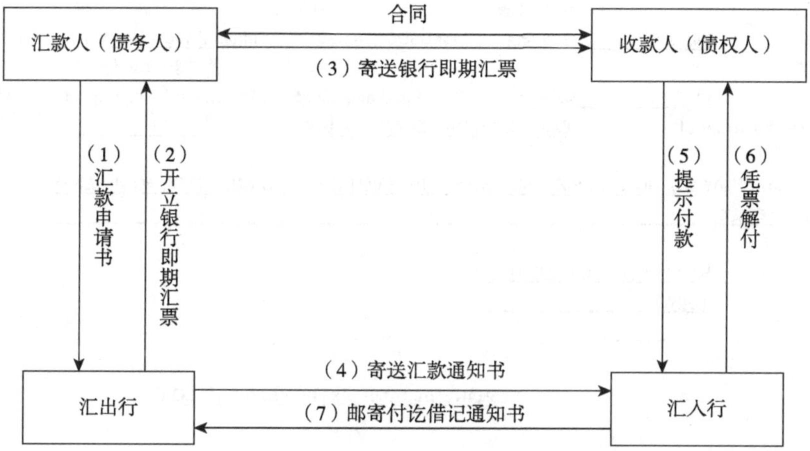

图 4-7 票汇的业务流程图

（1）汇款人填写汇款申请书，交款付费给汇出行，申请书说明使用票汇方式。

（2）汇出行作为出票行，开立银行即期汇票交给汇款人。

（3）汇款人将银行即期汇票寄收款人。

（4）汇出行将汇款通知书（即票根）寄汇入行，凭此将与收款人提交汇票正本核对。近年来，银行为了简化手续，汇出行已不寄汇款通知书。

（5）收款人提示银行即期汇票给汇入行要求付款。

（6）汇入行借记汇出行账户，取出头寸，凭票解付给收款人。

（7）汇入行将付讫借记通知书邮寄给汇出行。

3. 票汇的特点

（1）取款方便，手续简便。汇入行无须通知收款人取款，而是由收款人持票自行到汇入行取款，省却了汇入行通知的环节，简化了手续。

（2）汇款人可以通过背书把票据转让他人，具有一定的灵活性。

（3）银行可以无偿占用资金。票据的出票、寄（带）或者转让所占时间较长，银行在此期间可以无偿使用资金。

4. 票汇样式

票汇样式如图 4-8 所示。

F14

1

凭
Drawn under BANK OF FUKUOKA LIMITED TOKYO
信用凭第 号
L/C No. S100-108085
日期 年 月 日
Dated FEB 14 2004
按息 付款
Payable with interest@______% per annum
号码 汇票金额 中国 年 月 日
No. 04J-020 Exchange for USD66,744.80 China. MARCH 18 2004
见票 日后（本汇票之副本未付）付
At ****** sight of this FIRST of exchange(Second of exchange being unpaid)
Pay to the order of BANK OF CHINA，SHANGHAI BRANCH
金额
the sum of SAY U.S. DOLLARS SIXTY SIX THONSAND SEVEN HUNDRED AND FORTY FOUR CENTS EIGHTY ONLY.
此致
To BANK OF FUKUOKA LIMITED
TOKYO

SHANGHAI GUNFLAK FIREWORKS I/E CORP
×××

图 4-8 票汇样式

4.2.4 电汇、信汇、票汇三种方式的比较

1. 电汇、信汇、票汇的联系

（1）三者都有四个当事人。

（2）三者的传送方向与资金流向相同，均属顺汇。

（3）汇款人在委托汇出行办理汇款时，均要出具汇款申请书，这就形成汇款人和汇出行之间的一种契约。

2. 电汇、信汇、票汇的区别

（1）从支付工具来看，电汇方式使用电报、电传或SWIFT，用密押证实；信汇方式使用信汇委托书或支付委托书，用签字证实；票汇方式使用银行即期汇票，用签字证实。

（2）从汇款人的成本费用来看，电汇收费较高，信汇与票汇费用比电汇低。

（3）从安全方面来看，电汇比较安全，汇款能短时迅速到达对方；信汇必须通过银行和邮政系统来实现，信汇委托书有可能在邮寄途中遗失或延误，致使汇款不能及时到达对方，其安全性比不上电汇；票汇虽有灵活的特点，却有丢失或毁损的风险，背书转让带来一连串的债权债务关系，容易陷入汇票纠纷，汇票遗失以后，挂失或止付的手续比较麻烦。

（4）从汇款速度来看，电汇是一种最便捷的方式，也是目前广泛使用的汇款方式，尽管费用较高，但可用于缩短在途时间的利息抵补；信汇方式由于资金的在途时间长，操作手续多，银行很少使用；票汇是汇款人将银行即期汇票邮寄给收款人，或者自己携带至付款行所在地提示付款的方式，比较灵活简便，适合邮购或支付各种费用，或当作礼券馈赠亲友，其使用量仅次于电汇。

【例 4-1】国际的汇款结算方式，除（　）之外，都是按所用的工具不同分类的。

A. 顺汇　　B. 信汇　　C.票汇　　D.电汇

答案：A

4.3 汇款的偿付、解付入账及退汇入账

4.3.1 汇款的偿付

汇出行办理汇出汇款业务，应及时将汇款金额拨交给其委托解付汇款的汇入行，这就叫作汇款的偿付，俗称拨头寸。

如果汇出行不能拨头寸，汇入行将不予解付，故在每笔汇款中，必须注明拨头寸的具体指示。一般应该在订立代理合同中规定汇款方式的拨头寸办法。汇款的偿付根据汇出行和汇入行开设账户的情况分为以下四种情况。

1. 汇入行在汇出行开立了往来账户

汇出行在委托汇入行解付汇款时，应在支付委托书上注明拨头寸指示“Payment

order/In cover，we have credited your a/c with us”，如图 4-9 所示。

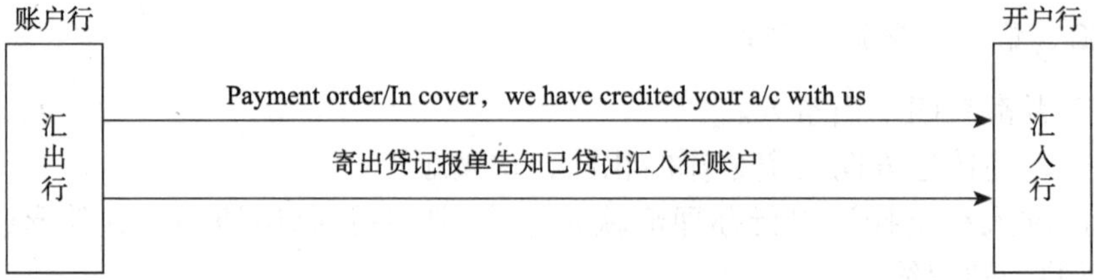

图 4-9　汇入行在汇出行开立了往来账户的头寸调拨

汇入行接到支付委托书，知道了汇款头寸已拨入自己账户，即可使用头寸解付汇款给收款人。

2. 汇出行在汇入行开立了往来账户

汇出行在委托汇入行解付汇款时，应在支付委托书上注明拨头寸指示：“Payment order/In cover，please debit our a/c with you”，如图 4-10 所示。汇入行在借记该账户后，应在寄给汇出行的借记报单上注明“you are debited”字样。

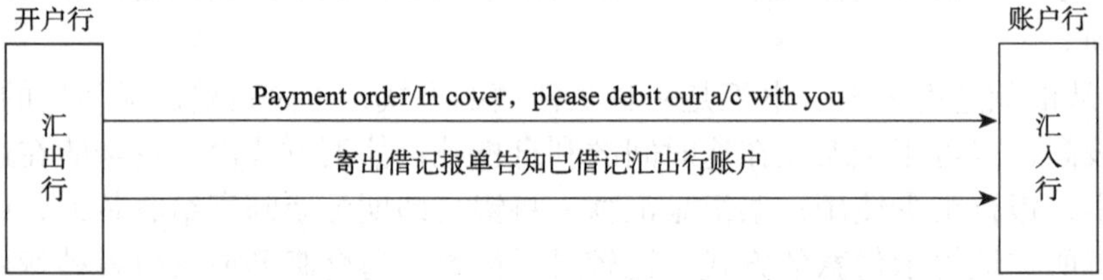

图 4-10　汇出行在汇入行开立了往来账户的头寸调拨

汇入行接到支付委托书，即被授权凭以借记汇出行账户，拨头寸解付给收款人，并以借记报单通知汇出行，此笔汇款业务即告完成。

3. 汇出行与汇入行双方在同一代理行开立往来账户

为了偿付汇款，汇出行可以在汇款时主动通知代理行将款项拨付汇入行在该代理行的账户，如图 4-11 所示。

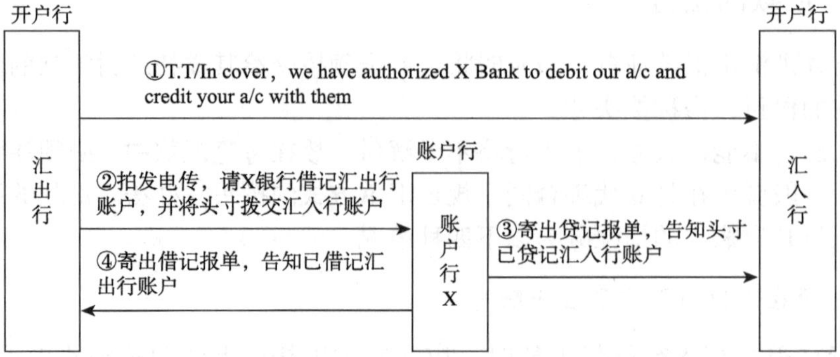

图 4-11　汇出行与汇入行双方在同一代理行开立往来账户

汇入行接到汇出行的拨头寸指示，同时也收到X银行寄来的头寸贷记报单，即可使用该头寸解付给收款人。

4. 汇出行与汇入行双方分别在不同银行开有往来账户

为了偿付，汇出行可在汇款时，主动通知其代理行，将款项拨付给汇入行在其代理行开立的账户，如图4-12所示。

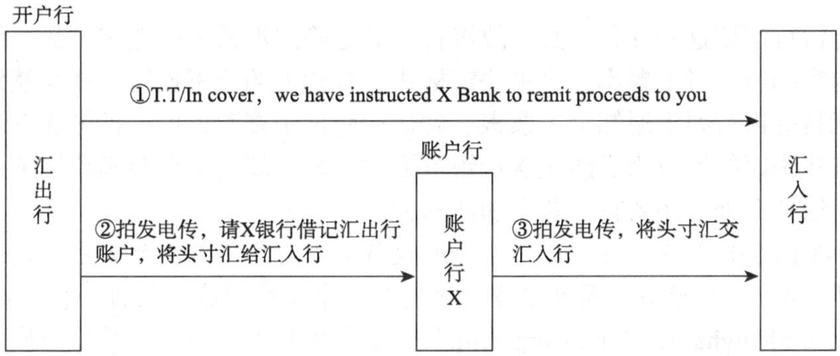

图4-12 汇出行与汇入行双方分别在不同银行开有往来账户的头寸调拨

汇入行接到汇款，使用汇来的头寸，解付给收款人。

【例4-2】中国的甲银行发信汇通知书给纽约的乙银行，受益人是乙银行的客户。由于甲银行和乙银行间没有账户关系，甲银行就电报通知其境外账户行丙银行，将资金调拨给乙银行。

解析：这是一起信汇偿付案例。在甲乙双方银行没有互设账户的情况下，汇款偿付必然要涉及第三家银行——账户行。本案中另一个值得推敲的问题是通知账户行拨头寸的方式。甲银行使用电报通知账户行调拨资金，成本太高，失去了信汇意义。因此，当汇款银行和解付行之间有直接账户关系时，可以使用信汇；而当汇款银行和解付行之间没有直接账户关系时，应选择其他更好的方式。

4.3.2 汇款的解付入账

汇款的解付是指汇入行向收款人付款的行为。

为了保证付款的正确，解付行往往都很慎重，特别是当汇出行的汇出汇款还未到达汇入行的账户时，解付行就垫付了货款，因而更加慎重。为了正确验证每笔汇款的真实性，解付行根据每种汇款的特点，采取不同的查验方法。

1. 对于电汇方式

汇入行只需按约定核对密押即可。SWIFT具有自动解押功能，其会自动和计算机中储存的密押相核对，汇入行在通知收款人前应有“回单”签回，付款时由收款人在收条上签字。汇入行核对收条和回单的签字，相符的照付款项。

2. 对于信汇方式

汇出行通过信汇委托书或支付委托书向汇入行传达委托付款指示。汇入行要仔细查验信汇委托书的真实性。信汇方式下汇入行在通知收款人前也应有“回单”签回，付款时由收款人在收条上签字。汇入行核对收条和回单的签字，相符的照付款项。

3. 对于票汇方式

由于有银行汇票这一支付工具，故银行只要能确定汇票上的签字人数、级别、名称和预留的内容相符，且汇票本身合乎法定格式，有背书的背书连续，往往就付款。较谨慎的做法就是等银行票汇通知书（票根）到达之后再予查验，但这种做法有时会造成付款延迟。有些国家的银行为了防止伪造银行汇款，甚至规定汇票金额超过某一限额，除了寄发票汇通知书外，还要在汇票上加注密押。

【例 4-3】2018 年 3 月 10 日，上海 A 银行某支行有一笔美元汇出汇款通过其分行汇款部办理汇款，分行经办人员在审查时发现汇款申请书中收款银行一栏只填写了“The Hongkong and Shanghai Banking Corp. Ltd.”（汇丰银行），而没有具体的城市名和国家名，由于汇丰在世界各地有众多的分支机构，汇出行的海外账户行收到这个汇款指令时肯定无法执行。为此，经办人员即以电话查询该支行的经办人员，后者答称当然是香港汇丰银行，城市名称应该是香港。本行经办人员即以汇丰银行香港分行作为收款人向海外账户行发出了付款指令。时隔多日，上海汇款人到支行查询称收款人告知迄今尚未收到该笔款项，请查阅于何日汇出。分行汇款部当即再一次致电海外账户行告知收款人称尚未收到汇款，请复电告知划付日期。账户行回电称，该笔汇款已由收款银行退回，理由是无法解付。这时，汇出行再仔细查询了汇款申请书，看到收款人的地址是新加坡，那么收款银行理应是新加坡的汇丰银行而不是香港的汇丰银行，在征得汇款人的同意后，重新通知其海外账户行将该笔汇款的收款银行更改为“The Hongkong and Shanghai Banking Corp. Ltd.，Singapore”，才最终完成了这笔汇款业务。

解析：本案例中该笔汇出款项最初没有顺利解付的原因就在于没有准确向汇入行提供收款银行的地址和名称。

4.3.3 汇款的退汇入账

1. 退汇的含义

退汇是指汇款人或收款人中的某一方在汇款解付前要求撤销该笔汇款。

退汇可能由汇款人提出，也可能由收款人或者汇入行提出。

2. 退汇的原因

退汇的原因可能有以下三种：

（1）由于收款人名称、账户、地址不清等原因而无法解付汇入款的，超过 3 个月，银行将主动退汇。

（2）汇出行提出退汇的，若查明头寸确已收妥，且汇款未解付的，可办理退汇；

若已解付，由汇款人直接与收款人联系退汇事宜。

（3）因收款人拒收要求办理退汇的，应由收款人说明原因，经银行查实同意，退还原汇出行。

3. 退汇的提出

（1）汇款人提出退汇。汇出汇款后，如汇款人要求退汇，汇款人应向汇出行出具汇款退汇申请书，列明退汇理由，并出示汇款回单（汇款申请书客户留存联）。汇款人办理退汇时，对在汇入银行开立账户的收款人，必须达成一致退汇意见，否则银行不办理退汇手续。

（2）收款人提出退汇。因收款人拒收汇款而申请退汇的，如汇款头寸已收妥而款项未解付，在电汇或信汇的情况下，由收款人出具书面申请，注明拒收原因，汇入行查实后给予退汇；在票汇的情况下，收款人必须将汇票退回汇款人，由汇款人向汇出行申请退汇，收款人无法自己完成。

（3）汇入行提出退汇。因收款人名称、账户、地址不清而无法解付的汇款，汇入行可以向汇出行查询，查询没有结果又超过一定时间，汇入行可以主动将头寸退回汇出行，注销该笔汇款。或是收款人逾期不来领取汇款，汇入行也可以主动退汇。如汇入行决定不解付汇款，收款人不可以强迫汇入行解付，而应该与汇款人联系，由汇款人向汇出行申请解决。

4. 退汇的流程

（1）汇出行的手续如下：第一，汇款人提出申请，详细说明退汇的缘由；第二，汇出行审查；第三，向汇入行发退汇通知，要求退回头寸；第四，收到汇入行同意退汇的通知和头寸后即注销。

（2）汇入行的手续如下：第一，核对退汇通知的印鉴，看汇款是否已付；第二，若已付，将收款人签署汇款收条寄去，表示汇款已解付；第三，若未解付，则退回头寸，寄回汇款委托书或汇票。

5. 退汇的注意事项

退汇可由汇款人提出，也可由汇入地银行主动退回并通知客户。在办理退汇时，需要注意以下几点。

（1）汇款人应持本人有效身份证件（与办理汇款业务时的证件一致）、汇票正本、汇款回单、收费单到原经办储蓄网点申请退汇，按要求完整、准确填写好申请书，将单据和有效身份证件递交银行工作人员办理。

（2）工作人员收取退汇手续费（按汇款标准收取），客户收妥收费凭证、身份证件和回执联后，在次日（24 小时以后）到银行询问结果。

（3）资金退回经办储蓄网点后，客户可凭有效身份证件和客户回执联办理款项解付手续（既可入账也能支取现金）。

4.4 汇款在国际贸易中的实际应用

在国际贸易中以汇款方式结算买卖双方债权债务时，根据货款支付和货物运送时间的不同，汇款可以分为先付款后交货和先交货后付款两种类型。前者称为预付货款，后者称为货到付款。汇款业务属于商业信用，无论是预付货款还是货到付款，风险始终不平衡，总有一方的资金负担更重，风险更大。

4.4.1 预付货款

预付货款是出口商未交货之时，进口商将一部分或全部货款提前支付给出口商，出口商收到款项后按照约定发运货物的结算方式。

在电汇的结算方式下，预付货款也称为“前 T/T”。此方式对进口商来说是预付货款，对出口方来说则是预收货款。对银行来说，预付货款属于汇出款项，而预收货款属于汇入款项。在国际贸易中，处理汇入款项业务的银行向出口商结汇后，出口商才将货物运出，所以此种结算方式又叫“先结后出”。

对于出口商来说，货物未发出，已经收到全部或部分货款，出口商不需垫付大量资金，实际上等于得到了进口商的无息贷款，消除了收汇风险；出口商收到货款，实际上相当于接受了进口商的购货担保，掌握了出口的主动权，降低了货物出售的风险，如果进口商毁约，还可以没收预付款；出口商甚至可以充分利用预收货款的优势，在收款后购货发运，解决资金周转的困难。但是，对于出口商来说，应该提防进口商以预付货款为幌子进行诈骗的情形。

对于进口商来说，预付货款将承担极大的风险：首先须预先垫付全部或部分货款，可能会造成资金周转困难及利息损失；若遇到信誉较差的出口商，可能收不到货物或不能如期收到货物，或者收到的货物与合同规定不符，而此时货款已经支付，进口商会产生损失。因此，预付货款会使进口商处于相对来说比较被动的地位。因此，进口商必须对出口商的资信进行周密的调查，在确信出口商能按时出运合同规定的货物后，才能选择使用预付货款方式。

一般来说，预付货款适用于以下情况：第一，出口商的商品是进口国市场上的抢手货，进口商迫切需求该货物以取得高额利润，因此不惜预付货款；第二，进出口双方关系密切，相互了解对方的资信状况，进口商愿以预付货款购入货物；第三，卖方货物旺销，出口商与进口商初次成交，卖方对买方资信不了解，担心买方收货后不按合同履行付款义务，为了收汇安全，卖方提出预付货款作为发货的前提条件。

4.4.2 货到付款

货到付款是出口商先交货，待进口商收到货物之后立即或在一定时间内付款的结算方式。这种结算方式属于交货付现或记账赊销。

货到付款在国际结算中可以分为售定和寄售两种。

售定是指买卖双方已经谈妥成交条件并签订了成交合同，确定了货价和付款时间，一般是货到即付款或货到后若干天付款，由进口商用汇款方式通过银行汇交出口商。这种特定的延期付款方式习惯上称为“先出后结”，又因价格事先已经确定，称为售定。售定只适用于我国内地对港澳地区出口鲜活商品的贸易结算。

寄售是由出口商先将货物运至国外，委托国外商人在当地市场代为销售，货物售出后，被委托人将货款扣除佣金后通过银行汇交出口商的结算方法。

对于进口商来说，风险的承担者也是出口商。在发出货物后，出口商要承担进口商可能不付款、不按时付款或不足额付款的风险。因此，出口商必须对进口商的资信进行周密的调查，在确信进口商能及时付款时才能选用货到付款方式。为了确保收款安全，出口商还可以要求进口商通过银行开立付款保函。

对于进口商来说，进口商如果认为收到货物的质量不符合合同规定的要求，或者其收到货物时，市场化行情发生了变化，则可以拖延付款，或者少付，甚至不付货款，风险可能完全由出口商承担。

4.5 国际货物贸易采用汇款结算的风险及防范

4.5.1 汇款的主要风险

1. 出口商面临的风险

在货到付款项下，一旦发了货就失去了制约进口商的手段，出口商能否收款完全取决于进口商的资信，如其资信不好，出口商就可能钱货两空；同时，采用货到付款，进口商不承担资金风险，货未到或到货不符合合同要求可不付款，在整个交易中进口商占据主动地位；由于进口商常在收到货物一段时间后再付款，无形中占用了出口商的资金。

2. 进口商面临的风险

采用预付款时，进口商将来如不能收到或不能如期收到货物，或货物与合同不符时，将承担风险或遭受损失；货物到手前付出货款，也造成了资金周转困难及利息损失。

4.5.2 风险防范措施

1. 出口商的风险防范措施

（1）了解进口商信用，争取提高预付货款的比例，降低货到付款的比例。

（2）如汇款方式用于预付货款，应在买卖合约中约定采取何种汇款方式以明确汇款到达的期限，并与交货期相互衔接。这种方式对出口商最为有利。

（3）如汇款方式用于寄售，必须注意对代销商的资信、经营能力、作风等进行调查，同时为保证及时收汇，应在寄售协议中规定汇付货款的方式和时间。寄售的有关单据可通过银行转给进口商，也可自寄。但无论如何，出口商发货后都要将寄售发票副本或出口明细单在列明参考价及估计的收汇期限后交给银行，以便银行掌握情况，设立专户，汇款后逐笔核销。

（4）进口商有时还会向出口商提出对进口商品折价支付，作为抵付预付货款造成的资金利息损失，但交易中应注意，由于汇款可撤销，在汇款尚未被支取之时，汇款人可随时通知汇款行将汇票退回，故出口商在收到汇款通知后，应尽快发货，尽快交单收汇。

2. 进口商的风险防范措施

（1）了解出口商信用，减少预付货款的比例，争取货到付款的比例。

（2）采用预付款时，可要求出口商凭保函或书面担保提取预付款，保证收款后一定时间内发货交单，否则退还预付款，并加付利息。

（3）可采用“凭单付汇（款）”的支付方式，这是一种有条件的汇款，汇入行根据汇出行的指示，向出口商发出汇款通知书，要求出口商须提供指明的单据方可解付，须提供的单据一般为商业发票和运输单据，具体要求根据进口国和进口商需要而定。例如，出口美国还须提交出口许可证，出口加拿大还须提供原产地证等。凭单付汇比一般预付货款多了一层保障，可以防止出口商支取汇款后不交货、不交单或不按合同规定如期交货①。

【例 4-4】某年某月，我国内地甲外贸公司与香港某商社首次达成一宗交易，规定以即期不可撤销信用证方式付款。成交后该商社将货物转售给了加拿大一客商，故贸易合同规定由甲外贸公司直接将货物装运至加拿大。但由于进口商借故拖延，经甲外贸公司几番催促，最终于约定装运期前 4 天才收到对方开来的信用证，且信用证条款多处与合同不符。若不修改信用证，则甲外贸公司不能安全收汇，但是由于去往加拿大收货地的航线每月只有一班船，若赶不上此次船期，出运货物的时间和收汇时间都将耽误。在甲外贸公司坚持不修改信用证不能装船的情况下，香港某商社提出使用电汇方式把货款汇过来。甲外贸公司同意在收到对方汇款传真后再发货。甲外贸公司第二天就收到了对方发来的汇款凭证传真件，经银行审核签证无误。同时由于甲外贸公司港口及运输部门多次催促装箱装船，外贸公司有关人员认为货款既已汇出，就不必等款到再发货了，于是及时发运了货物并向香港某商社发了装船电文。发货后一个月仍未见款项汇到，经财务人员查询才知，香港某商社不过是在银行买了一张有银行签字的汇票传真给甲外贸公司以作为汇款的凭证，但收到发货电文之后，便把本应寄给甲外贸公司的汇票退回给了银行，撤销了这笔汇款。香港某商社的欺诈行为致使甲外贸公司损失惨重。

解析：本案中，尽管出口商接受汇款结算是迫不得已，但种种行为迹象表明进口商存在着欺诈的意图，出口商对此应当高度警惕。预付货款本来是对卖方有利的结算方式。但卖方必须注意应在买卖合同中约定选取何种汇付方式并明确汇款到达的时限，注意须与交货期衔接。如使用票汇，应待收妥票据款项后方可发货，至少要收到有效的银行即期汇票之后才发货，防止由于伪造票据或其他原因而蒙受汇款不到的损失。

---

① 王学惠，王可畏. 国际结算[M]. 北京：北京交通大学出版社，2011.

➢本章习题

1. 什么是汇款？汇款的主要当事人有哪些？他们各自的权责是什么？
2. 汇款有哪几种方式？其中最主要的方式为哪一种？
3. 电汇的业务流程是怎么样的？
4. 如何识别和防范汇款业务在国际货物贸易结算中的风险？

第5章　托　　收

【导入案例】

A公司与境外一客户达成一笔交易，约定采用托收的付款方式，交单条件为承兑放单，为了避免境外客户收到单据提货后不付款，特意在托收指示里添加了“承兑交单，但付款需由代收行担保”字样。代收行办理了承兑交单手续后，向托收行发送承兑通知书。托收行和A公司在收到该承兑后均未提出异议。承兑汇票到期后，境外客户以货物存在质量问题拒绝付款。A公司及托收行发电代收行，认为托收指示里写明需要代收行担保付款后才能承兑放单，而代收行仅凭客户承兑就放单，与指示不符，需承担付款责任，代收行反驳认为，放单是基于付款人的承兑。根据《托收统一规则》（The Uniform Rules for Collection，URC522），代收行并没有担保到期付款的责任。双方多次交涉，纠纷仍未解决。

☆思考：

该案例给我们什么启示？

5.1　托收概述

5.1.1　托收

托收是国际结算基本方式之一，是指出口商（托收申请人）向其开户银行（托收行）提交凭以收取款项的金融票据或商业票据或两者兼有，要求托收行通过其海外联行或代理行（代收行）向进口商（付款人）提示单据并要求其付款的一种结算方式。

作为典型的逆汇结算方式，托收在高度竞争的国际贸易领域应用非常广泛。由于其格外受到进口商的青睐，故虽然对于出口商而言风险相对集中，但也常被出口商采用以充当出口竞争的重要手段。与汇款结算相比，托收结算虽然也是建立在商业信用基础上的，但由于交货与付款方式发生了变化，出口商收到货款的安全性大大增强。

托收申请书样式如图5-1所示。

5.1.2　URC522

托收统一规则是一套为银行、买方和卖方在处理托收业务时提供操作流程，减少托收业务各有关当事人可能产生的矛盾和纠纷的国际惯例。国际商会为统一托收业务的做法，减少托收业务各有关当事人可能产生的矛盾和纠纷，曾于1958年草拟《商业单据托收统一规则》。1995年再次修订，称为URC522，1996年1月1日实施。URC522的制定历程反映了银行托收业务的发展与新特征，并进一步明确了托收业务中各当事人的责权划分。

中国农业银行
AGRICULTURAL BANK OF CHINA

跟单托收申请书
APPLICATION FOR DOCUMENTARY COLLECTION

Date 日期______

To: Agricultural Bank of China Branch 致：中国农业银行 行 We enclose the following draft(s) / documents as specified hereunder which please collect in accordance with the instructions indicated herein. 兹附上汇票和单据如下，谨请贵行依照本申请书的要求为我公司办理托收。 This collection is subject to URC 522. 此托收遵循国际商会第 522 号出版物《托收统一规则》。	Collecting Bank (Full name & address) 代收行（全称和地址）
Drawer (Full name & address) 收款人(全称和地址)	Tenor（期限）
	Draft / Inv. No. 汇票/发票号码 | Currency and Amount 币种及金额
Drawee (Full name & address) 付款人(全称和地址)	

第一联　银行留存

DOCUMENTS 单据

DR AFT	COM. INV.	PACKING LIST	B/L	N/N B/L	AWB.	ORIGIN CERT.	INS. POL.	INSP. CERT.	CERT.	CABLE COPY			

Special Instructions (See box marked "X") 特殊条款（用" X"在方框中标明）：

□ Please deliver documents against □ payment at sight /□ payment ______after sight /□ acceptance.
请办理 □ 即期付款交单/ □ 远期付款交单 /□ 承兑交单。

□ All your charges are to be borne by □ the drawee /□ us.
你行所有费用由□付款人/□我司承担。

□ In case of a time bill, please advise us of acceptance giving maturity date.
如果托收包含远期汇票，请通知我公司承兑到期日。

□ In case of dishonour, please do not protest but advise us of non-payment /non-acceptance giving reasons.
如果发生拒付，无需拒绝证书但应通知我公司拒绝付款或拒绝承兑的原因。

□ Please instruct the Collecting Bank to deliver documents only upon receipt of all their banking charges.
请指示代收行收妥全部银行费用后再提示单据。

□ We will take on all the results caused by choosing the above bank as the collecting bank.
请选择我司选定的代收行，由此引起的问题和其他后果由我司负责。

Disposal of proceeds upon collection （款项收妥后，请按照以下要求办理）

联系人：　　　　　　电话：

申 请 人（盖 章）

图 5-1　托收申请书样式

URC522 共七部分，共二十六条，包括总则和定义，托收的形式和结构，提示的形式，义务和责任，付款，利息，手续费和费用，其他条款。根据 URC522，托收意指银行根据所收的指示，处理金融单据或商业单据，目的在于取得付款和（或）承兑，凭付款和（或）承兑交单，或按其他条款及条件交单。

URC522 自公布实施以来，被各国银行所采用，已成为托收业务的国际惯例。需要注意的是，该规则本身不是法律，因而对一般当事人没有约束力。只有在有关当事人事先约定的条件下，才受该惯例的约束。

5.2 托收中的单据

5.2.1 托收单据的含义

托收单据一般是指金融单据和商业单据。金融单据意指汇票、本票、支票或其他用于获得付款的类似票据。商业单据意指金融单据以外的其他单据，如发票、运输单据、保险单据、原产地证书等。

实际业务中，光票托收使用的金融票据以本票和支票居多，而跟单托收中使用的主要金融单据是出口商签发的汇票，甚至于仅仅使用商业单据。

托收业务中单据的处理是银行的主要业务，也是付款人凭以付款的重要先决条件。如付款人认为单据不符合要求，有拒绝接受单据和票据的权利。

5.2.2 基本单据

基本单据也称主要单据，是指贸易中必不可少的单据，是出口商提供的基本单据。

基本单据包括作为出口商履约证明的商业发票、证明货物已被装运或代表货物所有权的运输单据，以及通常需要提供的用以收款的汇票，在 CIF 合同中还包括保险单据。

严格地说，国际结算中所指的单据并不包括汇票，但通常业务中提到应交单据都将汇票包括在内。随着国际贸易的多方向发展以及信用证业务的灵活运用，一些传统的基本单据在实际业务中已不是必不可少的了，有时可以被省略，有时也可被替代。例如，信用证业务中免除汇票，以领款收据代替汇票，以海关发票代替发票以及信用证中不规定运输单据的情况均有出现。

5.2.3 托收单据的作用

单据是国际贸易中买卖双方货款清算所需的凭证，具有十分重要的作用：

（1）单据是出口方履行合同的证明；

（2）单据是交易货物的代表；

（3）单据是贸易结算的凭证；

（4）单据是融资的手段；

（5）货物单据化是银行参与国际结算的前提条件。

5.2.4 托收单据缮制的基本要求

（1）准确。这是单据的第一要求。单据应与合同规定完全相符。若以信用证方式结算，要求做到“单证一致”（即所有的单据都与信用证一致），“单单一致”（即单据与单据之间的相同内容都要一致）。

（2）完整。包括内容完整、份数完整、种类完整。

（3）及时。在信用证项下交单必须掌握装运期、交单期和信用证有效期。

（4）简明。单据文字内容力求简单明了。

（5）整洁。单据的缮制必须力求表面整洁。个别错误可以更正，但必须在更正处加以签署或加盖更正章，不能遗漏。

5.3 托收的当事人

5.3.1 委托人

委托人是指主动向银行提出托收申请，委托银行向国外付款人收取款项的当事人。在跟单托收业务中，委托人通常是出口商。

作为出口商，委托人必须履行与进口商之间签订的贸易合同，负有按合同交货和交单的义务和责任。同时，作为委托银行办理托收的主体，填制托收申请书之后，必须履行与银行之间签订的委托代理合同，支付各项费用。具体来说，委托人应在银行提供的托收申请书上做出明确的指示，以及在发生意外时做出及时的指示；并向银行提交相关的金融单据和商业单据，还需支付包括手续费、电报费、邮费、拒绝证书费等在内的各项费用。

委托人在贸易合同下的责任：第一，按时按质按量装运货物；第二，提供符合合同要求的单据。委托人在委托代理合同下的责任：第一，填写托收申请书，指示明确；第二，对意外情况及时指示；第三，承担收不到货款的损失。

5.3.2 托收行

托收行是指接受委托人的委托，负责办理托收业务的银行。托收行通常位于出口商所在国家。在跟单托收业务中，托收行通常是出口方银行。

因为它地处出口商所在地，且通常要转托进口商所在地的银行代为办理汇票提示和货款收取等事项，所以须将单据寄往进口方银行，因而也常称之为寄单行或委托行。

托收行作为受托方，必须严格遵守与委托人之间签订的委托代理合同，完全按照委托人的指示来代收款项。托收行在接受委托人的托收申请书时，应仔细检查以确认所收单据与托收申请书所列一致。对于委托人的指示无法照办时，也应立即通知委托人。如果委托人没有给予明确指示，托收行可以按照惯例来处理。同时，作为委托代收行向债务人收取款项的当事人，他必须在托收指示中给予代收行明确的指示。代收行将仅仅遵循托收指示中的命令来代收款项。

托收行的责任：第一，审查托收申请书，核对单据；第二，缮制托收委托书；第三，按常规业务处理业务，并承担过失责任。

5.3.3 代收行

代收行是指接受托收行的委托，代为办理汇票提示和货款收取等事项的银行，也称受托行。在跟单托收业务中，代收行通常是进口方银行。

代收行在接受托收行的委托后，也应仔细检查以确认所收单据与托收指示中所列一致，严格按照托收指示的内容行事。当无法照办时，应立即通知托收行。

代收行的责任：第一，审查委托书，核对单据；第二，代收行有保管好单据的责任；第三，及时反馈托收情况；第四，谨慎处理货物。

5.3.4 付款人

付款人是指根据托收行的指示，由代收行向其提示汇票并收取款项的当事人。

在跟单托收业务中，付款人通常是进口商。因为他也是汇票上注明的应接受无条件支付命令的当事人，所以常称之为受票人。付款人的责任是履行付款义务。

5.3.5 托收的当事人关系图

托收的当事人关系图如图 5-2 所示。

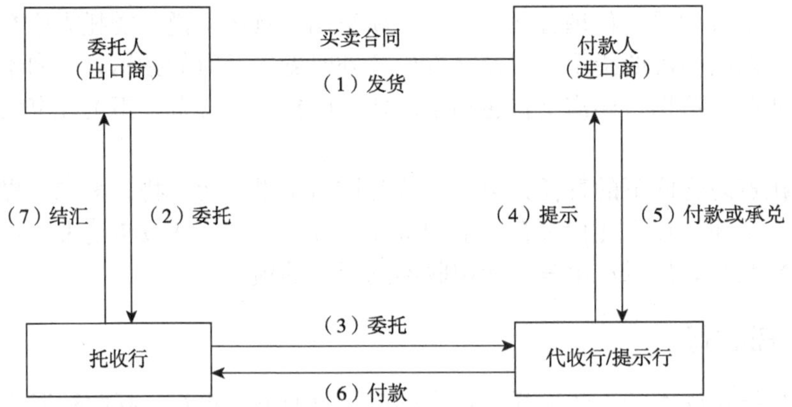

图 5-2 托收的当事人关系图

5.3.6 托收当事人之间的法律关系

1. 委托人与托收行之间是委托关系

委托人是委托银行办理托收的人，通常是国际货物买卖合同中的卖方。接受委托人委托处理托收的银行叫托收行，通常在卖方所在地。委托人在委托银行代为托收时，须填写一份托收委托书，规定托收的指示及双方的责任，该委托书即成为双方的代理合同。在此代理关系中，托收行按委托人的托收指示托收，托收指示规范委托人与托收行之间的法律关系。

2. 托收行与代收行之间是业务代理关系

代收行通常在买方所在地，其与托收行之间的代理合同由托收指示书、委托书以及由双方签订的业务互助协议等组成。URC522 规定：银行必须依托收指示书中的规定和本规则行事，如由于某种原因，某一银行不能执行其所收到的托收指示书的规定，必须立即通知发出托收指示书的一方。如果代理人违反了该项原则，应赔偿由此给委托人造成的损失。

3. 委托人与付款人之间是货物买卖合同关系，也是债权人与债务人关系

委托人为卖方，付款人一般为买方。如果托收中使用汇票，通常委托人是出票人，付款人是受票人。

4. 委托人与代收行之间不存在直接的合同关系

尽管托收行是委托人的代理人，代收行又是托收行的代理人，但依代理法的一般原则，在委托人与代收行之间并没有合同关系。因此，如果代收行违反托收指示行事导致委托人遭受损失，委托人并不能直接起诉代收行。委托人只能通过托收行追究代收行的责任。

5. 代收行与付款人之间没有法律上的直接关系

付款人是否付款是依其对托收票据的付款责任。付款人是依托收指示向其提示的人，通常为买卖合同中的买方。

5.4　托收的种类

5.4.1　光票托收

光票托收是指仅有金融单据而不附带商业单据（主要是货运单据）的托收方式。

在实务中，凭商业汇票、银行汇票、支票、本票等都可以到银行办理光票托收。光票托收通常用于国际贸易的小额交易、预付货款、保证金、利息及其他贸易从属费用的收取以及非贸易领域的款项托收等。因为涉及金额一般不大，所以多使用即期汇票。当然，光票托收并不一定不附带任何单据，有时也附有一些非货运单据，如发票垫款清单等。

光票托收手续简便，费用低廉，但是收汇速度慢而且由于缺乏商业单据，对进口商付款缺乏约束力。

光票托收应该注意以下几方面：

（1）票据的名称、种类、期限、金额、币种；
（2）收款人的名称和地址；
（3）付款人的名称和地址；
（4）票据的背书；
（5）远期票据是否承兑；
（6）票据的利息条款；
（7）票据签发人的名称和签字；
（8）其他条款。

5.4.2　跟单托收

跟单托收是指金融单据附带商业单据的托收，或是商业单据不附带金融单据的托收

方式。

在国际贸易结算中，托收业务一般都属于跟单托收类型。常见的跟单托收既有金融单据也有商业单据的使用。但是，欧洲大陆一些国家为了避免印花税，也有不开汇票，只提交商业单据委托银行代收的情况。在国际贸易跟单托收中，常见的商业单据包括发票、装箱单、重量单、物权凭证单据等。

出口商为了能够尽快收到钱，应注意单据的以下几点：

（1）汇票金额要一致；

（2）汇票出票人签字或盖章；

（3）汇票要背书；

（4）汇票的出票人和签发人要一致；

（5）汇票要与发票等单据保持一致；

（6）价格条款是 CIF，要有保险单，保险单的金额要超过发票金额；

（7）运输条款与价格条款保持一致；

（8）根据运输单据的要求，是否要求背书；

（9）各种单据中的货物描述要保持一致。

5.5 托收的交单方式及业务流程

5.5.1 付款交单

付款交单（D/P）是卖方的交单需以买方的付款为条件，即出口商将汇票连同货运单证给银行托收时，指示银行只有在进口商付清货款时才能交出货运单证。

如果进口商拒付，就不能拿到货运单证，也无法提取单证项下的货物。付款交单按付款时间的不同，可分为即期付款交单和远期付款交单两种。

1. 即期付款交单

即期付款交单是出口商通过银行向进口商提示汇票和货运单证，见票人于见票时立即付款，付清货款后向银行领取货运单证。

即期付款交单业务流程图如图 5-3 所示。

说明：

（1）出口商按照合同规定装货，并取得货运单证后，填写托收申请书，开出即期汇票，连同货运单证交托收行，委托代收货款；

（2）托收行根据托收申请书缮制托收委托书，连同汇票、货运单证，寄交进口地代收行；

（3）代收行收到汇票及货运单证，即向进口商作付款提示；

（4）进口商审单无误后付款；

（5）代收行交单；

（6）代收行通知托收行，款已收妥办理转账业务；

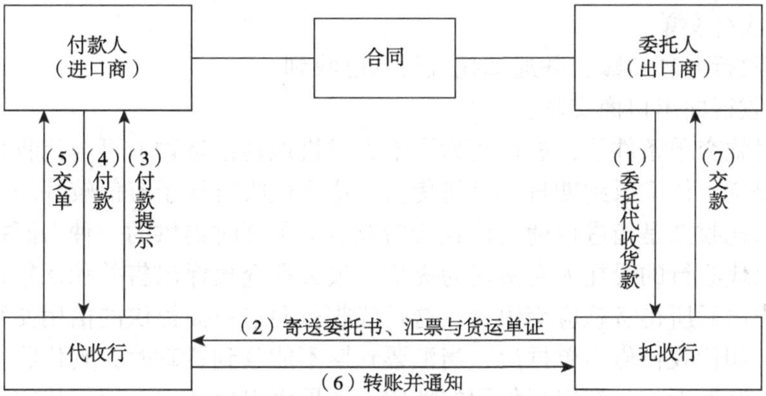

图 5-3 即期付款交单业务流程图

（7）托收行向出口商交款。

2. 远期付款交单

远期付款交单是由出口商通过银行向进口商提示汇票和货运单证，进口商即在汇票上承兑，并于汇票到期日付款后向银行取得单证。在汇票到期付款前，汇票和货运单证由代收行掌握。

远期付款交单业务流程图如图 5-4 所示。

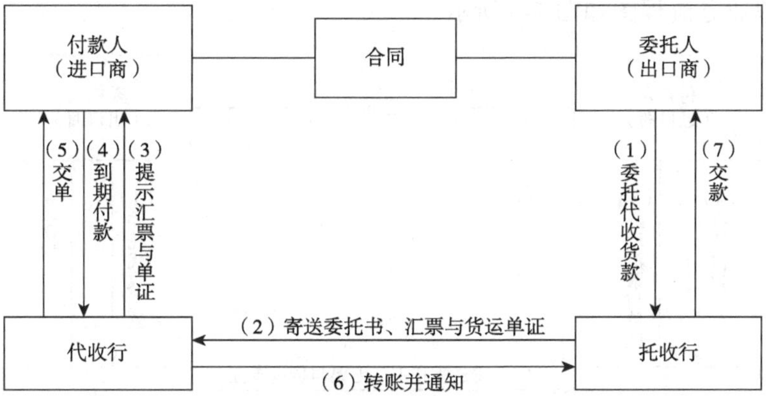

图 5-4 远期付款交单业务流程图

说明：

（1）出口商按合同规定装货后填写托收申请书，开立远期汇票，连同货运单证交托收行，委托代收货款；

（2）托收行根据委托申请书缮制托收委托书，连同汇票、货运单证寄交代收行委托代收；

（3）代收行按照托收委托书的指示向进口商提示汇票与单证，进口商经审核无误在汇票上承兑后，代收行收回汇票与单证；

（4）进口商到期付款；

（5）代收行交单；

（6）代收行办理转账，并通知托收行款已收到；

（7）托收行向出口商交款。

在远期付款交单条件下，进口商为了不失时机地转销货物，可与代收行商量在汇票到期前借单提货，待汇票到期日再付清货款，这是代收行给予资信较好的进口商的一种通融方式。信托收据是指进口商向代收行借取装运单据时提供的一种书面担保文件，用来表示愿意以代收行的受托人身份代为提货、报关存仓投保出售并承认货物所有权仍属银行，货物售出后所得货款应交银行。这是代收行向进口商提供的信用便利，与出口商无关，因此，如代收行借出单据后，当汇票到期不能收到货款时，则代收行应对出口商负全部责任，这种形式具有银行信用的性质；如果由出口商主动授权代收行向进口商凭借信托收据接取装运单据提货，这种做法称为付款交单凭信托收据接单。若汇票到期进口商拒付，则与代收行无关，由出口商自己承担拒付风险。

5.5.2 承兑交单

承兑交单（D/A）是指出口商的交单以进口商的承兑为条件。

进口商承兑汇票后，即可向银行取得全部货运单证，而对出口商来说，交出物权凭证之后，其收款的保障就完全依赖于进口商的信用。一旦进口商到期拒付，出口商便会遭受货款两空的损失。因此，出口商对于接受这种方式必须慎重。

承兑交单业务流程图如图 5-5 所示。

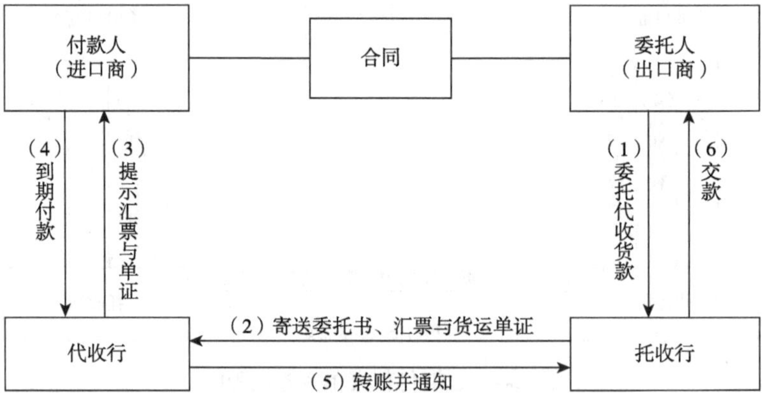

图 5-5 承兑交单业务流程图

说明：

（1）出口商按合同规定装货并取得货运单证后，填写托收申请书，声明“承兑交单”，开出远期汇票，连同货运单证交托收行，委托代收货款；

（2）托收行根据托收申请书缮制托收委托书，连同汇票、货运单证寄交进口地代收银行委托代收；

（3）代收行按照托收委托书的指示向进口商提示汇票与单证，进口商在汇票上承兑，代收行在收回汇票的同时，将货运单证交给进口商；

（4）进口商到期付款；

（5）代收行办理转账，并通知托收行款已收到；

（6）托收行向出口商交款。

采用这种付款方式，出口商所承担的风险很大，因为进口商在付款之前即取得全部单据，提走货物，一旦到期拒不付款，代收行不负任何责任，出口商将遭受钱货两空的损失。因此，出口商对接受这种方式一般采用很慎重的态度。承兑交单与远期交单的程序基本一致,其唯一区别是承兑交单进口商在汇票上履行承兑手续后即可取得全部单据，而远期付款交单必须在付款后才能取得单据。但如办理付款交单托收手续，指示代收行可凭进口商出具的信托收据预借单据，两者之间的风险基本相同。

5.5.3 按其他条款和条件交单

1. 凭银行保函交单

这种做法一般产生在远期付款交单条件下，托收指示表明见单或装运后 30 天或 60 天等付款。由于银行只能在收到货款后才能放单，为避免货物到达目的地（港）而付款时间未到，可由进口商向代收行提出开立保函以便客户提货。实际上这种交单方式仍属于银行对客户的融资安排，为控制风险，银行往往只对信用好的客户谨慎使用。

2. 凭信托收据交单

这种交单方式主要产生于远期 D/P 下，由进口商出具信托收据，从代收行那里先行借出单据以便提货，同样，也属于银行的融资安排。因为增加了银行的风险，且容易使银行卷入货物的处理中，实际业务中银行也是谨慎对待，还有些国家的银行是没有这种做法的，如德国和法国。

3. 凭本票交单

本票属于自付票据，进口商在托收方式下可签发本票作为对见票时立即支付或于将来可确定时间支付票款的承诺。托收方式中也会出现凭进口商的本票作为银行交单的前提。

4. 凭付款承诺书交单

汇票和本票均涉及印花税的负担，因此进口商会提出以付款承诺书代替汇票或本票，用以承诺在规定的将来时间付款，从而从银行那里先行得到单据。

5. 交单付现

交单付现是指卖方根据买卖合同的规定，在出口地完成发货后，准备好全套运输单据，在出口地、进口地或买卖双方约定的其他地点，向买方、卖方指定的银行或其代理人提示单据，买方付款后，卖方交单给买方。这是一种容易与 D/P 混淆的交单方式。有些银行往往使用托收面函，且声称适用于 URC522，交单条件为 CAD（cash against documents，交单付现）。但实际上两者之间有本质差异，即 CAD 项下，进口商根据收到的货物已经装运的信用证（如单据的复印件）支付相应的货款给指定的银行或者出口商的委托行，指定银行或者委托行必须在出口商提交正本单据后方可划款给出口商，并将单据交给进口商。因此，D/P 是进口商通过付款去赎回出口商的单据，而 CAD 则是出口商以单据去赎回进口商的付款资金。

尽管托收业务会涉及种种不同的其他交单方式，但一般以付款或承兑交单最为常见，这也是受 URC522 保护的两类交单方式。

5.6 托收中的利息、手续费和费用及其他条款

5.6.1 利息

托收指示中专门有利息条款，以表明付款人拒付或延迟付款时利息如何支付。如果要求收取利息，托收指示中应明确规定利率、计息期和计息方法。

5.6.2 手续费和费用

托收项下的费用经常产生争议，为此，URC522 专门制定了第二十一款以便明确有关费用的负担。

（1）如果托收指示中规定必须收取手续费和（或）费用须由付款人承担，而后者拒付时，提示行可以根据具体情况在不收取手续费和（或）费用的情况下凭付款或承兑或其他条款和条件交单，除非适用第二十一款（2）条。每当托收手续费和（或）费用被这样放弃时，该项费用应由发出托收的一方承担，并可从货款中扣减。

（2）如果托收指示中明确指明手续费和（或）费用不得放弃而付款人又拒付该项费用时，提示行将不交单，并对由此所引起的延误所产生的后果将不承担责任。当该项费用已被拒付时，提示行必须以电信方式发出，当不可能时可用其他便捷的方式通知曾向其发出托收指示的银行，不得延误。

（3）在任何情况下，若托收指示中清楚地规定或根据本规则，支付款项和（或）费用和（或）托收手续费应由委托人承担，代收行应有权从向其发出托收指示的银行立即收回所支出的有关支付款、费用和手续费，而寄单行不管该托收结果如何应有权向委托人立即收回它所付出的任何金额连同它自己的支付款、费用和手续费。

（4）银行对向其发出托收指示的一方保留要求事先支付手续费和（或）费用用以补偿其拟执行任何指示的费用支出的权利，在未收到该项款项期间有保留不执行该项指示的权利。

由此，可以看出，托收项下的费用，包括银行手续费及其他可能发生的杂费，由委托人或受票人负担，一般须在托收委托书和托收指示中订明。如果规定由委托人负担手续费，可以采用两种支付方式：一是委托人向托收行、托收行向代收行预支手续费；二是银行收妥货款后，先从中扣手续费，然后再将款项付给前手委托方。

5.6.3 其他条款

如果委托人指定一名代表作为在发生不付款和（或）不承兑时的预备人，托收指示中应清楚、详尽地指明该预备人的权限。在无该项指示时，银行将不接受来自预备人的任何指示。需要时的代理人通常是由委托人指定，以防止进口商拒付后，无人处理货物而带来损失。

5.7 托收的特点及对进出口商的优势

5.7.1 托收的特点

1. 托收结算基础是商业信用

托收业务中，银行只提供代收货款的服务。出口商能否按期收回货款完全取决于进口商的资信。进口商也面临着一定的商业风险，付款或承兑后，凭单提出的货物可能与单据、合同不符。总体上说，托收方式是对进口商比较有利的结算方式，出口商承担的风险相对比较大。

无论是托收行还是代收行，在跟单托收业务中只是对出口货物的安全性、收汇的及时性负有托收委托书上所列的责任，至于进口商是否按照规定的交单条件付款赎单，完全取决于其付款的能力和信用，银行并不承担付款的责任。换言之，在托收业务中，出口商与银行只是委托代理关系，银行只是一个中介，至于是否收到款项完全取决于进口商的信用。

2. 提高安全性，改善资金负担不平衡

在托收结算方式下，出口商在订立合同后，就需垫付自己的资金进行备货、装运，然后通过银行收款，等进口商付款后才能通过银行收取货款。进口商则只需付款或承兑就可以获得合格的单据并凭以提货。因此，出口商的资金负担较重。但是，与汇款结算方式相比，出口商有货权单据，可以在一定条件下通过出口押汇从银行融通资金，因而可在一定程度上减轻资金负担的压力；同时，进口商也可以通过信托收据、担保提货向银行融资。

3. 与信用证业务相比较，跟单托收业务的费用低、手续简便

与信用证业务相比，跟单托收业务可以免去信用证中繁杂的开证手续。另外，信用证业务是银行信用，其费用高是必然的。在当今商业信用越来越发达、国际买方市场环境不断成熟的背景下，在发达国家，托收业务在国际结算中的比重已经远远超过了信用证等其他国际结算方式，这与其费用低、手续简便有着必然的关系。

5.7.2 对出口商的优势

（1）风险较低。托收业务中，进口商只有在承兑或付款后才能提取货物，与赊销

方式相比，出口商承担的风险相对较小，且收款速度快于赊销。

（2）操作简单。与信用证复杂的操作程序相比，托收业务操作简单，方便可行。

（3）费用低廉。跟单托收的银行费用一般在千分之一左右，光票托收更低，相比较信用证项下的通知费、议付费、不符点费用等，银行收费较低，有利于出口商节约费用，控制成本。

5.7.3 对进口商的优势

（1）资金占压少。在出口商的备货和装运阶段，进口商不必预付货款、占压资金；支付货款或做出承兑后可立即取得单据并处置货物。因此，同预付款相比，资金占压少。

（2）简便易行。与复杂的信用证方式相比，手续简单，易于操作。

（3）费用低廉。银行费用较低，有利于进口商节约费用控制成本、改善现金流，尤其是在承兑交单项下，进口商承兑后即可取得单据并处置货物，在售出货物并有现金流入后才对外支付，资金占压近乎为零，财务状况和偿债能力能得到有效改善。

5.8 托收的风险及防范措施

托收的方式主要是建立在商业信用上的，出口商仅凭进口商的信用发货，发完货后才收款，需要承担进口商破产倒闭无力支付货款或因货物价格下跌进口商借故拒付的风险，或进口商以货物的规格、质量包装、数量等不一致而要求降价甚至拒付等风险。与托收有关的银行仅充当中间人,并不保证付款或承担任何信用风险或进口国的政治风险，而且银行通常没有保护货物的义务。因此，相对而言，托收对委托人的风险大于进口商。

因此，出口商需根据客户信用状况、货物在国际市场走俏程度等因素综合考虑，选择合适的交单方式。

5.8.1 出口商面临的风险

（1）因进口商的资信较差而造成拒付。这种情况主要发生在出口商并不完全掌握进口商的资信和经营作风的情况下，形成了出口商委托方与进口商代理方之间的信息非对称。托收方式下的进口商一旦发生资金周转不灵，或进口地市场行情发生变化，商品价格下跌等情况，就会长时间拖欠出口商的货款，甚至拒付货款，即出现了进口商的道德风险。

（2）因进口国政治原因而造成的拒付。进口商所处国家的政治风险通常也会影响进口商的对外支付。进口国的政治风险主要表现为进口国因战争骚乱、罢工等原因造成进口商不能按时付款，进口商因未能取得进口许可证而不能付款，由于进口国的外汇管理而造成进口商不能付款等。

5.8.2 出口商的风险防范措施

1. 调查进口商的资信情况和经营作风

出口商出于对进口商的信任，采用托收方式，带有对进口商融资的性质。所以，出口商必须认真、细致、经常性地调查进口商的资信情况和经营作风，并根据每个进口商的具体情况确定不同的授信额度，妥善掌握成交和发货的总金额，尤其是发货总金额不宜超过对各个进口商的授信额度。在进口商的资信情况和经营作风有变化时，授信额度也应及时做出相应调整。

2. 了解商品在进口国的市场动态

出口商应针对商品在进口国的不同市场动态加以区别对待。如商品滞销，则只有在进口商资信和经营作风良好的条件下才可考虑使用托收结算方式。如商品价格波动频繁、波动幅度较大，则出口商一般不宜采用托收方式收取货款。尤其要注意的是，远期付款交单方式只有在出口商收款有把握时使用，对承兑交单方式出口商更应从严掌握。

3. 熟悉进口国的贸易管制和外汇管制法规

一般情况下，不宜对有进口管制和外汇管制国家的进口商采用托收方式收取货款。如果对这些国家的进口商采用了托收方式，那么在确定进口商已获进口国有关当局的进口许可和审批的外汇并已获得必要的证明以前一般不宜发货，以免货到目的地后发生不准进口或被处罚没收，或无法收到外汇的情形。

4. 了解进口国的习惯做法

在托收业务中，某些欧洲和拉美国家的银行基于当地的法律和习惯，对来自他国的银行按远期付款交单方式委托收款业务，经常把远期付款交单改按承兑交单处理。在这种情况下，如进口商信守合同和票据法的规定，按时付款，则还不致酿成贸易纠纷；但倘若进口商信誉不佳、市场境况疲软，或遇进口商心存欺诈，就会造成出口商被骗，导致钱货两空。因此，出口商在决定采用托收方式前，应熟悉进口国的有关法律和惯例，以免被对方找到拒付甚至骗取货物的机会，对远期付款交单应采取较即期付款交单更为慎重的态度。

5. 正确选择代收行

在托收项下选择一家资信良好、善于合作的银行为代收行非常重要。虽然托收中银行只是收款代理人，并不担保货款的收取，但是具体向付款人提示付款以及催收货款的是代收行，所以正确选择代收行，有利于保证国际惯例的遵守以及各种代收指示的执行，减少收款的风险。

6. 力争自办保险

在托收业务中，出口商应争取按 CIF 或 CIP（carriage and insurance paid to，卖方向其指定的承运人交货）条件达成合同。如果按这两种贸易术语成交，保险则由出口商负责办理。万一货物在途中遇险，进口商又拒付货款，由于出口商掌握有保险单，就可以据此向保险人索赔。如果采用 FOB、FCA（free carrier，货交承运人）、CFR、CPT（carriage paid to，运费付至）等条件成交，当货物遇险且进口商又拒付货款时，所有损失就有可能落到出口商身上。如果情况不好，发运货物时进口商就有毁约的打算，进口商也可能根本不办理投保手续。对此，虽然出口商有权以违约为由与进口商交涉，但往往收效甚微。再退一步说，即使进口商确已办理了保险，货物遇险后可向保险人索赔，但保险单在进口商手中，货运单据因进口商拒付仍为出口商或其代理人（银行）所掌握，要向保险人索赔，除非是进口商将保险单转让给出口商或出口商将货运单据转让给进口商。可是，这时的进口商已经拒付，货运单据不可能转让，在因拒付引起关系紧张的气氛下，双方能否取得协议，由进口商将保险单转让给出口商也是一个疑问。所以，最现实的办法是出口商自办保险①。

5.8.3 进口商面临的风险

由于托收方式下的进口商主要担心所购货物的状况，故而其面临的风险主要是围绕货物而展开。国际贸易中的进出口双方主要以 FOB、CFR、CIF 等贸易条件达成交易，而这几种条件又有一个共同的特性，即都属于象征性交货条件，因此买卖双方在实际交付货物时很难见面，通常是委托运输公司来实际交付。这样就造成了货物的运输与单据的交付、付款相脱节。在 D/P 方式下，一般而言，由于进口商付款后才能获得单据，进而向运输公司提取货物，故进口商可能会面临付款后所提取的货物与合同不符的问题。这时所面临的风险就具体表现为出口商因欺诈行为（主要是以虚假单据）骗取进口商付款；出口商以残次货物骗取进口商付款。

5.8.4 进口商的风险防范措施

1. 事先做好对客户的资信调查

托收虽然相对来说有利于进口商，但由于国际货物买卖多采用“象征性交货”的贸易术语，如 FOB、CFR、CIF、FCA、CIP 和 CPT 等，故进口商仍有可能面临出口商以次充好或者只交单不交货进行欺诈的风险。必要的资信调查尤为重要，只有选择了合适的客户，才能避免不法出口商实施欺诈给进口商带来的风险。

2. 严格审核单据

托收业务中，进口商在付款前有权检查单据以决定是否接受单据，而单据又代表了成交的货物，尤其是物权凭证提单。进口商在审核单据时，除了审核汇票、发票箱单等常用单据外，更要重点审核提单的签发是否合乎要求，能否使自己掌握货物的所有权。

3. 选择合适的交单方式

对进口商而言，承兑交单是最有利的一种交单方式。如进口商流动资金不足，需要出口商给予远期付款的融资便利，且与出口商有良好的合作关系，可采用 D/A 方式；反之，如进口商流动资金充足，也可考虑采用 D/P 方式。

【例 5-1】2018 年，国内出口商 A 与美国进口商 B 签订买卖合同，其约定支付方式是即期付款交单。同年 5 月 19 日，出口商 A 将货物通过海运从上海运往纽约，并取得

① 潘天芹，张冰，杨加琤. 国际结算[M]. 杭州：浙江大学出版社，2006.

海运提单。出口商当日就持全套单据以及美国代收行D银行的资料前往当地中国C银行办理托收。当地C银行在审查全套单据后，签发了托收指示函并告知无法在当日寄单，出口商A当即要求自行寄单，C银行同意后将全套单据和托收指示函由出口商A签收取走。美国代收行D于6月11日签收装有全套单据和托收指示的邮件。美国代收行D在B未付款的情况下，自行放单至B。B于7月15日将货物全部提走，并且于当日向出口商A表示无力付款，尽管A多次向B交涉，但都无果而终，从而给A造成巨大的损失。问：上述案例中的责任者是哪一方？

解析：责任者是D银行。美国D银行违反了托收的基本义务，应当承担出口商的所有损失。作为即期付款交单中的代收行，美国D银行应当在收到托收指示和全套单据后，向美国的进口商B提示付款，D应该在B付清所有货款的情况下，才能将相应的单据交给进口商，但实际上D并没有按照惯例办理，相反，却在进口商没有付款的情况下，自行将单据释放给B，因此美国银行D应对出口商A的损失承担赔偿责任。

➢本章习题

1. 什么是托收？
2. 托收中的单据有哪两种主要类别？分别指哪些单据？
3. 托收的主要当事人有哪些？他们各自的权责是什么？
4. 什么是信托收据？它的作用是什么？
5. 试比较不同的交单方式对进出口商的风险以及如何规避风险。

第6章 信 用 证

【导入案例】

A公司为B省一家电解铜冶炼厂,从国外进口铜精矿,冶炼成电解铜销售。由于2012年后铜价逐渐下滑，银行收紧了对铜产业链相关企业的授信，公司的开立信用证额度也遭到了削减，影响了铜精矿进口业务的正常开展。该公司寻到一家大型企业C，C实力雄厚，开证额度充足，A公司希望C公司能够代理其对外开证进口铜精矿。C公司评估A公司情况，认为A公司作为生产企业，运行良好，资产变现能力较强，只要能够规避价格波动风险即可。于是C公司同意为A公司代理开证，但是开证前一个工作日需要A公司支付开证金额20%的保证金，待货物到港后，A公司支付剩余货款后，C公司放单，代理费1%。

☆思考：

上述业务中A公司和C公司的得失分别是什么？

6.1 信用证的定义

6.1.1 信用证

信用证是指由银行（开证行）依照（申请人的）要求和指示或自己主动，在符合信用证条款的条件下，凭规定单据向第三者（受益人）或其指定方进行付款的书面文件。即信用证是一种银行开立的有条件的承诺付款的书面文件。

在国际结算中，买卖双方可能互不信任，买方担心预付款后，卖方不按合同要求发货；卖方也担心在发货或提交货运单据后买方不付款。因此，需要两家银行作为买卖双方的保证人，代为收款交单，以银行信用代替商业信用。银行在这一活动中所使用的工具就是信用证。

【例6-1】下面结算方式中，有银行信用做基础的是（　）。

A.汇款　　B.信用证　　C.承兑交单托收　　D.付款交单托收

答案：B

6.1.2 承付

根据UCP600第二条，承付是指：①如果信用证为即期付款信用证，则即期付款；②如果信用证为延期付款信用证，则承诺延期付款并在承诺到期日付款；③如果信用证为承兑信用证，则承兑受益人开出的汇票并在汇票到期日付款。

由此，UCP600“承付”的定义包含3种类型：即期付款、承诺付款和承兑付款，它们的本质都是银行承认其立即或者在约定的日期履行付款责任。

6.1.3 相符交单

根据UCP600第二条，相符交单是指与信用证条款、本惯例（UCP600）的相关适用条款以及国际标准银行实务一致的交单。

这是《跟单信用证统一惯例》第一次对于相符交单进行的清晰的定义。特别值得注意的是，这一定义与传统上人们对于相符交单的理解存在着较大的差异。在UCP600的规则之下，相符交单的含义被扩大了：受益人提交的单据不但要做到“单证相符、单单一致”，而且要做到与UCP600的相关适用条款相一致，还要做到与国际标准银行实务一致，只有同时符合以上三方面的要求，受益人所提交的单据才是相符单据。

6.1.4 不可撤销

UCP600 第二条定义条款：“信用证意指一项约定，无论其如何命名或描述，该约定不可撤销并因此构成开证行对于相符提示予以兑付的确定承诺。”

不可撤销是指信用证一经开证行开立，则在没有得到有关主要当事人的一致同意时，开证行不可以单方面地修改或撤销信用证。

6.2 跟单信用证统一惯例

20世纪初，跟单信用证在国际贸易中已被广泛应用并具有相当规模。但是，因为从事国际贸易的商人和有关的银行分处不同国家和地区，对跟单信用证有关当事人的权利、责任以及所用条款和术语的定义等缺乏统一的解释和公认的准则，各银行大都根据各自的操作习惯和利益自行其是、各执己见，因此信用证各有关当事人之间的争议和纠纷经常发生，乃至引起诉讼。因此，制定一套能够为各方共同遵守的统一、明确的规则，以便国际结算的进行，成为信用证业务有关各方的共同需要和迫切愿望。

《跟单信用证统一惯例》是国际商会制定的、旨在统一各国对跟单信用证条款的解释而供银行界自愿采用的条例，于1930年5月15日公布，先后于1951年、1962年、1967年、1974年、1983年和1993年六次修改。现在使用的是2007年1月1日生效的修订本。该惯例由总则与定义、信用证的形式与通知、责任与义务、单据、杂项规定、可转让信用证和款项让渡七部分组成，共四十九条。该惯例仅为国际商会推荐给国际银行界采用的业务惯例，不具有普遍的法律约束力，不采用的银行也不受其约束。但它已被许多国家和地区的银行界所采用，在国际上具有很大的影响力。中国尚未正式承认该惯例，但在具体业务中亦参照该惯例来处理信用证中的问题及当事人之间发生的纠纷。

《跟单信用证统一惯例》被各国银行和贸易界所广泛采用，已成为信用证业务的国际惯例，但其本身不是一个国际性的法律规章。现行的是2007年版本，从2007年7月起，《跟单信用证统一惯例》（2007年修订本）第600号出版物开始执行，简称为UCP600。因此，为了开展业务和处理可能发生的纠纷和争议，了解和熟悉这个惯例是非常必要的。

6.3 信用证的当事人

信用证业务涉及的当事人有很多，最基本的当事人包括开证申请人、开证行和受益人，由于信用证是以银行信用为基础的结算方式，在整个信用证业务流程中涉及的银行特别多，如通知行、保兑行、付款行、承兑行、议付行、被指定银行、偿付行、索偿行等，它们在信用证业务中扮演不同的角色，发挥不同的作用。正是由于信用证业务涉及的当事人较多，与汇款和托收结算方式相比，信用证结算手续更复杂，费用也更高。

6.3.1 开证申请人

开证申请人（又称开证人）是指向银行申请开立信用证的人，一般为进口方，是买卖合同的买方。信用证业务中，开证申请人受两种契约关系的约束。一是与出口商的贸易合同，这份贸易合同带来了对支付信用的需要。贸易合同是解决进出口商在信用证项下贸易纠纷的依据，虽然信用证业务不受贸易合同约束，但贸易合同却是开立信用证的基础，因此开证申请人必须开立符合合同条款的信用证。二是向开证行递交的开证申请书。这份开证申请书保证了信用证下收进的单据和付出的款项将由开证申请人赎还。在信用证业务中虽然开证行承担第一性的付款责任，但开证行是根据开证申请人的申请开立信用证的，信用证项下的款项最终应由开证申请人支付，开证申请人对“相符单据”承担付款责任，不得以货物与合同不符提出拒付。开证申请人在付款赎单提货后，如果发现货物与合同不符，可以根据贸易合同通过法律诉讼或仲裁要求出口商做出赔偿，但不能向开证行追偿货款。

6.3.2 开证行

开证行是指受开证申请人的申请，开立信用证的银行，一般是进口地的银行，开证人与开证银行的权利和义务以开证申请书为依据，开证行承担保证付款的责任。

在信用证业务中，开证行受开证申请书和信用证双重约束。开证申请书是开证申请人对开证行的开证指示，开证行以此对外开立信用证；信用证是开证行对受益人做出的付款承诺，信用证一旦开出，开证行即承担不可撤销的第一性付款责任。开证行在信用证项下的付款责任不受开证行与申请人或申请人与出口商之间产生的纠纷约束。开证行不得以开证申请人无力付款或货物不符合合同规定为由拒付。开证行的付款是终局性的，付款后对受益人没有追索的权利。

6.3.3 受益人

受益人是信用证上所指定的有权使用该证的人，一般是出口商，即买卖合同的卖方。受益人受到贸易合同和信用证的约束，受益人与开证申请人之间存在一份贸易合同，与开证行之间存在一份信用证。一方面，受益人必须提供符合贸易合同的货物；另一方面，受益人必须提交“相符单据”。

受益人提交“相符单据”后有权取得信用证项下的款项，如果遭到开证行的无理拒付，可以根据信用证条款以及《跟单信用证统一惯例》维护自己的权益。如果遇开证行倒闭，信用证无法兑现，则受益人可以根据贸易合同要求进口商付款，进口商仍应承担付款责任。如果信用证条款与合同不符，或信用证条款无法履行，受益人将无法提交“相符单据”，也就无法获得开证行的付款，这时受益人必须要求开证申请人指示开证行修改信用证，或拒绝接受信用证。受益人凭“相符单据”获得开证行的付款后，如果货物不符合合同要求，仍应根据贸易合同向开证申请人做出赔偿。

6.3.4 通知行

通知行是接受开证银行的委托，将信用证通知受益人的银行。一般为出口地的银行，是开证行的代理行。通知行负责将信用证通知受益人，以及鉴别信用证的表面真实性，并不承担其他义务。如果通知行不能确定信用证的表面真实性，即无法核对信用证的签字或密押，或无法通知信用证（如受益人地址不详），则应毫不延误地告知从其处收到指示的银行，并可暂不通知受益人。如通知行仍决定通知该信用证，则必须告知受益人印押待核。

6.3.5 议付行

议付行是根据信用证开证行的授权，买入受益人开立和提交符合信用证规定的汇票、单据的银行。它是准备向受益人购买信用证下单据的银行，通常是出口商所在地的银行。付款行则是开证行在信用证中指定的、承担付款责任的银行。它负责在信用证规定的条件下，对受益人提交的汇票和单据进行付款。付款人和汇票的受票人一样，一经付款，对受款人就无追索权。

UCP600 第二条指出：“议付是指被指定银行在其应获得偿付的银行日或在此之前通过向受益人预付或者同意向受益人预付款项的方式购买相符提示项下的汇票（汇票付款人为被指定银行以外的银行）及/或单据。”从“议付”的定义可以看出，“议付”包含两方面的内容，即“预付”（立即付款）或“同意预付”（承担付款责任），也就是说，预付款项行为既可以发生在受益人交单的当天，也可以发生在交单之后、开证行或保兑行偿付之前的任何时间。

6.3.6 被指定银行

UCP600 第二条指出：“被指定银行是指信用证可在其处兑用的银行。如信用证可在任一银行兑用，则任一银行为被指定银行。被指定银行可接受开证行的委托和指示，对受益人提交的相符交单予以承付或议付。”被指定银行是由开证行指定或授权，对信用证项下的单据及/或汇票进行即期付款、延期付款、承兑或议付的银行。具体而言，被指定银行是指对汇票及/或单据作即期付款或延期付款的付款行、对远期汇票作承兑的承兑行，以及对汇票及/或单据作议付的议付行。

6.3.7 保兑行

保兑行是指应开证行要求在信用证上加具保兑的银行。保兑行在信用证上加具保兑后，就对信用证独立承担付款责任。在实际业务中，保兑行一般由开证行请求通知行兼任，或其他资信良好的银行充当。

保兑行和开证行一样对受益人承担第一性的付款责任。保兑行有权自行决定是否对信用证加保，但保兑行一旦对该信用证加具了保兑，就对信用证承担独立的确定的付款责任，必须对向它提示相符单据的受益人或其指定人支付信用证款项。保兑行付款后有权向开证行索偿。保兑行的付款是终局性的，付款后不能再向受益人追索。

【例 6-2】信用证的申请人一般是（　）。

A.出口商　　B.进口商　　C.议付行　　D.偿付行

答案：B

【例 6-3】信用证结算方式下，（　）负第一性的付款责任。

A.开证行　　B.开证申请人　　C.通知行　　D.议付行

答案：A

6.4 信用证的主要内容及开立形式

6.4.1 信用证的主要内容

根据“516 格式”的规定，标准的跟单信用证应包含以下内容。

（1）信用证类型，这是为开立不可撤销信用证而拟定的。

（2）信用证号码，即开证行的信用证编号。

（3）开证地点和日期，开证地点是指开证行所在地；开证日期是指开证行向通知行寄送信用证的日期。

（4）有效日期和交单地点，有效地点应与指定银行所在地一致。

（5）申请人，包括开证申请人的名称及其详细地址。

（6）受益人，包括受益人的名称及其详细地址。

（7）通知行，包括通知行的名称及其详细地址。

（8）金额，金额应用大写和小写表示。

（9）信用证的使用，即信用证的可用性。

（10）分批装运，是指“允许”或“不允许”分批转运。

（11）转运，是指“允许”或“不允许”转运。

（12）买方投保，仅在信用证不要求提交保险单，而且申请人表示他已经将要为货物投保时，采用买方投保。

（13）装运条款，根据 UCP600 所解释的装运，填写时要注意以下几点：一是避免缩写；二是避免模糊用语；三是卸货港一定要准确，有些信用证为方便受益人在组织货源后就近发运，并不限定具体的装货港，而只是宽泛地规定受益人所在国家港口，这种货港不明确的情况并不会给信用证及合同的履行造成困难，但卸货港必须明确，否则会使交货发生实际困难；四是信用证内规定一个达到日期是不正确的。

（14）货物描述，要注意以下几点：一是货物描述不要罗列过多细节，要简短通俗，多拟定常识性条款；二是货物数量前面有 about、approximately、circa 或类似词语，则付款时数量有 10%的增减，如以重量、偿付、容积作为数量，则有 5%的增减幅度；三是货物价格条件参照和使用 INCOTERMS2010。

（15）单据描述，要注意以下几点：一是单据的顺序是商业发票、运输单据、其他单据，如产地证明书、分析证明书、包装单、重量单等；二是要准确地说明单据名称、正本还是副本；三是规定单据如果是运输单据、保险单据、商业发票以外的单据，信用证应表明出单人、单据措辞或资料内容。

（16）商业发票。

（17）运输单据（普遍的），要注意以下几点：一是运输单据正面应明确列出承运人或多式运输经营人的名称（租船合约提单或专递、邮政收据除外）；二是若指定国籍或国旗的船只装运，信用证应规定什么单据用来表示符合哪项要求，不应列有非单据条件；三是避免规定快船装运或按班轮条件装运；四是不能规定运输单据带有“清洁已装船”的批注；五是银行不接受不清洁的运输单据。

（18）运输单据（特定的），包括多式运输单据，海运/远洋提单，非转让的海运提单，租船合约提单，航空运输单据，公路、铁路或内河运输单据，邮政收据、邮寄证书或专递机构证书，运输行出具的运输单据。

（19）保险单据。

（20）其他单据。

（21）交单期限，不应使用“过期单据可以接受”的描述。

（22）交单期限（仅用于“致通知行的通知书”），通知行应注意当它通知信用证时，它是否保兑。有三种情况：一是不要加上它的保兑；二是加上它的保兑；三是如受益人要求时它被授权加上它的保兑。

（23）银行致银行的指示（仅用于“致通知行的通知书”），开证行在此处规定付款、承兑或议付的银行向何处、如何、何时获得偿付。

（24）信用证页数，开证行必须注明信用证开出的页数。

（25）开证行签字，开证行在“致通知行的通知书”和“致受益人的通知书”上都要签字。

6.4.2 信用证的开立形式

1. 信开

信开是指开证行采用书面文本的形式开立信用证的有效文本，以航邮或快递的方式寄给通知行或转递行的开证方式。这种开证方式费用低，但时间长，早期的信用证一般以这种方式开立。

2. 全电开立

全电开立是指开证行将信用证的全部条款加注密押，用电报、电传、SWIFT 等电信手段通知受益人所在地的代理行，由其通知受益人。这种方法速度快，安全可靠，但费用高。由于当前SWIFT系统已遍及全球，入网银行通过SWIFT系统开立信用证既迅速、安全，费用又低，故而现在的信用证多为SWIFT信用证。

3. 简电开立，附寄证实书

简电开立，附寄证实书是指开证行将通过信用证的编号、受益人、金额、装运期、有效期等主要内容以简单的电子文本形式预先通知给受益人，并在随后立即以书面文本的形式开立信用证的有效文本，用航邮或快递方式寄给通知行或转递行的开证方式。开证行开立简电信用证的主要目的是使出口人及早备货、安排运输。因为简电信用证不是有效的信用证文本，所以受益人不能凭简电信用证向银行交单索偿，而需凭随后收到的证实书向银行交单索偿。

6.5 信用证的种类及业务流程

6.5.1 即期付款、延期付款、承兑和议付信用证

UCP600第六条规定："b. 信用证必须规定它是否适用于即期付款、延期付款、承兑抑或议付。"

1. 即期付款信用证

即期付款信用证是指开证行或指定的付款行收到与信用证条款相符的单据即予以付款的信用证。特点有以下两点：一方面，可以是开证行自己付款（开证行应履行即期付款的承诺），也可以由其他银行付款（开证行应保证该款的照付）；另一方面，一般不需要汇票，只凭商业单据付款，也可以开立以指定付款行为付款人的汇票。

即期付款信用证业务流程图如图6-1所示。

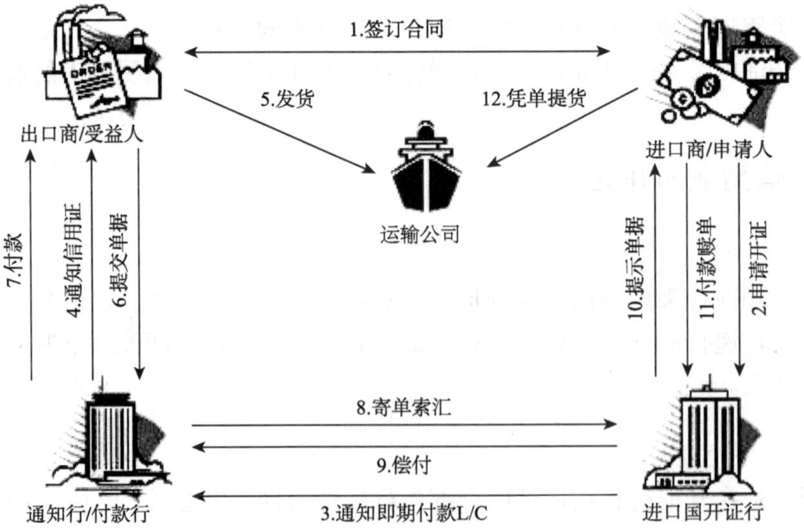

图6-1 即期付款信用证业务流程图

注意事项：

（1）通知行与付款行可以为同一家银行，也可以为两家不同的银行。

（2）被指定付款行有权决定是否接受开证行指定予以承付，如按指定行事，须在自收到单据之翌日起最多不超过5个银行工作日内审核单据，单据若相符，必须在承付后将单据传递给开证行。

（3）开证行收到付款行发送的单据后应在与被指定付款行相同的时间确定单据是否相符，然后对付款行进行偿付。

（4）被指定银行如决定不接受指定，可以以交单行的身份将单据直接寄给开证行。

2. 延期付款信用证

延期付款信用证是远期信用证的一种，亦称无汇票远期信用证。延期付款信用证的功能与远期信用证的功能相同，只是在期限上不同而已。有的国家和地区颁布的票据法规定，凡超过六个月期限的承兑汇票，或超过一年的远期汇票，不得在市场上贴现。同时，对远期汇票的期限不得超过180天，在这种情况下，为了解决远期至一年以上或数年时间后的支付方式，在国际贸易的实践中，延期付款信用证就应运而生，而且被广泛运用。延期付款信用证适用于进出口大型机电成套设备，为了加强竞争条件，可采用延期付款、卖方中长期贷款或赊欠出口等措施。但期限较长，出口商不必提示汇票，开证银行也不承兑汇票，只是于到期日由银行付款。

延期付款信用证业务流程图如图6-2所示。

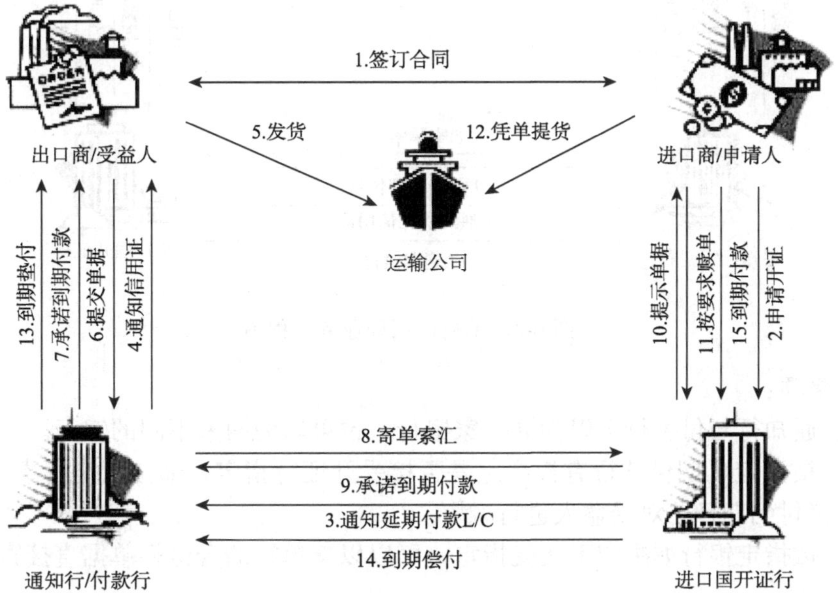

图6-2 延期付款信用证业务流程图

注意事项：

（1）通知行与付款行可以为同一家银行，也可以为两家不同的银行。

（2）被指定延期付款行有权决定是否接受开证行指定，如按指定行事，允许在开证行对其偿付到期日前对受益人进行融资。

（3）被指定银行如决定不接受指定，可以以交单行的身份将单据直接寄给开证行。

3. 承兑信用证

承兑信用证是指信用证指定的付款行在收到信用证规定的远期汇票和单据，审单无误后，先在该远期汇票上履行承兑手续，等到该远期汇票到期，付款行才进行付款的信用证。由于这种信用证规定的远期汇票是由银行承兑的，故也称为“银行承兑信用证”。因此，这种信用证业务，除了要遵循有关信用证的国际惯例外，还要遵守有关国家的票据法的各项规定。即采用此种信用证时，指定银行应承兑信托受益人向其开具的远期汇票，并于汇票到期日履行付款义务。

承兑信用证业务流程图如图 6-3 所示。

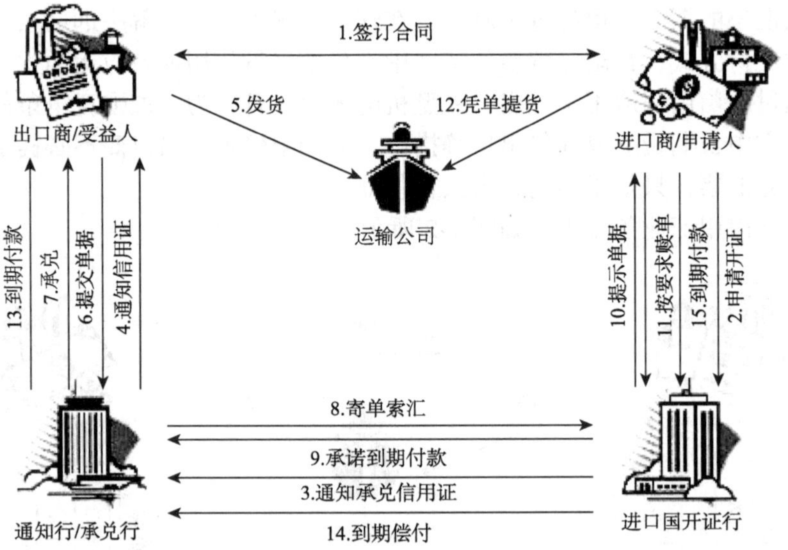

图 6-3　承兑信用证业务流程图

注意事项：

（1）通知行与付款行可以为同一家银行，也可以为两家不同的银行。

（2）被指定延期付款行有权决定是否接受开证行指定，如按指定行事，允许在开证行对其偿付到期日前对受益人进行融资。

（3）被指定银行如决定不接受指定，可以以交单行的身份将单据直接寄给开证行。

4. 议付信用证

议付信用证包括议付条款的信用证。规定其他银行可以用与信用证规定完全相符的单据买入跟单汇票，然后按规定索偿票款及有关费用的信用证，包括公开议付信用证和限制议付信用证。公开议付信用证没有规定必须由哪个银行议付，可由任何银行自由议付。限制议付信用证规定只有一家银行（往往是信用证的通知行并且是开证行的分行）可以议付，其他银行不得议付。议付信用证的有效地点一般在出口商所在地。不论限制议付或公开议付，议付行对出票人都有追索权。以开证行本身为付款人的信用证，有的限制出口商只能对开证行本身交单，即不准其他银行议付。信用证未使用开证行的公开保证字句者，应视为不得议付信用证。

即期议付信用证业务流程图如图 6-4 所示。

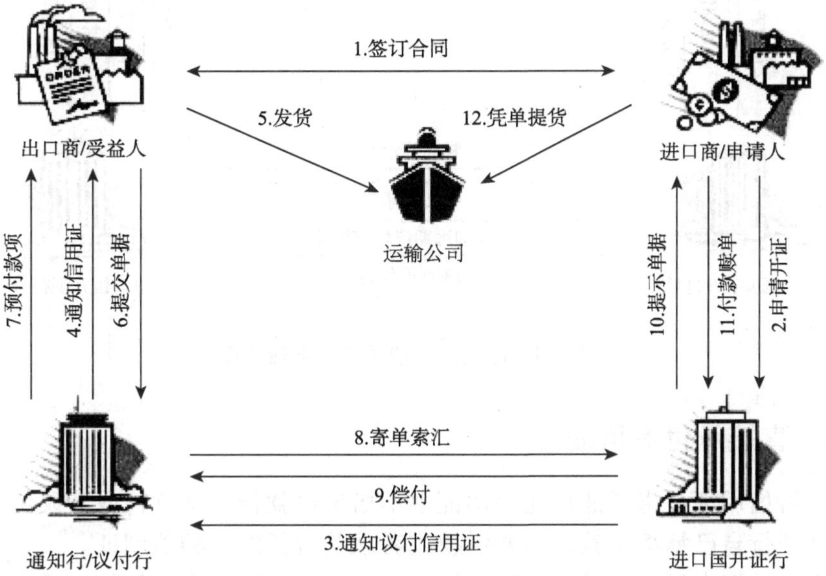

图 6-4　即期议付信用证业务流程图

注意事项：

（1）通知行与议付行可以为同一家银行，也可以为两家不同的银行。

（2）被指定议付行有权决定是否接受开证行指定，如按指定行事，应在获得开证行偿付的银行工作日当天买入相符单据。

（3）被指定议付行如决定不接受指定，可以以交单行的身份将单据直接寄给开证行。

远期议付信用证业务流程图如图 6-5 所示。

注意事项：

（1）通知行与议付行可以为同一家银行，也可以为两家不同的银行。

（2）被指定议付行有权决定是否接受开证行指定，如按指定行事，应在获得开证行偿付前买入相符单据。

（3）被指定议付行如决定不接受指定，可以以交单行的身份将单据直接寄给开证行。

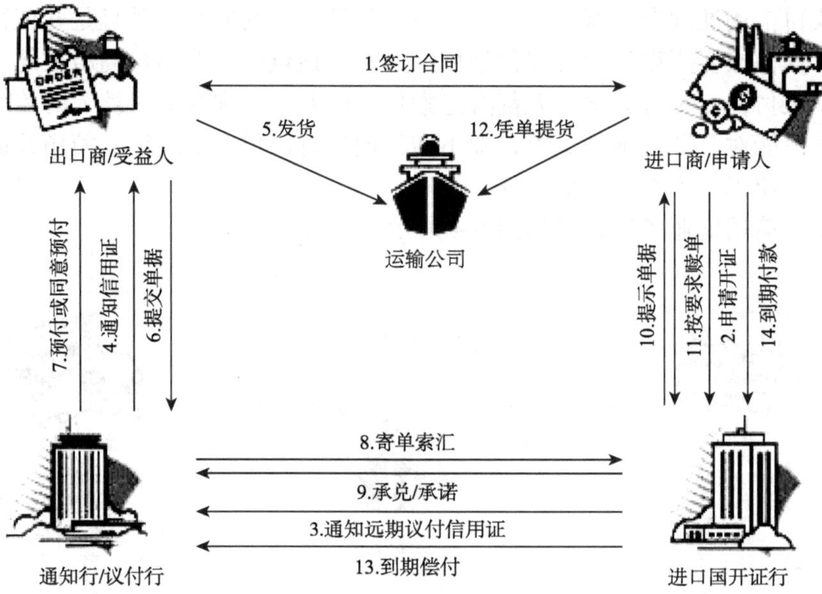

图 6-5 远期议付信用证业务流程图

6.5.2 直接承付信用证

直接承付信用证是指开证行在信用证中不指定付款行、承兑行或者议付行，而是规定只能由开证行自己承担付款、延期付款或者承兑责任的一种信用证。

受益人将单据自行或通过交单行寄给开证行后，只要构成“相符交单”，开证行便履行承付责任。直接承付信用证中没有被指定银行，此类信用证除了承兑方式之外也可不要求汇票，仅凭商业单据收款，且只能在开证行柜台到期。

直接承付信用证业务流程图如图 6-6 所示。

注意事项：

（1）此类信用证无被指定银行。

（2）信用证一般在开证行柜台到期。

（3）如为延期付款方式，开证行需要向受益人出具 DPU 并到期付款；如为承兑方式，开证行必须先承兑汇票，再于到期日付款。

6.5.3 保兑信用证

保兑信用证是指开出的信用证由另一银行保证对符合信用证条款规定的单据履行付款，保证承担付款的信用证。因此，保兑信用证具有双重的银行保证。

保兑信用证业务流程图如图 6-7 所示。

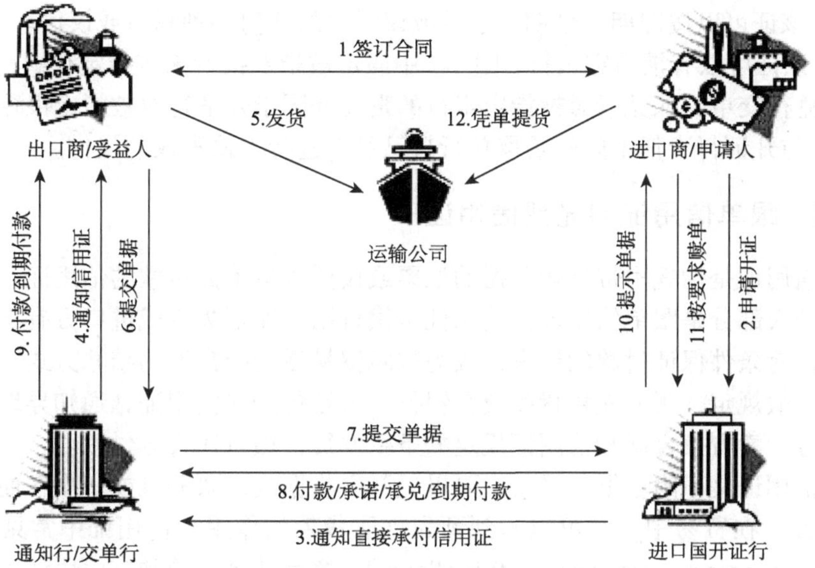

图 6-6 直接承付信用证业务流程图

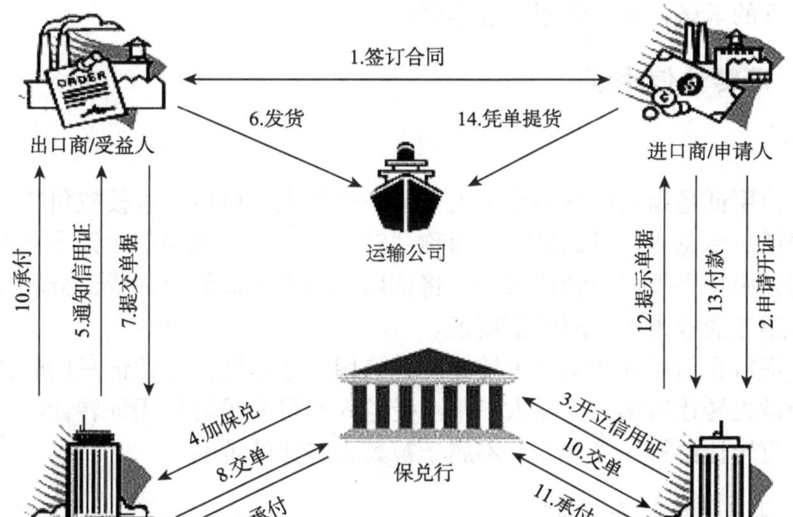

图 6-7 保兑信用证业务流程图

注意事项：

（1）该证中保兑行可以为通知行或其他被指定银行，图 6-7 中保兑行为通知行以外的另一银行。

（2）该证可以按即期、延期、承兑或议付中的任何一种承付或议付。

（3）该证可以有被指定银行，图 6-7 中假定被指定银行未按指定行事，仅以交单行身份向保兑行交单，保兑行对被指定银行的责任等同于开证行对被指定银行的责任。

（4）与开证行责任不同的是保兑行自己可以进行无追索权的议付。

6.5.4 跟单信用证和光票信用证

跟单信用证是指凭附带货运单据的汇票或仅凭货运单据付款的信用证。国际贸易结算中使用的大部分是跟单信用证。信用证是银行用以保证买方或进口方有支付能力的凭证，是银行有条件保证付款的证书，成为国际贸易活动中常见的结算方式。按照这种结算方式的一般规定，买方先将货款交存银行，由银行开立信用证，通知异地卖方开户银行转告卖方，卖方按合同和信用证规定的条款发货，银行代买方付款。

光票信用证是不附单据、受益人可以凭开立收据或汇票分批或一次在通知行领取款项的信用证。在贸易中，它可以起到预先支取货款的作用，信用证中常见类似文句：Payment in advance against clean draft is allowed，贸易结算中的预支信用证和非贸易结算中的旅行信用证都属于光票信用证。光票信用证是信用证的一种类型。受益人在请求议付或者付款时，无须提交货运单据，而只需提交汇票或发票。但是信用证都是银行凭一定的条件付款的承诺，光票信用证也不例外。

6.5.5 可转让信用证

1. 概念

可转让信用证是指信用证的受益人（第一受益人）可以要求授权付款、对汇票承担延期付款责任、承兑或议付的银行（通称“转让行”），或当信用证是自有议付时，可以要求信用证中特别授权的转让银行，将信用证所列金额的全部或部分转让给一个或数个受益人（第二受益人）使用的信用证。

唯有开证行在信用证注明“可转让”，信用证才可转让。此证只能转让一次，即只能由第一受益人转让给第二受益人，第二受益人不得要求将信用证转让给其后的第三受益人，但若再转让给第一受益人，不属于被禁止转让的范畴。

2. 可转让信用证业务流程

可转让信用证业务流程图如图 6-8 所示。

6.5.6 其他类型信用证

1. 背对背信用证

背对背信用证是指受益人以原证为抵押，要求银行以原证为基础，另开立一张内容相似的信用证。背对背信用证通常由中间商申请开给实际供货商。背对背信用证的使用方式与可转让信用证相似，所不同的是原证开证行并未授权受益人转让，因而也不对新

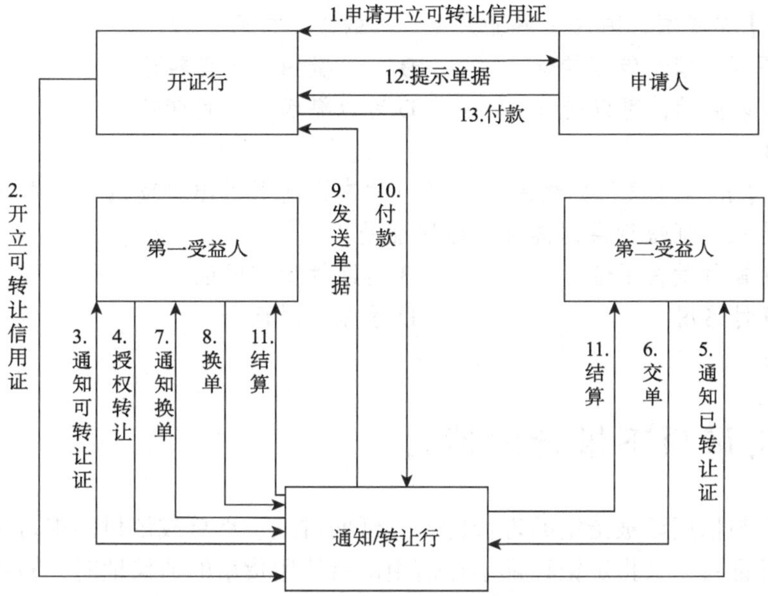

图 6-8 可转让信用证业务流程图

证负责。背对背信用证的受益人可以是国外的，也可以是国内的。

2. 循环信用证

循环信用证是指信用证的全部或部分金额被使用以后仍可恢复到原金额，继续被使用的信用证。在国际大宗商品交易中，进出口买卖双方订立长期合同，分批交货，分批付款，而且每次装运条件、付款金额和交单都大致相同，若每装一批开一张信用证，势必手续烦琐，费用也高，于是进口方为了节省开证手续和费用，在实际外贸业务中就申请开一张信用证循环使用。

3. 预支信用证

预支信用证是开证行应开证申请人（进口商）的要求，开出一种授权出口地的通知行或保兑行在受益人（出口商）装运交单以前，向受益人预先垫支全部或部分货款，等到受益人交单议付时，再从议付金额中扣还垫款本息的信用证。受益人预支货款后，如不按期装运交单，出口地垫款银行则有权向开证行追索垫款本息，开证行应立即清偿不得推诿，然后再由开证行向开证申请人追索此款。

4. 对开信用证

对开信用证是以交易双方互为开证申请人和受益人、金额大致相等的信用证。对开信用证中，第一份信用证的开证申请人就是第二份信用证的受益人；反之，第二份信用证的开证申请人就是第一份信用证的受益人。第二份信用证也被称作回头证。第一份信用证的通知行一般就是第二份信用证的开证行。对开信用证广泛用于易货贸易、来料加工贸易和补偿贸易等。

【例 6-4】在我国，国内信用证为（　）的跟单信用证。

A.不可撤销，但可转让　　B.不可撤销，不可转让

C.可以撤销，可以转让　　D.可以撤销，不可转让

答案：B

【例 6-5】出口地银行凭信用证开证行的邀请而买入出口商的合格单据，对出口商垫付资金，再从开证银行得到偿付的信用证是（　）。

A.即期付款信用证　　B.延期付款信用证

C.议付信用　　D.承兑信用证

答案：D

6.6 信用证项下银行间偿付

当开证行与信用证被指定的进行付款、延期付款、承兑或议付的银行之间没有账户关系，或者开证行与被指定银行都不在信用证所使用货币的清偿地时，被指定银行为了拉直索汇路线，要求开证行允许第三家银行（偿付行）参与以推动付款，这些原因导致了信用证项下的银行间的偿付。

国际商会银行委员会因此还专门制定了《国际商会跟单信用证项下银行间偿付统一规则》（URR525）。之后为配合 UCP600 的使用，国际商会又对 URR525 进行了更新，制定了 URR725，于 2008 年 10月 1 日起正式实施。

URR725 适用于在偿付授权中明确注明受该规则约束的任何银行间的偿付。除非偿付授权明确修改或排除，该规则对有关各方均具有约束力。开证行有义务在跟单信用证中注明偿付遵循该规则。URR725 并不旨在代替或改变国际商会《跟单信用证统一惯例》的有关条文。

6.6.1 银行间偿付的主要当事人

1. 开证行

开证行是开立信用证并做出信用证项下偿付授权的银行。开证行有责任偿付已承付或议付相符单据的指定银行，包括被指定即期付款行、被指定延期付款行、被指定承兑行、被指定议付行和保兑行。开证行偿付指定银行的两个前提条件：一是指定银行承付或议付了相符单据，即完成了开证行对指定银行的指令；二是将单据转给开证行，是指指定银行完成了向开证行转送单据的行为，而并不能理解为单据已送达开证行。

2. 偿付行

偿付行是指按照开证行偿付授权的指示和授权做出偿付的银行，故偿付行也是被指定银行。如果开证行授权或要求偿付行向索偿行做出偿付承诺，而偿付行决定不做出偿付承诺时，它应毫不延迟地通知开证行。但偿付行一旦接受开证行做出偿付承诺后，其承诺是不可撤销的。

URR725 第六条 e 款规定（在远期信用证业务中）开证行可以要求偿付行承兑并到期偿付远期汇票，同时该条还要求开证行不应要求以偿付行为付款人的即期汇票。URR725 做出这样的规定主要是因为远期汇票是一种融通票据，偿付行可以在票据市场上或者向开证行贴现该票据，从而获得资金融通。然而，即期汇票没有票据融通的功能，并且偿付行只是作为开证行的付款代理而不是票据的付款人出现在偿付信用证业务中，所以开证行不应要求偿付行承担即期汇票的付款责任。在实务中，仍然会遇到以偿付行为即期汇票付款人的信用证，这种情况下开证行和偿付行一般是总分行的关系，而不是一般的代理行关系。综上所述，无论开证行要求偿付行作为即期汇票还是远期汇票的付款人，都应事先征得偿付行的同意。

根据 URR725 规定，偿付行对任何报文、信件或单据的传递过程中发生的延误、遗失或其他错误产生的后果不予负责；也不负责对技术术语翻译或解释方面的错误；对于因不可抗力、战争、暴动或恐怖主义行为导致的营业中断的后果也概不负责。

3. 索偿行

索偿行是指在信用证项下做出承付或议付并向偿付行提示索偿要求的银行。索偿行还应包括被授权代表做出承付或议付而向偿付行提示索偿要求的银行。

索偿行的索偿要求必须以电信方式发出，除非开证行禁止时，则以正本信函方式发出。

索偿要求应具体注明约定的偿付日期，且不应先于约定的偿付日期 10 个银行工作日提示给偿付行。如果将索偿要求先于约定的偿付日期 10 个银行工作日提示给偿付行，偿付行可不予置理。如果偿付行决定不予置理该索偿要求，则应毫不延迟地以电信或其他快捷的方式通知索偿行。

6.6.2 偿付前提条件和时间

1. 偿付前提条件

偿付行需根据偿付授权书的指示在收到索偿行的索偿要求后进行偿付。

2. 偿付时间

如系承兑信用证和延期付款信用证，开证行于到期日偿付；UCP600 首次允许被指定银行在承兑信用证和延期付款信用证下，可以在到期日前对受益人预付或购买单据，只要单据相符，开证行就应偿付。这强调了被指定银行获得开证行偿付的权利，不受受益人是否获得开证行付款的影响。

偿付行应在收到索偿要求后不超过 3 个银行工作日内处理索偿要求。银行营业时间之外收到的索偿要求，将被视作在下一个银行工作日收到的。

如果开证行要求提供预先借记通知，则在处理上，上述索偿要求的时间将不包括提供预先通知所需的时间。

偿付行由于索偿要求与偿付承诺不符，或由于偿付授权项下的任何原因而决定不予偿付，则它应在接到索偿要求后不超过 3 个银行工作日的时间之内毫不延迟地以电信方式或以其他快捷的方式发出通知，该通知应发送给索偿行和开证行。如果已做出偿付承诺，偿付行应该说明其拒绝偿付的理由。

6.6.3 偿付费用

偿付行的费用由开证行承担。如果偿付授权规定偿付行的费用由受益人承担，那么该费用应该在偿付索偿要求时扣除。若偿付行遵循了开证行的有关费用指示（包括手续费、费用、成本或支出），而这些费用没有被支付或索偿要求没有提示到偿付授权指定的偿付行，开证行仍有义务承担该费用。

除非索偿行对费用金额有指示，否则偿付行支付的所有费用将不包括在偿付授权金额内。如果开证行没有向偿付行提供有关费用的指示，则所有费用应由开证行承担。

6.6.4 有偿付行的一般信用证业务流程

有偿付行的一般信用证业务流程如图 6-9 所示。

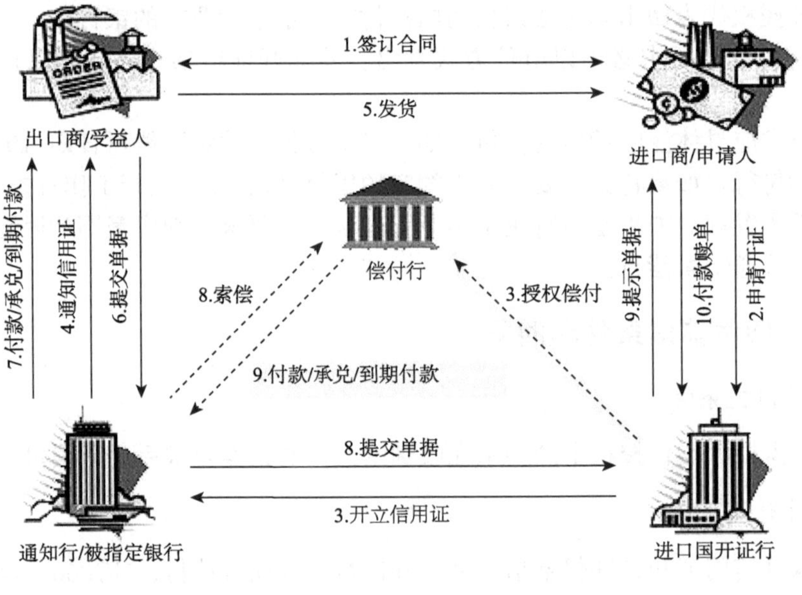

图 6-9 有偿付行的一般信用证业务流程

6.7 信用证的特点和作用

6.7.1 信用证的特点

1. 信用证是一项自足文件

信用证不依附于买卖合同，银行在审单时强调的是信用证与基础贸易相分离的书面形式上的认证。信用证虽以贸易合同为基础，但它一经开立，就成为独立于贸易合同之外的另一种契约。贸易合同是买卖双方之间签订的契约，只对买卖双方有约束力；信用证则是开证行与受益人之间的契约，开证行和受益人以及参与信用证业务的其他银行均应受信用证的约束，但这些银行当事人与贸易合同无关，故信用证不受合同的约束。对此，UCP600 第四条 a 款明确规定："信用证与可能作为其依据的销售合同或其他合同是相互独立的交易。即使信用证中提及该合同，银行亦与该合同完全无关，且不受其约束。"

2. 开证银行负首要付款责任

信用证是一种银行信用，它是银行的一种担保文件，开证银行对支付有首要付款的责任，其特点是在符合信用证规定的条件下，首先由开证行承担付款的责任。根据 UCP600 的规定，信用证是一项约定，根据此约定，开证行依照开证申请人的要求和指示，在规定的单证符合信用证条款的情况下，向受益人或其指定人付款，或支付或承兑受益人开立的汇票；也可授权另一银行进行该项付款，或支付、承兑或议付该汇票。后一种情况并不能改变开证行作为第一性付款人的责任。

3. 信用证方式是纯单据业务

信用证是凭单付款，不以货物为准。只要单据相符，开证行就应无条件付款。UCP600 第五条规定：银行处理的是单据，而不是单据所涉及的货物、服务或其他行为。信用证业务所处理的是一种纯粹的单证业务，只要单证表面上符合信用证的规定和要求，开证行就应承担付款、承兑或议付的责任，即使收到货物后发现不符合合同要求，也只能由开证人根据买卖合同向有关方面索赔。换言之，如果买方收到的货物完全符合合同的规定，但受益人所提交的单证不符信用证的要求，银行完全有理由拒付。总之，信用证业务的特点就是"一个原则，两个只凭"。"一个原则"就是严格相符的原则。"两个只凭"就是银行只凭信用证，不问合同；只凭单证，不管货物。

6.7.2 信用证的作用

1. 对进口商的作用

（1）确保取得出口商履行买卖合同的证据。进口商填写开证申请书的任务就是有效地将买卖合同条款转化为对出口商（受益人）提交单据的要求，因此进口商申请开证时可以通过控制信用证条款来约束出口商交货的时间、交货的品质和数量，如在信用证中规定最迟的装运期限以及要求出口商提交由信誉良好的公证机构出具的品质、数量或重量证书等，以保证进口商按时、按质、按量收到货物。其中，FOB、CFR 和 CIF 买卖合同下装船海运提单是卖方完成交货义务的凭证和买方在目的地据以提货的凭证，因此可以保证进口商收到的是代表货物的单据，特别是提货凭证。

（2）提供资金融通。进口商在申请开证时，通常要缴纳一定的开证押金，如开证行认为进口商资信较好，进口商就有可能在少缴或免缴部分押金的情况下开证。如采用远期信用证，进口商还可以凭信托收据向银行借单，先行提货、转售，到期再付款，这就为进口商提供了资金融通的便利。

2. 对出口商的作用

（1）保证出口商凭单据取得货款。信用证支付的原则是单证相符，出口商交货后提交的单据，只要做到与信用证条款相符，银行就保证支付货款。在信用证支付方式下，出口商交货后不必担心进口商到时不付款，而是由银行承担付款责任，这种银行信用要比商业信用可靠。因此，信用证支付为出口商收取货款提供了较为安全的保障。

（2）使出口商得到外汇保证。在进口管制和外汇管制严格的国家，进口商要向本国申请外汇得到批准后，方能向银行申请开证，出口商如能按时收到信用证，说明进口商已得到本国外汇管理当局使用外汇的批准，因而可以保证出口商履约交货后，按时收取外汇。

（3）可以取得资金融通。出口商在交货前，可凭进口商开来的信用证做抵押，向出口地银行借取打包贷款，用以收购、加工、生产出口货物和打包装船；或出口商在收到信用证后，按规定办理货物出运，并提交汇票和信用证规定的各种单据，用作出口押汇取得贷款。这是出口地银行对出口商提供的资金融通，有利于资金周转，扩大出口。

3. 对银行的作用

开证行接受进口商的开证申请，即承担开立信用证和凭相符单据借款的责任，这是银行以自己的信用做出的保证，以银行信用代替了进口商的商业信用。所以，进口商在申请开证时要向银行交付一定比例的开证押金或担保品，这就为银行利用资金提供了便利。此外，在信用证业务中，银行每进行一项服务均可取得各种收益，如开证费、通知费、议付费、保兑费、修改费等各种费用。因此，承办信用证业务是各银行的业务项目之一。在国际贸易中，信誉良好、作风正派的银行可以用高质量的服务促进信用证业务的发展。

信用证结算的不足之处主要是手续繁、费用多、出口商容易用假单据欺诈等，这主要是因为 UCP600 第三十四条的规定，银行对任何单据的形式、充分性、准确性、内容真实性、虚假性或法律效力，或对单据中规定或添加的一般或特殊条件，概不负责。

6.8 信用证的局限性和风险

信用证结算方式是一种纯粹的“单据买卖”行为，只要受益人的交单相符，开证行就必须付款，进口商必须对开证行“付款赎单”。然而这种纯粹的单据买卖也不可避免地产生种种风险，使得信用证业务带有一定程度的局限性。

信用证下，进口商有可能得到与信用证规定完全相符的单据，但并不一定能得到与单据条款完全相符的货物，信用证业务中，有可能存在欺诈。无良出口商利用信用证的上述特点，可进行不法活动，如提供无货单据、假冒单据等，虽然在欺诈事实发生时，开证行可以“欺诈例外”原则对相符单据进行拒付，但是了解受益人欺诈的事实并不容易，出口商在履行信用证条款时，要想构成“相符交单”，必须具有全面的单证知识和对相关惯例的把握，显然这也不是每个受益人都能具备的。因此，因单据不符导致开证行拒付或被迫降价的案例也时有发生，此外，信用证的手续过繁、费用过高都限制了其广泛使用，尤其是对我国的中小企业而言，信用证往往大大增加其成本负担，因此转而使用电汇等其他结算方式，开证行可能在信用证中列出一些“软条款”，使信用证失去了其“保证付款”的功能等。具体而言，信用证的局限性和风险体现在如下几方面。

6.8.1 出口商面临的局限性和风险

（1）与其他结算方式比较，手续繁杂，费用较高。

（2）准备单据时确保单据相符不易。

（3）需要了解 UCP600 等相关国际惯例或规则。

（4）常会遇到软条款或限制生效条款，使信用证的保障功能下降。

（5）开证行所在国发生政局动荡或经济波动，或是进口国因外汇短缺推迟开立信用证，将面临货款无法收回或延迟收款的风险。

6.8.2 进口商面临的局限性和风险

（1）与其他结算方式比较，手续繁杂，费用较高。

（2）需要了解 UCP600 等相关国际惯例或规则。

（3）占用了银行的授信额度。

（4）可能收不到货物或收到的货物品质与合同不符。

（5）与赊销相比，延迟了收到单据的时间。

6.8.3 银行面临的局限性和风险

（1）承担了申请人无力支付的风险，尤其是在授信开证情形下。

（2）一旦申请人拒付或无力支付，开证行将承担自行处理货物时产生的风险。

（3）可能承担受益人恶意欺诈带来的风险。

（4）相符交单付款后可能无法得到开证行的偿付。

（5）保兑行承付后可能因开证行破产而无法得到开证行的偿付。

（6）保兑行承付后可能因开证行以不符点为由拒绝对保兑行偿付。

6.9 信用证风险防范措施

6.9.1 出口商的风险防范措施

在国际贸易中，出口商应采取的防范措施主要有：

（1）在签订国际贸易合同时，出口方应避免采取货到付款、定金销售的销售方式，尽量约定以信用证、货前 T/T 等结算方式，或者要求外商提供银行保函，为货款支付提供保证。即使采取货到付款、定金销售的方式，也要尽量提高定金或预付款的比例，减少收款风险。

（2）注重控制货权。在涉及远洋运输的国际贸易中，出口方应注意掌握正本提单，货物装船后可先将正本提单传真给外商，要求外商付清货款后，再将正本提单寄交外商。

（3）认真审查合同，避免因质量标准、交货期限、付款期限等约定不明而产生争议，从而影响收款。

（4）投保出口信用保险。出口信用保险是国家为了推动本国的出口贸易，保障出口企业的收汇安全而制定的一项由国家财政提供保险准备金的非营利性的政策性保险业务，赔付国内出口商在经营出口业务过程中因进口商的政治风险而遭受的经济损失。出口信用保险的种类有短期和中长期保险。投保该险种可帮助国内出口企业有效分散风险，对于规模不大、抗风险性较弱的中小微外贸企业意义更为深远。我国各地政府对出口信用保险业务非常重视，出口企业投保还可以享受政府的补贴，最高可达 50%。

6.9.2 进口商的风险防范措施

在国际贸易中，进口商遭遇的欺诈风险主要表现在货物安全、资金安全等方面，为此，进口商应采取的防范措施主要有：

（1）慎重选择贸易伙伴，采取适当途径调查出口商的资信。

（2）签订大宗商品进口合同时，一定要出口商提供由权威商检机构出具的商检证书，以保证货物质量。

（3）如对运输船只存有疑问，应委托船公司、银行或国际组织协助询问调查船只情况和行踪。

（4）为防范单据欺诈，应认真审核单据，并防止虚假提单、倒签提单、预借提单等单据欺诈行为。

（5）尽量不开出可转让信用证，如确实需要转让，应只开出限制转让给指定公司的信用证，并事先了解受让人的资信情况，以防止可转让信用证项下的欺诈。

（6）在选择价格条件时，应尽量以 FOB 价格成交，从而由自己租船订舱，同时自办保险，防止卖方自谋或卖方与船东勾结共谋或船东自谋，以及故意沉船纵火等欺诈行为。

6.9.3 银行的风险防范措施

银行是处理国际结算业务的主体，银行应在信用证结算方式所适用的惯例、规则指导下，明确自身的负责范围和免责范围，在此前提下开展风险防范工作。

（1）银行应切实了解信用证结算方式下自身的地位，严守银行不卷入商业诉讼的原则。例如，在信用证方式下，银行应合理、谨慎、小心地审核单据，并凭表面相符的单据负第一性的付款责任，不过问货物的单据真伪。

（2）银行工作人员要认真、谨慎地完成客户委托的结算业务。严格规章制度，提高业务素质，避免因技术性失误和疏忽造成的损失。

（3）熟悉和正确开展海外代理行、联行业务，减少资金在途时间，加快收汇工作。

（4）银行在与客户往来中要掌握原则，严谨处事。发展与熟悉客户的往来，对其委托业务认真负责，并提供正确的引导，使其加强风险防范。对于不熟悉和资信一般的客户，应先采用一定的防范措施。为防止买卖双方合谋欺诈，更应注重客户的资信调查①。

【例 6-6】审单工作中，银行将审查（ ）。

A.单据的完整性　　B.单据表面是否与信用证条款相符

C.单据的真伪性　　D.货物发运人的诚信

答案：B

【例 6-7】北京甲进出口公司（以下简称甲公司），向亚洲某国出口一批机械产品，由买方国内乙行开立不可撤销的信用证，金额为 1 000 000.00 美元。信用证通过一家国际性银行丙银行通知，同时由丁行加以保兑。回答下列问题：

（1）在该项业务中，当甲公司提交了合格的单据后，负有第一性付款责任的是（ ）。

A.通知行　　B.保兑行　　C.开证行　　D.议付行

答案：C

（2）下列关于信用证的说法正确的有（ ）。

A.信用证业务以单证为准，而不以货物为准

B.信用证是一项独立文件，不依附贸易合同

C.信用证可以作为一种融资工具，为进出口双方提供资金融通的便利

D.向开证银行申请开立信用证的人，一般是出口商

答案：ABC

（3）在乙行履行了付款义务后，如果申请人无力付款赎单，开证行（ ）。

A.有权处理单据和货物

B.向偿付行索要货款

C.在处理单据或货物后仍有损失，有权向申请人追索

D.无追索权

答案：AC

（4）丁行作为通知行，是受（ ）的委托，将信用证转交给出口方的银行。

A.申请人　　B.进口方　　C.出口方　　D.开证行

答案：D

（5）在该项业务中，乙行的主要责任是审查（ ）。

A.货物的真实性

B.单据的真伪

C.申请人的资质

D.受益人所提交的单据表面上与信用证条款是否相符

答案：D

【例 6-8】我公司向国外甲商出口货物一批。甲商按时开来不可撤销即期议付信用证，该证由设在我国境内的外资乙银行通知并加保兑。我公司在货物装运后，将全套合

---

① 潘天芹，张冰，杨加琤. 国际结算[M]. 杭州：浙江大学出版社，2006.

格单据送交乙银行议付，收妥货款。但乙银行向开证行索偿时，得知开证行因经营不善已宣布破产。于是，乙银行要求我公司将议付的货款退还，并建议我方可委托其向甲商直接索取货款。对此你认为我公司应如何处理？为什么？

答：我公司应拒绝接受乙银行的要求。

理由：按 UCP600 规定，信用证一经保兑，保兑行即与开证行同样承担第一付款责任，保兑行付款后，无追索权。因此，我公司应拒绝乙银行的要求。

【例 6-9】我某出口公司对英成交童装上衣 600 件。合同规定绿色和红色面料的上衣按 3∶7 搭配，亦即绿色的 180 件，红色的 420 件。后我方收到的信用证上又改为红色的 30%，绿色的 70%。但该出口公司仍按合同规定的花色比率装船出口，遭银行拒付。

问：

（1）银行为什么拒付？

（2）收到信用证后我方应该如何处理才是正确的？

答：

（1）银行拒付是因为我方提交的单据与信用证规定不符。

（2）我方可要求改证或者按照信用证的要求进行装船。

【例 6-10】我国甲公司向英国 B 公司出口茶叶 600 吨，合同规定：4 月至 6 月内分批装运。乙公司按时开来信用证。证内规定：Shipment during April/June，April shipment 100M/T，May shipment 200M/T，June shipment 300M/T。我国甲公司实际出运情况是：4 月装出 100M/T，并顺利结汇，5 月因故未能装出，6 月装运 500M/T。问：甲公司 6 月出运后能否顺利结汇？为什么？

答：6 月出运不能正常结汇。理由如下：

（1）根据 UCP600 条款，L/C 规定在指定的期限内分批装运，任何一批未按期装运，L/C 对该批及以后各批均告失效（除非 L/C 另有规定）。

（2）本案中，甲公司 5 月未能按 L/C 装运，银行对该期及以后各期均有权拒付，所以 6 月装运 500 吨已属无效，不能顺利结汇。

➢本章习题

1. 什么是信用证？
2. 跟单信用证的主要当事人有哪些？他们各自的权责分别是什么？
3. 试描述跟单信用证的一般业务流程。
4. 什么是可转让信用证？
5. 什么是背对背信用证？它与可转让信用证的主要差别体现在哪些方面？
6. 什么是循环信用证？通常有几种组合方式？条款应该如何设计？
7. 信用证项下银行偿付所涉及的当事人有哪几个？偿付的前提条件和时间 URR725 是如何规定的？
8. 信用证存在哪些主要的局限性和风险？

第7章　银行保函和备用信用证

【导入案例】

A公司为M省一家建筑安装公司，刚成立不久，急于开拓市场。C公司为B省内一家大型房地产开发商，2002年准备通过招标方式确定旗下楼盘的装修安装公司，投标企业资格中有一条规定“外省市投标单位需要有本省大型企业担保”。为了参加C公司的投标，A公司找到B省投资公司D，委托其向C公司出具一份保函。D公司在保函中声明本担保书为独立担保，不受A公司和C公司的基础合同约束。后A公司中标，在装修过程中以次充好，收到客户的大量投诉。由于A公司注册资本较少，并且位于B省的办事处已经撤销，于是C公司将D公司告上法庭，要求其承担独立担保责任，先行给予赔偿。

☆**思考：**

法院是否支持C公司的观点？

7.1　银行保函概述

7.1.1　银行保函的定义

银行保函又称银行保证书，是商业银行根据申请人的要求向受益人开出的担保申请人正常履行合同义务的书面证明。

当申请人未能履行其所承诺的义务时，银行负有向受益人赔偿经济损失的责任。银行保函的实质是银行有条件承担一定经济责任的契约文件。

7.1.2　银行保函的实质

随着国际经济交往的全球化、交易种类的增多、交易金额的增大，信用证作为一种仅适用于货物贸易的结算方式已经不能满足国际经贸发展对结算的需求。银行保函因其使用灵活便利，是继信用证之后迅速发展起来的新型的信用结算方式，广泛应用于国际项目融资工程承包国际招（投）标、国际租赁、劳务输出、赊购赊销等领域。银行保函业务主要可以在国际商务活动中提供银行信用，以消除受益人对申请人是否具有履行某种合同义务的能力的疑虑，从而促使交易的顺利进行。

担保银行往往与申请人关系密切，可能是申请人的开户银行，这种关系必然会促使担保银行严格监督申请人认真履行义务。

7.1.3 银行保函的属性

银行保函的属性，即保函与基础合同（如商务合同）的关系。根据合同具体条款，银行保函往往因为某项具体的条款而产生属性的改变。银行保函的属性分为从属性和独立性两种。

1. 从属性保函

从属性保函是指作为一项附属性契约而依附于基础交易合同的银行保函。这种保函的法律效力随基础合同的存在而存在，随基础合同的变化、灭失而发生变化或灭失。在从属性保函项下，担保人承担的付款责任是否成立，只能根据基础交易合同的条款及背景交易的实际情况来加以确定。传统的银行保函大都属于从属性保函。

从属性保函具有以下特性：①业务遵循国际商会的《合同保函统一规则》，担保行的支付/赔偿责任是从属性的；②担保行的支付/赔偿承诺必定是有条件的；③它是一个依附于基础合约的附属性契约，担保行支付/赔偿责任的成立与否，取决于基础交易合同及其履行情况。

2. 独立性保函

独立性保函是根据基础合同开出，但又不依附于基础合同而存在，具有独立法律效力的文件。

独立性保函的最主要特点是申请人违约或未履行合同，银行无条件地履行偿付责任，实质上就是银行放弃先诉抗辩权，使受益人不必像从属性保函那样，须首先对申请人的财产强制执行后，如果尚不足以清偿债务时，才能要求银行清偿，而是可以直接向银行请求清偿。因此，保函本身虽来源于基础合同，但又独立于该合同而存在，银行的责任并不取决于基础合同是否被履行，而是取决于受益人的付款要求。只要受益人提出要求，银行即须付款（见索即付），而不问申请人是否确有违约情况。

7.2 银行保函所适用的国际规则

7.2.1 合同担保统一规则

国际商会于 1978 年制定并公布了《合同担保统一规则》（*Uniform Rules for Contract Guarantees*，URCG325）即 325 规则，325 规则是针对国际上大型工程项目的招标、投诉、承包、签约和履约等环节而制定的有关投标保函、履约保函和还款保函的统一规则，为了使 325 规则得以顺利运用，国际商会又于 1982 年制定并公布了《合约保函示范格式》（以下简称 406）。406 对 325 规则所规范的几种保函提出了标准示范格式，并对相应的索赔书也制定了示范格式，企求从实务上配合 325 规则能被人们采用。325 规则对于索赔要求非常严格，它的第九条规定："证明索赔要求的文件需要受益人提供法院判决书或仲裁裁定书或委托人同意受益人的索赔及其金额的书面声明。"这条规定对于受益人的索赔要求太严格。试想每笔保函必须有法院判决申请人违约才能获得担保行的赔付几乎很难办到，但对于委托人十分有利，这样对待双方显失平衡，所以 325 规则于 1978 年公布以后大多数银行和商人都不接受，十余年过去，325 规则仍无法推行，国际商会经过长期编写，将多种名称的保函概括为见索即付保函，于 1992 年制定和公布了《见索即付保函统一规则》（*Uniform Rules for Demand Guarantee*，URDG）（国际商会出版物第 458 号）。该规则规定：由受益人提交索赔书及违约声明即可，325 规则的法院判决书不是必交文件。同时还称 325 规则和 406 示范格式继续有效，这样 458 规则陆续有一部分银行接受，但是 458 规则远不如 UCP500 那样被世界各银行普遍接受和遵循。根据 URCG325 规则，国际商会于 1982 年又出版了 406。406 对合约保函、投标、履约、还款等格式及其项下索赔都给出了一个标准格式，对实务操作有一定参考价值。

7.2.2 见索即付保函统一规则

《见索即付保函统一规则》国际商会第 458 号出版物，简称 URDG458，是国际商会制定的有关保函的国际惯例。

随着银行保函在国际上使用的范围不断扩大，其内容也逐渐复杂化，为了便于研究和使用，国际商会于 1978 年制定了《合同担保统一规则》（URCG325），1982 年又制定了《开立合约保证书模范格式》，供实际业务参考和使用。以后随着国际经济贸易的发展和变化，1991 年国际商会又对《合同担保统一规则》进行了修订，并于 1992 年 4 月出版发行《见索即付保函统一规则》。

《见索即付保函统一规则》由导言与规则的适用范围、定义及总则、义务与责任、要求、效期的规定、适用法律及司法管辖权六个部分，共二十八条组成。

《见索即付保函统一规则》阐述了该规则的目的及适用范围，各当事人的合理愿望及国际商会对鼓励采用好的、有关各方均感公平的见索即付保函惯例所给予的关注。当出现违约时，在要求快速补偿的受益人和要求防范不适当要求的委托人之间保持一种公正的平衡。该规则为担保人与受益人之间、指示人与担保人之间，在某些方面还为委托人与担保人或指示人之间的交易提供了一个合同框架。

7.2.3 合同保函统一规则

《合同保函统一规则》（*Uniform Rules for Contract Bonds*，URCB524）国际商会第 524 号出版物，由国际商会保险委员会于 1993 年制定，1994 年 1 月 1 日起实施。

URCB524 共八条，三个附录。其主要内容包括：适用范围；定义；保证人和受益人的责任；保证人的履行和终止；保函文本归还；修订、变更、期限的延长；请求和索赔程序；争议的解决。

URCB524 在总则中明确规定“本规则所调整的保函其性质是，当事人的债务不仅与当事人依据合同所承担的债务直接相关，而且还依赖于后者”。第三条规定，“保证人依据保函而对受益人所负的责任从属于主债务人根据合同而对受益人所承担的责任，并且在主债务人发生违约的情况下产生"。为了证明债务人违约，URCB524 建立了一系列确定违约的机制，以确保保证人的利益。在申请办理对外担保时应提供的材料包括项目的有关批准文件、有关企业合同的副本、有关抵押或反担保承诺函、保函格式、申请人及反担保人的基本情况、近三年经营情况及财务报表、项目的可行性研究报告以及其他材料等。

URCB524 主要是适合于保险业特殊做法的从属性保函统一规则，将保函的性质确定为从属性的，即保险人（保证人）承担的责任是第二性的，债务人依据基础交易产生的任何抗辩，保证人均可援引。

7.2.4 联合国独立担保和备用信用证公约

《联合国独立担保和备用信用证公约》（*United Nations Convention on Independent Guarantees and Stand-By Letters of Credit*）由联合国国际贸易法委员会拟订，1995 年 12 月 11 日由联合国大会第 50/48 号决议通过并开放供各国签字，于 2000 年 1 月 1 日起正式生效。

该公约包含七个部分，共二十九条，内容涉及适用范围、承保的形式和内容、权利义务和抗辩临时司法措施、法律冲突及生效、保留和退出等条款。

该公约旨在便利独立保证与备用信用证的使用，尤其是传统上仅有上述票据中的一种可能流通使用，公约亦进一步承认独立保证和备用信用证所共有的基本原则和特征。公约支持商事实践的发展，承认保证人、开证行及国际贸易中其他当事人依据其他国际规则行使其独立的银行保证和备用信用证项下的权利、义务的权利。所称其他国际规则包括国际商会《跟单信用证统一惯例》《见索即付保函统一规则》。体现该公约灵活性的标志是，它允许当事方协商一致可以排除本公约的适用。

此外，该公约作为双方议定规则以及该规则调整范围以外的惯例的补充予以适用，尤其适用于欺诈性付款要求和此类情况下的司法救济。与此同时，该公约进一步确认银行付款保证与基础商事交易的独立性。

7.3 银行保函的当事人及开立方式

7.3.1 银行保函的当事人

1. 申请人

申请人（又称为委托人）是向银行提出申请，要求银行开立保函的一方。申请人应是基础合同中负有责任或者义务的一方当事人，其主要责任是履行合同项下的有关义务，并在担保行按照保函规定向受益人付款后，立即偿还担保行所做的任何支付。

2. 受益人

受益人是与申请人相对的当事人，有权在申请人违约后向银行提出索偿。在贸易结算中，如果出口商先交货并允许进口商延期支付，延期付款保函的申请人是进口商，受益人是出口商。如进口商没有在规定的期限内付款，由担保银行向受益人（出口商）支付货款。如果是进口商提供预付款，那么还款保函的申请人是出口商，受益人是进口商。当申请人（出口商）没有按规定提供货物时，受益人可以凭保函规定的单据向银行索赔以维护自身利益。

3. 担保行

担保行是指开立保函的银行，其责任是当受益人提供了符合保函规定的单据或声明，说明申请人已经违约时，担保行就必须付款。担保行在向受益人付款后，获得向申请人追索的权利，如果申请人不能立即偿还担保人已支付的款项，担保行有权处置保证金或抵押品；如果处置后仍然不足抵偿，担保行有权向申请人追索不足的部分。

4. 通知行

通知行是将保函通知给受益人的银行，通常是担保行在受益人所在地的代理行。通知行必须审核保函的表面真实性（核对印鉴和密押），通知行对索偿不负任何责任。

5. 保兑行

保兑行是根据担保行的要求，对保函加具保兑的银行。保兑行的保兑使受益人获得了双重担保。当受益人认为担保银行的资信状况不足以信任时，可要求担保行寻找一家国际知名的大银行作为保兑行对保函进行保兑。当担保行无理拒付，或因破产、倒闭等原因无力支付时，由保兑行代为履行付款责任，保兑行付款后，有权向担保行索偿。

6. 反担保行

反担保行是接受申请人的委托向担保行出具不可撤销反担保，承诺在申请人违约且无法付款时，负责向担保行进行支付的银行。反担保行向担保银行做出赔偿，有权向申请人索偿。在国际担保业务中，由于各国法律差异较大，受益人往往只接受本国银行开立的保函，故申请人常常委托其往来银行先给受益人所在地的一家银行开立反担保，再由该银行向受益人开立保函。

7.3.2　银行保函的开立方式

根据申请人和受益人的合约规定及受益人国家习惯，担保银行开立保函的方式基本可以划分为直开和转开两种。

1. 直开保函

直开保函是指根据申请人委托，担保银行直接向受益人开出保函，由担保银行递交给受益人或交申请人递交给受益人。

直开保函至少包括三方当事人：申请人或委托人，他是基础合同的一方，保函担保履约的一方，发出开立保函指示的一方；担保人，即代表申请人开出保函的银行或其他机构；受益人，基础合同的另一方，保函的受益者。通常也称这种仅有三方当事人的保函为“三方结构保函”。

一般情况下，这三方当事人之一的担保人是委托人的银行，和委托人在同一国家开办业务，而受益人则在另一国家开办业务。这种由委托人的银行直接开出的而不是受益人所在国家的当地银行开出的保函，就是直开保函——三方当事人保函。

2. 转开保函

转开保函是指根据申请人委托，担保银行向受益人所在国的一家银行开出反担保函，委托受益人所在国的银行向受益人开出保函并递交给受益人。

当受益人要求一份由其本国银行开立的保函，而委托人与该银行又无业务关系的时候，委托人可以要求其往来银行去指示一家受益人所在地银行开出这份保函。这一指示是由委托人的银行（《见索即付保函统一规则》将在这种业务中的委托人银行定义为“指示方”）向受益人所在地银行发出的，并要求该银行凭指示方开出的反担保函（反补偿协议）开出保函，指示方则有权向其客户——委托人要求补偿。

7.4 银行保函的主要内容和种类

7.4.1 银行保函的主要内容

银行保函的内容根据交易的不同而有所不同，在形式和条款方面也没有固定的格式，但就其基本的方面而言，银行保函通常包括以下各项内容。

1. 保函当事人

像其他文件一样，银行保函中应列出他们完整的名称与详细地址。其中担保行的地址涉及保函的法律适用性问题，以及受益人的交单地点和保函本身的到期地点。另外，受益人的名称和地址不得有误，否则通知行或转开行无法及时通知或转开。

2. 保函的性质

保函的性质即保函的种类，如投标保函或履约保函等，不同种类的保函有特定的职责和义务。

3. 交易内容

只有在交易的一方未履行基础合同义务或违反了约定时，另一方才能够利用保函取款，因此保函中只有确定是哪一笔交易，才能确定某一方是否违约，所以应在保函中说明该基础合同的合同号、签订日期、签约双方，还必须说明是否有修改。

4. 保函的编号和开立日期

保函编号的作用是为了便于银行内部管理工作。保函的开立日期一般情况下即保函的生效日期，有利于确定银行的担保责任。

5. 保函金额

保函金额是银行担保的限额，通常就是受益人的最高索偿金额，如果受益人的索偿金额按委托人已履约部分的比例递减，那么保函必须加以说明。保函的担保金额可以是具体的金额，也可以用交易合同金额的一定百分比表示。

6. 保函有效期

保函有效期，即最迟的索赔期限，或称到期日。它既可以是一个具体的日期，也可以是在某一行为或某一事件发生后的一个时期到期，如在交货后 6 个月、工程结束后 30 天等。

7. 责任条款

责任条款，即开立银行保函的银行或其他金融机构在保函中承诺的应承担的责任条款。这构成银行保函的主体索偿方式。

7.4.2　银行保函的种类

银行保函的用途很广泛，各类保函的名称、用法不同，形成了许多种不同的保函。从不同的角度划分，保函有不同的分类。

1. 根据支付前提的不同，保函分为付款类保函和信用类保函

1）付款类保函

付款类担保是银行为某种必然会涉及支付行为的经济活动所提供的担保。这里所说的支付，并非特指保函项下的付款行为，而是指交易活动本身所需要的一种支付行为或支付义务，是指对作为合同项下的另一方所提供的商品、劳务、技术等给付对价的那种支付，无论它是由申请人自己来直接做出，还是经由银行在保函项下间接做出，对于这样一种有关合同价款的既定的支付义务提供的担保即付款类担保。

2）信用类保函

信用类保函是银行为基础交易的一方可能发生的违约事项向另一方当事人提供担保所开立的保函。只有申请人违约，支付才可能发生，否则支付就不会发生。信用类保函的支付前提是申请人违约。银行保函以信用类保函为主。

2. 根据使用范围不同，保函分为出口类保函和进口类保函

1）出口类保函

出口类保函是银行应出口商或承包商的申请向进口商或招标人开出的保函，是为满足出口货物或出口劳务的需要而开立的保函。出口类保函适用于国际工程承包业务和商品出口业务。

（1）投标保函。投标保函是指在招标投标中招标人为保证投标人不得撤销投标文件、中标后不得无正当理由不与招标人订立合同等，要求投标人在提交投标文件时一并提交的一般由银行出具的书面担保。如果投标人违约，担保银行将赔偿招标人的全部损

失。投标保函自开立之日起生效。在开标后一定时期内，如果投标人未收到中标通知，保函失效，如果中标，保函延续到投标人与中标人签订合同并提交规定的履约保函时失效。

投标保函（试行）

编号：（工　　字）第　　号

（招标人）：

鉴于_____（以下简称投标人）参加_____项目投标，应投标人申请，根据招标文件，我方愿就投标人履行招标文件约定的义务以保证的方式向贵方提供如下担保：

一、保证的范围及保证金额

我方在投标人发生以下情形时承担保证责任：

1.投标人在招标文件规定的投标有效期内即___年___月___日后至___年___月___日内未经贵方许可撤回投标文件；

2.投标人中标后因自身原因未在招标文件规定的时间内与贵方签订《建设工程施工合同》；

3.投标人中标后不能按照招标文件的规定提供履约保证；

4.招标文件规定的投标人应支付投标保证金的其他情形。

我方保证的金额为人民币____________元（大写：____________）。

二、保证的方式及保证期间

我方保证的方式为：连带责任保证。

我方的保证期间为：自本保函生效之日起至招标文件规定的投标有效期届满后___日，即至___年___月___日止。

投标有效期延长的，经我方书面同意后，本保函的保证期间做相应调整。

三、承担保证责任的形式

我方按照贵方的要求以下列方式之一承担保证责任：

（1）代投标人向贵方支付投标保证金为人民币________元。

（2）如果贵方选择重新招标，我方向贵方支付重新招标的费用，但支付金额不超过本保证函第一条约定的保证金额，即不超过人民币________元。

四、代偿的安排

贵方要求我方承担保证责任的，应向我方发出书面索赔通知。索赔通知应写明要求索赔的金额，支付款项应到达的账号，并附有说明投标人违约造成贵方损失情况的证明材料。

我方收到贵方的书面索赔通知及相应证明材料后，在______个工作日内进行核定后按照本保函的承诺承担保证责任。

五、保证责任的解除

1.保证期间届满贵方未向我方书面主张保证责任的，自保证期间届满次日起，我方解除保证责任。

2.我方按照本保函向贵方履行了保证责任后，自我方向贵方支付（支付款项从我方账户划出）之日起，保证责任即解除。

3.按照法律法规的规定或出现应解除我方保证责任的其他情形的，我方在本保函项下的保证责任亦解除。

我方解除保证责任后，贵方应按上述约定，自我方保证责任解除之日起______个工作日内，将本保函原件返还我方。

六、免责条款

1.因贵方违约致使投标人不能履行义务的，我方不承担保证责任。

2.依照法律规定或贵方与投标人的另行约定，免除投标人部分或全部义务的，我方亦免除其相应的保证责任。

3.因不可抗力造成投标人不能履行义务的，我方不承担保证责任。

七、争议的解决

因本保函发生的纠纷，由贵我双方协商解决，协商不成的，通过诉讼程序解决，诉讼管辖地法院为________法院。

八、保函的生效

本保函自我方法定代表人（或其授权代理人）签字或加盖公章并交付贵方之日起生效。

本条所称交付是指：

保证人：

法定代表人（或授权代理人）：

年　　月　　日

（2）履约保函。履约保函是指应劳务方和承包方（申请人）的请求，银行金融机构向工程的业主方（受益人）做出的一种履约保证承诺。如果劳务方和承包方日后未能按时、按质、按量完成其所承建的工程，则银行将向业主方支付一笔占合约金额 5%~10% 的款项。履约保函有一定的格式限制，也有一定的条件。

致：____

____公司，该公司执行____国家法律，注册办公地址为____（以下简称“npog”）。

鉴于：

（1）甲方（npog）和乙方（承包商）就____达成协议，并签订本“合同”，承包商同意完成合同规定的内容。

（2）合同明确规定了此条款，即由____银行（以下简称“担保人”）及时递交给 npog 该保函。____银行不可撤销和无条件地向 npog 担保以下内容：

a）如果承包商在任一方面不能履行合同或违约，则根据 npog 第一次提出的不带证据和条件的要求，担保人在收到其要求后 14 天内，不论承包商或任何第三方是否有异议或反对，担保人都应立即支付总额为____美元的担保金。

b）在征得或未征得担保人同意的条件下，无论承包商和 npog 间签订何种协议，或者无论承包商在合同项下的义务发生何种变化，或者无论 npog 对于付款时间、履行情况以及其他事项做出何种让步，或无论 npog 或承包商的名字组织机构发生何种改变，都不能免除担保人的担保责任。

c）本保函持续有效，有效力将相应地保持到最终验收通知单签发日期，或合同终止后3个月，二者以先为准。

d）担保人同意，无论未偿还金额能否通过法律行为或仲裁方式获得，并且无论这笔未偿还金额是否由承包商亏损、损坏、花费以及npog的某些原因造成的，担保人同样给予担保。

本保函由担保人于__年__月__日签订。

________银行

签字：________________

名字：________________

职务：________________

银行印章：

（3）预付款保函。预付款保函是担保银行应申请人（预付款收取者）要求向受益人（预付款支付者）出具的书面保证文件，保证在申请人未履行合同义务，也未退还预付款的情况下，由担保银行负责偿还预付款。预付款保函自申请人收到预付款之日起生效至申请人履约或预付金额全部扣减完毕时失效。保函的金额为预付款金额，一般为合同金额的10%左右。

（4）质量保函。质量保函是担保银行应出口商或承包商的要求，就合同标的物的质量向进口商或招标人出具的书面保证文件,保证在交货或施工完毕之后的规定时间内，如果发现质量问题，出口商或承包商将及时退换或进行维修，否则受益人凭保函可以向银行索赔。质量保函多用于大型机械设备等资本货物的进出口交易中，如大型机电产品成套设备、船舶飞机等的买卖交易。质量保函的金额通常为合同标的额的5%左右。

质量保函

开具日期：____________

致：_______________________（甲方名称）

_______________________号合同质量保证金

本保函作为贵方与____________（以下简称承包人）于_____年_____月_____日就____________项目（以下简称项目）项下提供______________，签订的_____号合同的质量保证金。

________银行（以下简称银行）无条件地、不可撤销地具结保证本行、其继承人和受让人无追索地向贵方以__________（货币名称）支付总额不超过__________（金额数量），即相当于合同价格的5%。

并以此约定如下：

1.承包人未能忠实地履行所有合同文件的规定和双方此后一致同意修改、补充和变动，包括更换或修补贵方认为有缺陷的货物（以下简称违约），只要贵方确定，无论承包人有任何反对，本行将凭贵方的书面违约通知，立即按贵方提出的不超过上述累计总额的金额和按该通知中规定的方式付给贵方。

2.本保证金项下的任何支付应为免税和净值，无论任何人以何种理由提出扣减现有或未来的税费、关税、费用或扣款，均不能从本保证金中扣除。

3.本保证函的规定构成本行无条件的、不可撤销的直接义务。今后任何对合同条款的修改、贵方在时间上的通融、其他宽容、让步或由贵方采取的除了本款以外都适用的可能免除本行责任的任何删除或其他行为，均不能解除或免除本行在本保证函项下的责任。

4.本保证函在本合同规定的质保期满前完全有效。

谨启

出证行名称：________________

签　字：________________

（印刷姓名和职务）________________

公　章：________________

（5）透支保函。透支保函是指银行为国内法人驻外机构向当地银行申请开立透支账户而开具的银行保函，以保证申请人按照透支契约的规定及时补足透支金额。若申请人未能如期补足透支金额，开具透支保函的银行有义务代为补足透支金额。在国际承包工程中，承包商在国外施工时，未来能够得到当地银行的资金通融，需要开立一个透支账户。在申请开立透支账户时，承包商须向当地银行提供由其本国银行出具的透支保函。保函金额一般为透支合约规定的透支限额。

（6）关税保函。关税保函是指担保银行应进口商（含加工贸易企业）的申请而向海关出具的、保证进口商履行缴纳关税义务的书面文件。在国际承包工程中，承包商将施工设备运至国外时，要向当地海关支付进口关税；工程完工后将设备运回国内时，可以要求当地海关退税。为了避免手续的麻烦和税金的占压，承包商可以向银行申请以东道国海关为受益人的关税保函以免交进口关税。如果运入的设备在东道国销售，由银行向海关补交应付关税。关税保函也用于国际展览活动中，当一国将展品运入另一国时，可以通过出具关税保函免交关税。

2）进口类保函

进口类保函是银行应进口商的申请向出口商开出的保函，适用于货物进口、技术进口、补偿贸易及来料加工业务。

（1）付款保函。付款保函是担保银行应申请人（进口商）的要求向受益人（出口商）出具的书面保证文件，保证进口商在收到符合合同规定的货物后向出口商支付全部货款，否则由银行赔偿出口商的损失。付款保函根据付款时间的不同又可分为即期付款保函和延期付款保函。大型资本货物交易或工程承包业务通常使用付款保函来担保合同规定的分期付款或延期付款。

付款保函

中国____银行____分行：

对于________公司在你行申请开立的_______号信用证，信用证金额为________，我公司为其提供付款担保如下：

如该公司未能在规定的期限内履行该信用证项下的付款义务，则我公司保证在接到你行书面通知后的五个工作日内，将应付款项连同迟付利息全部划归你行。

本保函项下我公司的担保金额为上述信用证金额。即________（大写）________。但如果该证发生增额或减额修改，则担保金额亦随之增减。

本保函是一种连续担保和赔偿的保证，不受担保公司接受上级单位任何指令或同其他单位签订任何协议、文件的影响，也不因为担保人是否破产、丧失清偿能力或企业资格，更改组织章程以及关、停、并、转等变化而有任何改变。

本担保人是经上级主管部门批准成立，由工商行政管理部门发给营业执照的法人，有足够的财产作保证，保证履行本保函项下的义务。

本保函自出具之日起生效，至信用证项下应付款项全部付清后自动失效。

法人代表：担保单位（公章）

年　　月　　日

（2）补偿贸易保函。补偿贸易保函是指在补偿贸易合同项下，银行应设备或技术的引进方申请，向设备或技术的提供方所做出的一种旨在保证引进方在引进后的一定时期内，以其所生产的产成品或以产成品外销所得款项，来抵偿所引进之设备和技术的价款及利息的保证承诺。

（3）来料加工保函。来料加工保函是银行应加工方的要求向委托方出具的书面保证文件，保证加工方用进口原料加工后，按合同规定将成品交付委托方或其指定的第三者以支付进口原料价款，否则由银行负责赔付。来料加工由委托方提供技术、生产设备和原材料，由加工方按照委托方的要求进行加工，生产出的成品交给委托方销售，加工方收取加工费。为了防止加工方不能按时加工成品偿还设备及原料价款，委托方往往要求加工方提交来料加工保函。

来料加工保函

日期：_____

致：_____（受益人）

敬启者：

鉴于_______（申请人）（以下称甲方）已与你方于_______（月期）签署了金额为______（金额）的第_______（合同编号）合同，根据合同规定和甲方要求，我行兹开立以你方为受益人的金额最高为_______（金额）及已发生利息的第_______（保函号）不可撤销的担保函。

我行在本保函项下责任如下：

我行保证甲方将按照规定的时间和规定的数量向你方交货。如果甲方未履行交货责任或未支付合同规定的相同金额，而你方已全部履行完毕在合同项下的责任后，我行一旦收到你行提交的并由甲方证实的书面索赔通知，将在最后一个偿付日后15天之内，向你行赔付上述金额及相应利息。我行在本保函项下的责任随甲方向你方的交货或支付，或我行向你行的赔付而自动递减。

本保函在合同项下所有的交货责任或支付责任执行完毕后失效，但最迟不超过_______（日期），任何索赔务必于到期日前送达我行。

_______银行

（4）租赁保函。租赁保函是保证人应承租人的要求，向出租人开立的保证，承租人按照合同的规定支付租金，否则将由保证人进行赔付的书面保证文件。租赁保函适用于机械设备、运输工具等的租赁业务。租赁保函的金额应与租金及相应的利息相等，一般自承租人收到租赁设备并验收合格后生效，至承担人支付完全部的租金或双方的时期失效。

7.5 银行开立保函实务

在具体办理银行保函业务时，各银行的工作程序都有所不同，但其主要的内容还是基本相似的。

7.5.1 银行保函的申请

申请人要求银行出具保函时，必须向银行提交书面申请。该申请书是担保银行与申请人之间的一种契约，也是银行对外开立保函的法律依据，其内容除了请求银行按照某种规定开立保函外，还有申请人的声明和保证，即如果发生了保函项下的索偿时，申请人将承担第一债务人的责任，并补偿担保人在保函项下因履行担保责任而做出的一切支付。

保函的申请书一般应包括以下几项内容：

（1）申请人和受益人的名称、地址。

（2）保函的类别（是投标保函还是其他类型的保函）。

（3）保函的金额、币别。

（4）与保函有关的协议，如投标文件或合同等的名称、日期及号码等。

（5）有关商品或工程的名称、数量等。

（6）保函的开立方式，即以 SWIFT 开立还是以信函开立，是由担保银行直接开给受益人还是由另一家银行进行通知、转开或保兑后交受益人。

（7）保函的有效期，包括保函的生效日期和失效日期。

（8）申请人的责任保证，即当保函的受益人按保函规定的条件向担保人提出索赔时，申请人保证偿付担保人因履行担保责任而做出的任何支付，并注明偿付的具体办法。

（9）申请人必须声明担保人的免责事项，即担保人只处理保函所规定的单据和证明，而对其所涉及的合同标的不负责任，并且对保函所涉及单据文件或证明的真伪及其在邮递过程中可能出现的遗失和延误等不负责任，担保人对发出的要求通知或专开/保兑的指示未被执行而造成的损失，亦不负责任。

（10）申请书必须经申请人的法定代表人签字并加盖公章。

7.5.2 银行保函的审查

由于保函业务涉及面广，风险性较大，故银行在对外出具保函时，首先要对申请人的资信情况及项目的可行性等进行审查；然后，再决定是否接受申请人的申请。银行保函的审查工作主要有以下几方面。

1. 对申请人资格的审查

申请出具保函的企业，应是按国家批准程序、准许经营的企业，有履行合约的条件，有偿还借款的能力。

2. 对申请手续的审查

申请书内容是否填写清楚、准确、完整，申请人的法人签章和公章是否齐全、正确，申请人应提交的其他文件如合同副本、反担保文件、企业财务报表是否真实、准确、齐全。对于外资企业，在第一次申请开函时还需提交全套的审批文件、合资合同、章程、验资报告、营业证书等一系列资料。

3. 对交易项目的审查

主要侧重两方面：一是项目是否符合国家的有关规定和批准程序；二是担保项目的有关配套资金、原材料等是否已全部落实，市场情况如何。

4. 审查反担保及抵押

反担保及抵押是银行对外出具保函所必不可少的前提条件，也是维护银行利益不受损失的基本保证。因此，银行须对反担保及抵押品进行严格的审查，要求落到实处。

5. 审查保函条款

银行保函开出后，可能存在政治风险、汇率风险、违约风险、文字风险等。因此，银行要对保函条款进行严格审查。

7.5.3 银行保函的开立

银行对申请人提供的有关资料审查无误，开始编号、登记、缮制，正式对外出具保函。一般国内保函采用信开方式，即以信函的方式直接向受益人开出，对境外开具保函多采用 SWIFT 方式①。

【例 7-1】甲银行于 2016 年 4 月为乙公司 2 000 万港币借款出具保函，受益人为丙银行，期限为 9 个月，利率 12%，由于乙公司投资房地产失误，公司负债累累，在还款期满后未能依约归还丙银行贷款。2018 年 3 月，丙银行向当地人民法院起诉乙公司和甲银行，要求归还贷款本金及利息。当地人民法院裁定如下：

（1）乙公司在 2018 年 4 月 30 日之前将其债权 1 100 万港币收回用于偿还丙银行，余款在 2018 年 12 月底还清。

（2）如乙公司不能履行，由甲银行承担代偿责任，至 2018 年 5 月底，乙公司只归还了 600 万港币，仍欠本金 1 400 万港币及相应利息未归还。鉴于此，当地人民法院执行庭多次上门要求甲银行履行担保责任，否则将采取强制措施，查封甲银行资产，而该笔担保的反担保单位丁酒店，只剩下一个空壳公司存在，难以履行反担保责任。为维护

① 王学惠，王可畏. 国际结算[M]. 北京：北京交通大学出版社，2011.

银行声誉，经上级行批准后甲银行垫付丙银行本金 1 400 万港币及相应利息。

解析：本案例中，担保行甲银行根据乙公司的申请向丙银行开立的是借款保函。借款保函，是指由借款人委托银行向贷款人出具的用以担保借款人按月还本付息的一种保函，一旦出现借款人因某种原因无力偿还或不愿偿还债务等情况，则由银行按协议对贷款人承担还本付息的责任。甲银行开出的借款保函对于丙银行收款是一个保证，最终乙公司归还不了借款后由甲银行偿付，丙银行如愿收回款。国际结算中如果担心进口方赖账，出口方可以通过申请开立保函使自己的利益得到保障。

7.6 备用信用证

7.6.1 备用信用证的起源

备用信用证起源于美国。由于美国法律曾经禁止商业银行为客户办理担保业务，作为应对之举，一些商业银行即以商业信用证的派生形式——备用信用证，变相提供担保服务。其后，备用信用证的适用范围逐步扩大，迅速演化为一种国际性的金融工具。

7.6.2 备用信用证的定义

备用信用证（又称担保信用证）是指开证行开给受益人的一种有条件的保证付款的书面文件。

备用信用证的主要内容是在信用证中规定，在开证申请人未能履行投标人的职责，或未能按时偿还贷款或货款时，开证行负责为其支付。如开证申请人履行了信用证中规定的上述某项义务，则该信用证就不起作用，所以其被称作备用信用证。

7.6.3 关于备用信用证的国际规则

1. 《联合国独立担保和备用信用证公约》

《联合国独立担保和备用信用证公约》于 1995 年 12 月 11 日经联合国大会通过，现予以开放供各国签字批准或参加，其旨在便利独立保证与备用信用证的使用，尤其是传统上仅有上述票据中的一种可能流通使用，意欲使之便利。该公约亦进一步承认独立保证和备用信用证所共有的基本原则和特征。

该公约支持商事实践的发展，承认保证人、开证行以及国际贸易中其他当事人依据其他国际规则行使其独立的银行保证和备用信用证项下的权利、义务的权利。所称其他国际规则包括国际商会《跟单信用证统一惯例》《见索即付保函统一规则》。该公约亦坚持过去和现在由于使用相关票据所发展而成的准则。

此外，《联合国独立担保和备用信用证公约》作为双方议定规则以及该规则调整范围以外的惯例的补充予以适用，尤其适用于欺诈性付款要求和此类情况下的司法救济。

2. 《国际备用证惯例》

《国际备用证惯例》（*International Standby Practice 1998*，ISP98）是根据《联合国独立担保和备用信用证公约》，在参照国际商会《跟单信用证统一惯例》（UCP500）和《见索即付保函统一规则》（URDG458）的基础上根据备用信用证的特点制定的，它对常用的备用信用证，如履约备用信用证、预付备用信用证、投标备用信用证、反担保备用信用证、融资备用信用证、保险备用信用证、商业备用信用证和直接付款备用信用证等下了定义。

《国际备用证惯例》包括序言与十条正文，共 89 款。这十条为：总则；义务；提示；审核；单据的通知、排除和处理；转让、让渡及因法律规定转让；撤销；偿付义务；时间安排；联合开证/权益份额。

7.6.4 备用信用证的种类

备用信用证的种类很多，根据在基础交易中备用信用证的不同作用主要可分为以下几种。

1. 履约保证备用信用证

履约保证备用信用证支持一项除支付金钱以外的义务的履行，包括对由于申请人在基础交易中违约所致损失的赔偿。

2. 投标备用信用证

投标备用信用证用于担保申请人中标后执行合同义务和责任，若投标人未能履行合同，开证人必须按备用信用证的规定向受益人履行赔款义务。投标备用信用证的金额一般为投保报价的 1%~5%（具体比例视招标文件规定而定）。

3. 预付款保证备用信用证

预付款保证备用信用证用于担保申请人对受益人的预付款所应承担的义务和责任。这种备用信用证通常用于国际工程承包项目中业主向承包人支付的合同总价 10%~25% 的工程预付款，以及进出口贸易中进口商向出口商支付的预付款。

4. 直接付款备用信用证

直接付款备用信用证用于担保到期付款，尤指到期没有任何违约时支付本金和利息，其已经突破了备用信用证备而不用的传统担保性质，主要用于担保企业发行债券或订立债务契约时的到期支付本息义务。

7.6.5 备用信用证的特点

1. 不可撤销性

除非在备用证中另有规定，或经对方当事人同意，开证人不得修改或撤销其在该备用证下之义务。

2. 独立性

备用信用证下开证人义务的履行并不取决于：

（1）开证人从申请人那里获得偿付的权利和能力。

（2）受益人从申请人那里获得付款的权利。

（3）备用证中对任何偿付协议或基础交易的援引。

（4）开证人对任何偿付协议或基础交易的履约或违约的了解与否。

3. 跟单性

开证人的义务取决于单据的提示，以及对所要求单据的表面审查，使得银行无须介入进出口商之间的基础合同关系中。ISP98 中所定义的单据是指提示（书面形式或是电子媒介形式）的汇票、索款要求所有权凭证、投资担保、发票、违约证明，或其他事实、法律、权利或意见的陈述，凭以审核是否与备用证的条款一致。

4. 见票即付

备用信用证是一种担保信用证。当受益人提示明显符合信用证条款的汇票和相关证书，也就是见票后，开证行应立即付款。见票即付的特点使开证行与基本交易合同分离，最大限度地保护受益人的利益。

5. 具有约束力

备用信用证在开立后即具有约束力，无论申请人是否授权开立，开证人是否收取了费用，或受益人是否收到或接受备用证或修改而采取了行动，它对开证行都是有强制性的，开证人均应承担证下义务。

7.6.6 备用信用证与跟单信用证的比较

1. 相同点

备用信用证与跟单信用证具有同样的性质和特征，在业务处理上都遵循《跟单信用证统一惯例》，凭有关单据而不是货物进行付款。

2. 不同点

备用信用证与跟单信用证的不同点见表 7-1。

表 7-1　备用信用证与跟单信用证的区别

不同点	备用信用证	跟单信用证
付款责任	开证行一般处于次债务人的地位，其付款责任是第二性的，即只有在申请人违约或不能付款时才能承担付款责任	开证行的付款责任是第一性的，只要受益人提示信用证中规定的单据，开证行就必须立即付款，而不管此时申请人是否或能否付款
要求的单据	要求受益人在索赔时提交即期汇票和证明申请人违约的书面文件	一般都要凭符合信用证规定的代表货权的单据付款

续表

不同点	备用信用证	跟单信用证
使用范围	可适用于诸多经济活动中的履约担保，其用途与银行保函几乎相同，运用十分广泛	一般只用于货物贸易结算

7.6.7 备用信用证与银行保函的比较

1. 相同点

（1）备用信用证与银行保函都是银行应申请人要求，向受益人开立的有条件的支付担保或承诺。

（2）备用信用证与银行保函都是用银行信用代替或补充商业信用，使受益人避免或减少因申请人不履约而遭受的损失。

（3）备用信用证与银行保函都适用于诸多经济活动中的履约担保。

2. 不同点

备用信用证与银行保函的不同点见表 7-2。

表 7-2 备用信用证与银行保函的不同点

不同点	备用信用证	银行保函
要求的单据	要求受益人在索赔时提交即期汇票和证明申请人违约的书面文件	不要求受益人提交即期汇票，但要求受益人提交证明申请人违约的文件，此外还需要提交保函要求的其他文件
遵循的规则	当事人自行选择《跟单信用证统一惯例》或《国际备用证惯例》	《见索即付保函统一规则》或《合同保函统一规则》

➢本章习题

1. 什么是银行保函？银行保函的实质是什么？
2. 银行保函有哪些属性？保函常见的种类有哪些？
3. 银行保函的主要当事人有哪些？他们各自的权责是什么？
4. 银行保函的基本要素有哪些？受理银行保函业务申请，银行主要应审查哪些方面？
5. 什么是备用信用证？备用信用证的重要特点是什么？
6. 备用信用证和跟单信用证有哪些异同？
7. 银行保函与备用信用证有哪些异同？

第 8 章　国际贸易融资

8.1　国际贸易融资概述

8.1.1　国际贸易融资的定义

国际贸易融资是银行为进出口商提供的国际贸易结算下的金融服务。国际贸易融资是指银行在汇款、托收、信用证及保函项下，以贸易合同为基础，在国际结算的相关环节上向进出口商提供的资金融通，以加速企业资金周转，解决企业应收账款占用过大、对外付款面临的资金困境。

国际贸易融资产品与国际结算方式密切相关，并随着国际结算方式的变化和国际贸易的发展而不断创新，业务品种不断增加。除了传统的打包贷款、出口押汇、出口贴现外，进口押汇、福费廷、保理、出口发票融资、出口信用保险项下融资等新产品层出不穷。近年来我国国际贸易量持续快速的增长为商业银行贸易融资业务的发展提供了良好的机遇，贸易融资产品的开发和创新又进一步促进了我国对外贸易的发展。

8.1.2　国际贸易融资的特点

国际贸易融资是围绕国际贸易结算的各个环节开展的资金和信用融通活动，可以加快企业的资金周转速度，满足企业的流动资金需求，有利于企业开拓新市场，提高国际竞争能力。与普通流动资金贷款不同，国际贸易融资业务以真实的贸易背景为基础，具有期限短、收益高、风险低的特点。具体表现在以下几方面。

（1）还款来源较有保障。国际贸易融资以正常贸易所产生的现金流量作为还款的第一来源。资金的偿还不是依靠出口商营利能力的增加，出口商生产经营所产生的利润只是还款的第二来源。

（2）有物权单据作为担保。国际结算中的商业单据、金融单据等权利凭证本身就是融资银行融资的一项履约保证。

（3）融资银行收益高。国际贸易融资为商业银行带来利息收入的同时，又能带来国际结算业务量的提高，增加中间业务收入。银行在国际贸易融资中的收益包括融资利息收益、国际结算手续费收益和结售汇收益。

8.2 出口贸易融资主要产品

8.2.1 打包放款

1. 概念

打包放款是指出口商在货物出运前，凭信用证或供货合同向银行申请短期流动资金贷款。

出口商在接受国外开来信用证后，由于本身临时缺乏资金备货出运，可持信用证，按规定手续向当地外汇银行申报此项贷款，于货物出运后，再将制妥的全套货运单据送交贷款行转做出口押汇，以其所得押汇款项清偿打包放款本息。申报打包放款必须提供有效的信用证正本，但为了避免受益人不能按期备货出运或虽已出运但单证不符，开证行不履行付款承诺的风险，按国际惯例，受益人在提示信用证经贷款行审核认可后，除出具质押（权）书、信托收据作为借款契约确认贷款行享有追索权外，还需提供经贷款行认可的第三者担保或实物抵押，以确保按期收回贷款本息。

2. 业务流程操作

打包放款业务流程如图 8-1 所示。

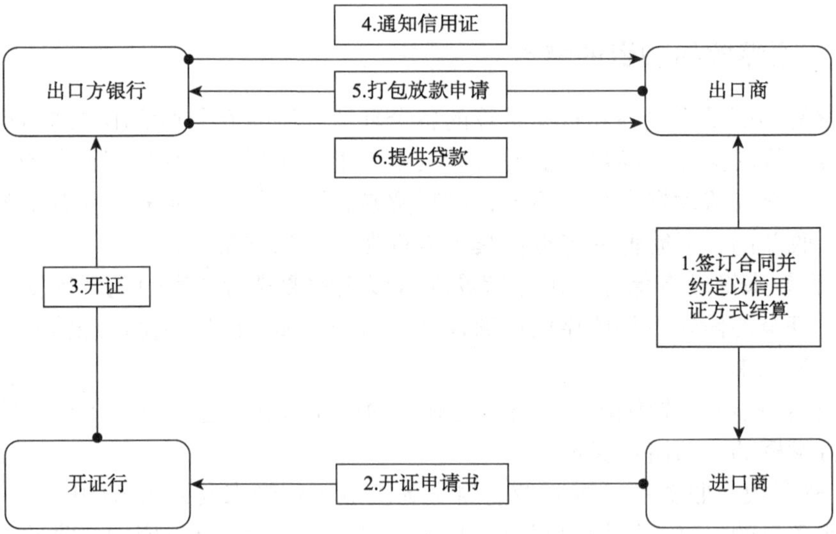

图 8-1 打包放款业务流程

1）融资申请

（1）客户申请并填写信用证项下《出口打包放款申请书》。

（2）提交国外银行开立的有效信用证正本（在办理出口押汇或信用证项下单据议付前，交银行保管）、出口合同、出口批文或许可证（出口控制商品须提供）。

（3）银行要求的其他相关业务材料。

2）资信调查

（1）申请打包放款的出口商必须是信用证的受益人或者是出口合同的出口方。

（2）客户的备货、生产情况及履约能力，能否按期、按质、按量交货。

（3）出口商品是否属于客户经营范围，货物价格是否合理。

（4）进出口双方以往履约情况是否良好。

3）融资审批

（1）信用证或者进出口合同的真实有效性。

（2）开证行是否资信良好，取决于开证行所在国家或地区的政治、金融情况。开证行资信欠佳，开证行所在国家外汇管制严格或发生战乱的不得办理。

（3）信用证应是不可撤销的跟单信用证，不得办理可撤销信用证、已转让信用证项下的打包放款。

（4）信用证的装效期。不得办理信用证已过装效期的打包放款。

（5）信用证项下的出口货物是否纳入国家出口控制名录。

（6）信用证的单据条款。不得办理由他行议付、会严重影响正常收汇的软条款信用证项下的打包放款。

（7）信用证与收汇有关的其他条款。

（8）国外进口商以往付汇记录是否良好。

4）签订协议

（1）经有权审批人审批同意后，客户部门与客户签订《出口打包放款合同》登记台账。

（2）贷款发放后，客户部门在信用证正本或进出口合同正本（复印件）注明“已办理打包放款”，交国际业务部门作专卷保管。

（3）客户装运发货取得相应单据后，向经办行交单，凭押汇、贴现、福费廷或收汇后所得资金归还打包放款。

（4）打包放款可以货币资金形式直接支付，也可以通过签发银行承兑汇票的形式办理。

5）后续管理

（1）客户部门必须严格打包放款贷后管理，监督客户专款专用。及时掌握出口商品的生产进度、商品质量，了解客户履约和出口情况。

（2）打包放款原则上不得展期。确需展期的，凭信用证装效期修改书向经办行申请打包放款的展期，并根据短期贷款期限规定办理。

（3）对信用等级较高、结算量较大、外管局评定信得过的企业、无不良信用的客户，经省行批准可办理免担保打包放款。

3. 注意事项

（1）出口商资信良好，能按期、保质保量完成交货任务。信用证没有不良条款，要求客户提交交单计划，以交单收汇款偿还打包放款。

（2）打包放款期限应小于 4 个月，放款金额不超过信用证金额的 80%，利率按人民币贷款利率执行。

（3）调查出口企业资信、经营规模等基本情况，确保真实贸易背景。审查开证行资信，信用证金额与其规模是否匹配；防止内外勾结，骗取银行资金。

（4）审查信用证条款（软条款、分期装运、货权、指定船公司），防范单证风险；及时跟踪交单情况，避免经办行融资，他行交单。

【例 8-1】一家生产精细化工产品的企业，经营思路灵活，产品具有一定的技术含量。外商通过网络找到该企业，询问是否可以提供一种相关产品。该企业经过分析，认为只要稍微改动一点工艺流程，就可以满足外商要求，但是需要寻找不同的原材料。经过与新的国内供应商询价，该企业计算成本后，决定接下该笔订单。寄送小样后，外商很满意产品质量和该企业的效率，决定批量购买，并同意以信用证方式付款。但是，国内供应商要求先付款后出货。该企业抱着试试看的心态，向银行申请打包放款。银行先审核了该公司的经营情况，认为该公司小而精，管理规范，产品具有一定优势，同时该笔贸易以信用证结算，同意给予该企业打包放款，用于向国内供应商采购原材料。该企业获得融资后，及时备货生产，按时交货出运。随着外商逐步扩大采购量，该企业同意以赊销方式结算，扩大了销售额，同时由于增大了国内供应商原材料采购量，国内供应商也逐渐接受了先货后款的赊销方式。该企业利用一笔打包放款，形成了良性的贸易循环，扩大了市场份额，提高了对卖家的议价能力。

8.2.2 信用证出口押汇

1. 概念

信用证出口押汇是指押汇行根据受益人的申请，审核其提交的由国外资信良好的银行所开立的信用证项下全套单证，并以相符单据作为质押，将押汇款项先行垫付给受益人，然后向开证行寄单索汇，同时银行仍拥有因遭受开证行拒付、少付及迟付而保留向受益人追索权利的一种融资方式。

2. 业务流程操作

出口信用证业务流程如图 8-2 所示。

（1）押汇对象是经国家批准有权经营出口业务的外贸公司、工贸公司、自营进出口企业和外商投资企业，可以向银行申请出口押汇，企业必须在融资行开立结算账户。

（2）出口商一般需提交《出口押汇申请书》、信用证正本、信用证项下全套押汇单据和企业进出口融资有权签字人签字样本及企业法人授权书。

（3）银行收单后严格按 UCP600 及相关国际惯例从严审核单据，确保单证相符、单单一致，并根据信用证收汇期限确定押汇期限及押汇利率。

（4）银行验单后，如同意出口商要求做押汇，必须与出口商签订“出口押汇协议书”。

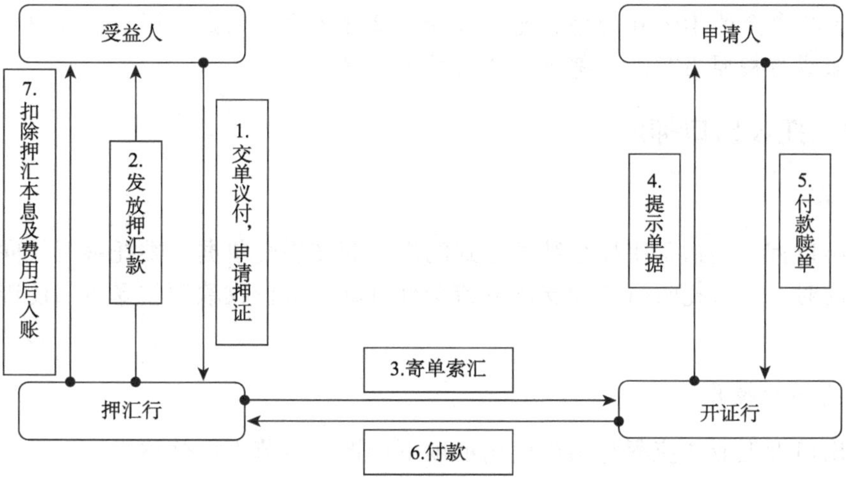

图 8-2　出口信用证业务流程

（5）押汇款项可以原币入企业账户，也可以通过外汇买卖后入账。

（6）押汇申请人提交的信用证项下单据，由融资行国际结算部门负责寄单索汇。如发生开证行拒付，银行客户经理应积极催促押汇申请人与开证申请人联系，争取开证申请人赎单付款。

（7）押汇项下出口收汇后，其款项必须首先用于归还该笔出口押汇，扣除押汇本息、银行费用后，将余额入客户账。若收汇款不足偿还押汇款，则主动从客户在融资行的账户中扣除；如遇押汇申请人账户余额不足以归还银行到期押汇本息的，应按银行对逾期贷款的管理规定进行管理和催收，并按逾期贷款利率计收逾期利息。

【例 8-2】2018 年 7 月初，北京某出口公司 A 向美国进口公司 B 出口价值 10 万美元的石材，双方约定采用远期信用证方式结算。付款期限为提单日后的 60 天。提单日为 7 月 5 日。开证行为 BANK X。

由于此阶段中国的石材在国际市场具有很强的价格和质量优势，故需求量迅速上升。出口公司 A 希望能够迅速收回资金，用收回的资金去进行下一轮的生产，满足其他客户的购买需求。该客户提出希望办理信用证押汇。

7 月 8 日，出口公司 A 向银行提交了信用证要求的全套单据，经过银行审单相符后寄往开证行 BANK X。7 月 14 日，开证行发来承兑电报，承兑到期日为 2018 年 9 月 3 日。当天，客户提交了已与银行签订的出口押汇合同和出口押汇申请书。银行为交单金额的 90%，即 9 万美元办理押汇，押汇利率为 LIBOR+150BP。

押汇期限为从押汇当天即 7 月 14 日，至到期日 9 月 3 日，总计 51 天，再加上宽限期 7 天，押汇期限为 58 天。经过查询，7 月 14 日当天的 LIBOR 利率为 27.75%，因此押汇利率为 1.777 5%，因此，58 天远期押汇利息=（90 000×1.777 5%）×58/360=257.74（美元），押汇日为客户入账金额=90 000−257.74−其他银行手续费，以上入账金额客户可以选择美元直接入账或者按照当日外汇牌价折合人民币入账。

9 月 3 日，开证行按照承诺的到期日付款，将 9 万美元出口收汇款归还出口押汇款项，同时，将剩余的10%作为押汇金额扣除手续费为客户入账。同样，客户可以选择美元直接入账或者按照当日外汇牌价折合人民币入账。

8.2.3 托收出口押汇

1. 概念

托收出口押汇是指采用托收结算方式的出口商在提交单据、委托银行代向进口商收取款项的同时，要求托收行先预支部分或全部货款，待托收款项收妥后归还银行垫款的融资方式。

2. 业务流程操作

托收出口押汇业务流程与出口信用证项下接近，本节不再赘述。

8.2.4 票据贴现

1. 概念

票据贴现是指远期信用证项下汇票经开证行或承兑银行承兑或跟单托收项下汇票由银行加具保付签字后，在到期日前，由银行从票面金额中扣减贴现利息及有关手续费后，将余款支付给持票人的一种融资方式。

2. 业务流程操作

1）融资申请

（1）客户申请并填写信用证项下《出口贴现申请书》。

（2）提交出口合同、开证行或承兑银行的有效承兑报文或汇票。

（3）银行要求的其他相关业务材料。

2）业务受理

（1）进口方所在地政局动荡或已发生罢工、暴乱、战争、金融危机的，不得办理。

（2）进口方所在地外汇管制严格、外汇短缺的，不得办理。索汇路线迂回曲折，影响安全和及时收汇的，不得办理。

（3）押汇金额和期限是否合理，押汇申请人是否是出口信用证的受益人或出口托收的收款人。

（4）出口商品是否属于客户经营范围，货物价格是否合理。

（5）商品销路有问题或价格波动较大的，不得办理。出口商信用情况不佳，进口商资信不佳的不得办理。

3）融资审批

（1）信用证项下承兑电文或汇票、托收项下加具保付签字的汇票有效性和表面真实性。

（2）承兑行或加具保付签字的银行为经办行、代理行，且资信良好，同时该银行所在国家或地区政治经济稳定，无严格外汇管制。

（3）承兑行或加具保付签字的银行在总行有足够的代理行单证额度和国家风险额度。

（4）承兑行或加具保付签字的银行与经办行单证往来记录良好。

（5）承兑货币为可自由兑换货币。

4）签订协议

（1）国际业务部门审核后，按低风险业务操作流程报有权审批人审批。

（2）经有权审批人审批同意后，客户部门与客户签订《出口票据贴现协议》，登记台账。

（3）按票面金额扣除贴现利息和相关费用，为客户办理贴现入账手续。如信用证已办理打包放款，出口贴现资金首先归还打包放款。

5）后续管理

（1）办理出口贴现后，国际业务部门应注意票据的到期日，开证行、承兑行或加具保付签字的银行付款后，直接归还出口贴现款项。

（2）经办行应保留追索权，以便在开证行、承兑行或保付行不付、迟付或少付的情况下，有权根据情况主动向贴现受益人追索贴现款和迟付款。

（3）办理出口贴现时不得向客户出具《出口收汇核销专用联》，待出口收汇后方可将其交给客户。

3. 注意事项

（1）出口票据贴现要有真实的贸易背景。

（2）出口商在银行有授信额度。

（3）银行对出口商有追索权。

（4）出口票据贴现的期限小于 180 天；通常贴现比例（融资金额）不超过发票金额的 80%。

8.2.5 福费廷

1. 概念

福费廷（又称票据包买）是银行根据客户（信用证受益人）或其他金融机构的要求，对未到期的贸易应收票据以无追索权的方式进行贴现，而且买断的票据通常由进口方银行担保（也可由公司或政府担保）。出口商获得款项后即可办理出口核销和退税手续。

福费廷业务中包买行对出口商无追索权，融资期从 3 个月至 10 年不等，融资的金额可由 10 万美元至 2 亿美元不等，可融资币种为可自由兑换货币或世界主要流通货币，票据贴现利息一般按固定利率（LIBOR 加一定利差）计算，买断的票据一般由进口地银行担保。福费廷业务可改善财务报表，能将出口应收账款从资产负债表中彻底剔除；应收账款收回前遇到其他投资机会，且预期收益高于福费廷全部收费；应收账款收回前遇到资金周转困难，且不愿接受带追索权的融资形式或占用银行授信额度。

2. 业务流程操作

福费廷业务流程如图 8-3 所示。

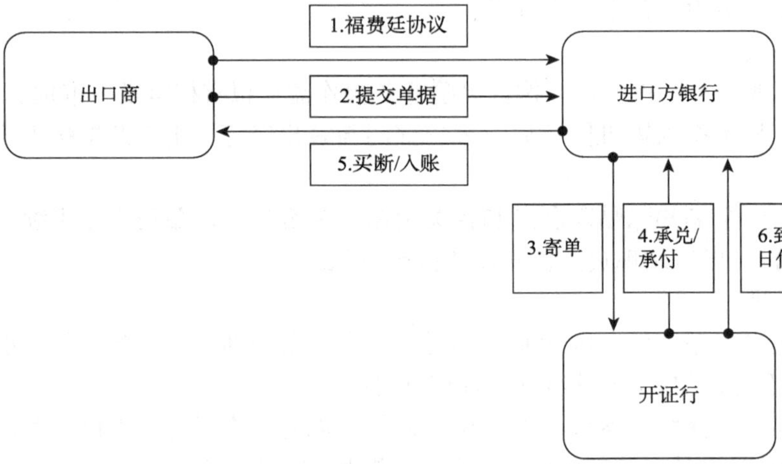

图 8-3　福费廷业务流程

（1）客户与进口方银行签订《福费廷协议》。

（2）客户提交《福费廷业务申请书》及相关单据。

（3）进口方银行取得对债务人的授信额度或确定转卖后，与客户签署《福费廷业务确认书》并寄送相关单据。

（4）进口方银行取得信用证项下开证行或指定银行的承兑或承付通知，或其他符合其要求的债权凭证后，扣除贴现款和有关费用后将款项净额支付给客户。

（5）在客户持有票据情况下，将票据背书给进口方银行；在无法取得票据的情况下，签署《债权转让书》。

（6）开证行到期付款。出口贸易项下，进口方银行为客户出具出口收汇核销专用联，供其办理出口收汇核销和退税。

3. 注意事项

（1）经办行应负责审核贸易的真实性。

（2）对出口商的询价，应先向分行国际部询问后再报价。

（3）与出口商签订福费廷融资合同时，应补充注明：福费廷融资时单笔预扣国外银行费用 150 美元，定期按实际扣款结算，多退少补。

（4）福费廷业务不仅适用于大额资本性交易，也适用于小额交易，但金额越小，融资成本越高，客户应在融资成本和福费廷带来的便利之间进行权衡。

（5）按照国际惯例，融资银行在承兑/承付/保付银行因法院止付令不能偿付到期款项的情况下保留对客户的追索权。

8.2.6 短期出口信用保险项下贸易融资

1. 概念

短期出口信用保险项下贸易融资是指银行在出口商已投保短期出口信用保险的出口业务项下，凭其提供的出口单据、投保短期出口信用保险的有关凭证、赔款权益转让协议等，保留追索权地向出口商提供的短期资金融通。

2. 注意事项

（1）要审核短期出口信用保险保单的有效性。保单的有效性是确保融资行得到《赔款权益转让授权协议》保障的基本前提。

（2）审核出口合同以判定是否存在出口商违约或其他行为所引起的保险公司除外责任内的损失。

（3）有以下情况之一者，应从严或拒绝办理融资业务：第一，客户首次来银行办理业务即要求融资；第二，客户在银行叙做的出口押汇或商业发票贴现业务有过不良记录；第三，运输单据为非物权凭证；第四，未能提交全套物权凭证；第五，进口国货运目的地是局势紧张或已发生战争的国家或地区；第六，进口国外汇严重短缺，外汇管制过于严格可能导致收汇困难，或发生金融危机等特殊情况，收汇无把握。

（4）出口信用保险项下贸易融资业务正常收汇款应首先偿还银行融资本息及银行费用，余款入出口商账户。

8.3 进口贸易融资主要产品

8.3.1 进口开证额度

进口开证额度是进口商最需要银行给予的授信。

进口商之所以利用信用证购买商品，是因为其一般都能从银行得到开证额度，不然就直接以汇款方式采购。进口商在申请开证时向银行申请使用开证额度，以减免保证金或担保。开证额度一般可循环使用，在申请人赎单后就得以恢复，但要注意，开证额度仅适用于所开立的信用证条款、货物价格等正常并能掌握货权的信用证。开证行在信用证开出后，还要跟踪客户的往来情况，赎单是否正常，如发现问题应及时采取措施，调整授信额度、增加保证金、处理仓库货物等，以保证银行资金安全。

1. 普通信用证额度

普通信用证额度是指在核准融资额度后，客户可无限次地在额度内委托银行对外开出信用证，额度可循环使用。银行根据客户的资信变化和业务需要变化随时对额度做必要的调整。有时客户向银行交来自己为受益人的信用证即主证，要求银行以来证作为抵押，对外开出背对背信用证，也即子证。在这种情况下，尽管客户提交了主证作为押品，对其履行付款责任有一定保证，但银行仍应将开出子证视为一种授信。在背对背信用证业务中，主证和子证是两份相互独立的信用文件，各自的开证行必须承担独立的付款责任，只要子证受益人提交的单据与信用证条款严格相符，背对背信用证的开证行必须履行对外付款责任。但如果此时主证开证行倒闭，或主证受益人不能提供与主证条款相符的单据，银行的信用保证将自动丧失。因此，在为客户开出背对背信用证之前，必须同样做好客户的资信审查工作，并扣减相应的开证额度。

2. 一次性开证额度

一次性开证额度是为客户的一个或几个贸易合同核定的一次性开证额度，不得循环使用。例如，客户成交了一笔大额生意，普通开证额度不敷使用或普通开证额度的大量占用会影响其正常经营，银行可根据其资信状况和押品情况核定一次性开证额度，供此份合同项下开证使用。又如，银行对客户批准的项目贷款，对贷款项下的进口也采用核定一次性开证额度的方式，供客户在该项目下对外开证使用。客户每次申请开证时都应向银行提交开证申请书，银行除审查开证额度是否足够外，为维护银行信誉和资金安全，通常要重点审查以下三方面。

（1）货物的性质及变现能力。例如，审查货物是鲜活易腐商品还是市场紧俏的生产资料，客户有无相应的信托收据额度；又如，在客户无法付款赎单的情况下，银行能否较为方便地出售货物以减少损失。

（2）货物保险。货物保险应由信誉良好的保险公司承保，承保险别必须能保障当事人的正当权益。

（3）对物权单据的控制。审查信用证中规定的运输单据是否为物权单据，以及是否要求受益人提交全套物权单据，因为对物权单据的控制有助于减少业务风险。

8.3.2 进口信用证押汇

1. 概念

进口信用证押汇是指银行收到国外来单后，应开证申请人要求向其提供的短期资金融通，用以支付该单据项下款项。

2. 业务流程操作

进口信用证押汇业务流程图如图 8-4、图 8-5 所示。

（1）受理：受理对象要求是具有进出口经营权的银行客户，信用记录良好，财务经营状况正常；对于已经获得银行进口押汇额度的押汇申请人，在可使用的进口押汇授信额度以内，最迟不得晚于信用证对外付款日之前三个工作日向银行申请叙做进口押汇；对于在银行没有进口押汇授信额度的押汇申请人，或者拟押汇金额超过其可使用的进口押汇授信额度的申请人，原则上必须在向银行申请办理进口开证业务的同时，向银行申请叙做进口押汇；开证申请人申请进口押汇需提交包括《进口押汇申请书》、银行在该信用证项下发出的到单付款/承兑通知书、最近一期的财务报表和进口押汇额度协议以及

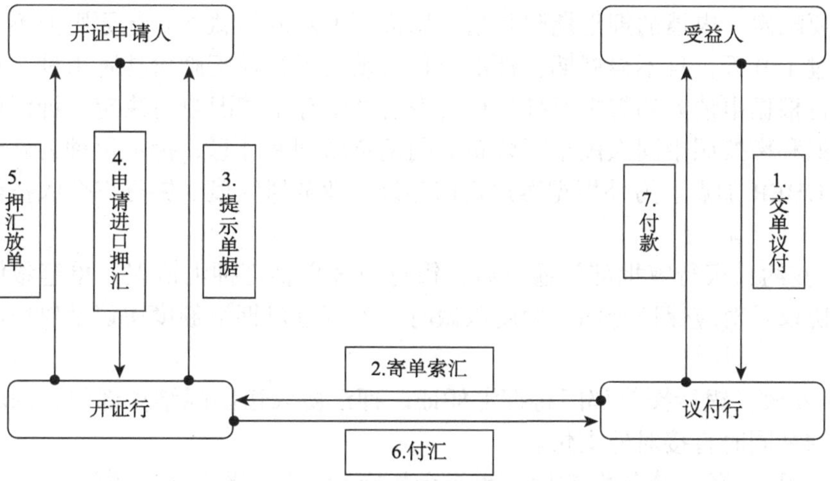

图 8-4 进口信用证押汇业务流程图（一）

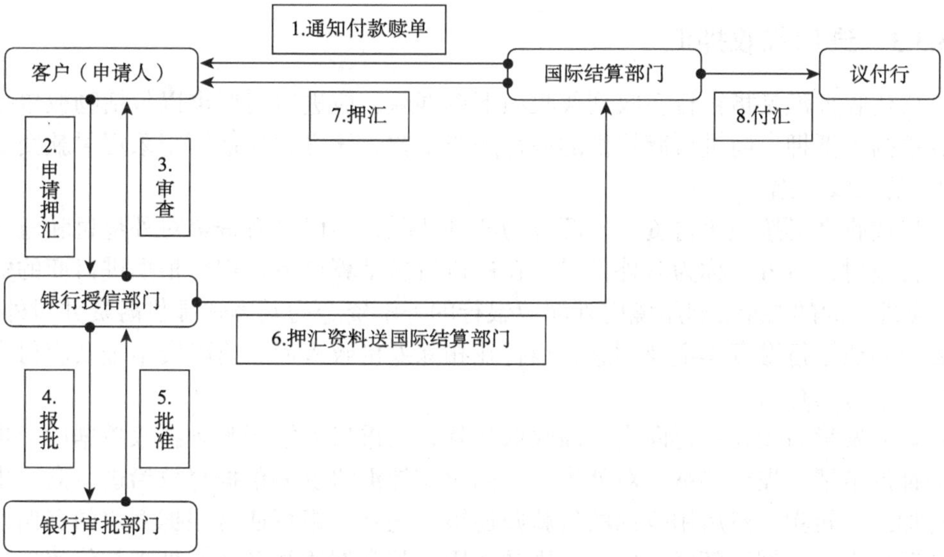

图 8-5 进口信用证押汇业务流程图（二）

相应的最高额担保文件（如果开证申请人申请叙做额度押汇）；进口押汇由银行授信部门受理，可以逐笔受理，并单笔审批办理，也可以对符合条件的客户给予进口押汇额度管理。

（2）审查：银行授信部门收到客户递交的《进口押汇申请书》及其他资料后，按照短期贷款调查要求，对申请人资信、财务经营及该笔进口商品市场销路销售落实情况、回款周期、押汇担保措施等进行调查，核定押汇方案，落实相应担保措施，交银行审批部门进行单笔审批或确定是否给予授信限额的审批。

（3）核定押汇方案：押汇本金数额应为进口信用证项下单据到单时需要对外支付的金额扣除开证申请人已缴存的保证金差额；押汇期限应根据开证申请人申请、贸易循环实际需要酌定。申请的押汇期限是指信用证项下对外付款之日起原则上不超过 90 天，最长不超过 180 天，且不得展期；押汇币种必须是银行外汇牌价挂牌币种，具体押汇币种由押汇行根据申请人的需求及押汇行自身的外汇存量情况自行决定；押汇币种为人民币的，押汇利率按照中国人民银行公布的同期贷款利率计息；押汇币种为外币的，参照国际市场 UBER 加点。另外根据客户资信等级、业务风险度、银行综合收益等因素确定加点数。

（4）签约：银行审批部门通过后，银行与客户签订押汇协议。单笔叙做时，签订进口押汇协议及对应保证合同；额度叙做时，签订进口押汇额度协议及对应的最高额保证合同。

（5）发放：银行授信部门将押汇凭证、押汇协议送国际结算部门，国际结算部门发放押汇款并同时直接对外支付。

（6）贷后管理：贷款发放后，银行会指定专人负责跟踪进口商品加工、销售、货款回笼情况，并督促客户及时归还押汇本息。

8.3.3 进口代收押汇

进口代收押汇是指银行在收到代收项下单据后，应进口商要求以包括物权单据在内的托收单据为抵押，向进口商提供的一种融资垫款，该方式仅适用于采用付款交单方式（D/P）的托收单据。

进口代收押汇按照垫付资金来源分为两种情况，即以自有资金对外垫付和通过海外联行进行垫付，后者又称为海外代付。在进口贸易结算项下，银行根据进口商的资信状况，并应进口商的要求，利用境内外同业银行的外汇资金为其客户提供融资并对外支付，到期客户归还银行融资本金及利息，银行在扣除差价收入后，将融资本金及应付利息转付给代付银行的行为。

出口商发货后委托银行向进口商收取货款，当进口方银行收到托收单据后，根据进口商的押汇申请，先行垫款，对外支付，同时按押汇协议将单据释放给进口商，由其提货进行加工、转卖，然后用收回的货款归还银行垫款。银行通常根据客户的资信状况和押品情况核定一个押汇额度，供客户周转使用，其掌握原则和业务处理与信用证进口押汇基本相同。

8.3.4 提货担保

1. 概念

提货担保是指当信用证项下正本货运单据未收到，而货物已到港时，进口商向银行申请提货担保书，交承运单位先予提货，待进口商取得正本单据后，再以正本单据换回原提货担保书的一种融资方式。

2. 业务流程操作

提货担保业务流程如图 8-6 所示。

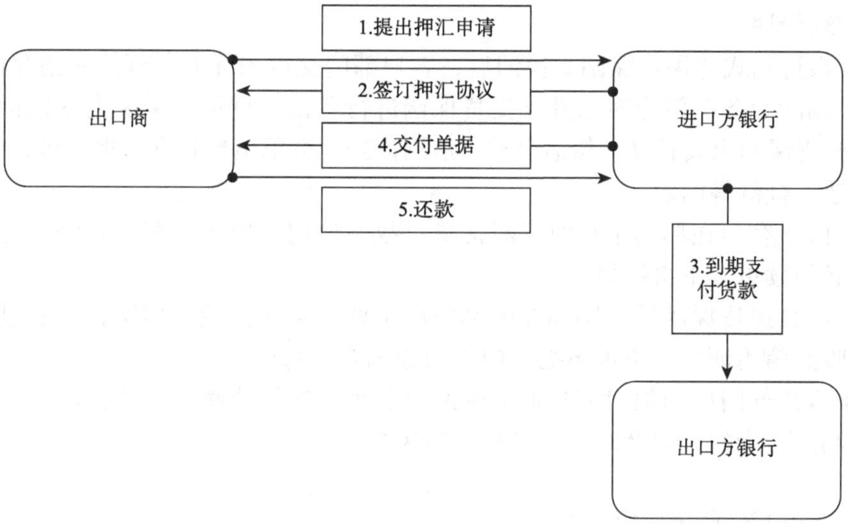

图 8-6　提货担保业务流程

1）融资申请

客户申请并填写《开立提货保函申请书》，提供信用证项下经进口商签章确认的商业发票、装箱单和已装船海运提单副本或正本复印（或传真）件、船运公司的到货通知书或其他能够证明货已到港的相关证明材料。

2）资信调查

（1）货物的起运港、起运时间、货物到港时间、出港的具体货物及货物数量、货物滞仓费等货物到港情况。

（2）调查和审查进出口双方是否还有其他协议，这些协议是否涉及银行出具的提货担保。

3）融资审批

（1）信用证要求的运输单据是否为全套正本海运提单且目的港为中国港口。

（2）商业发票副本中货物名称、数量、金额等要素是否与信用证和《开立提货保函申请书》内容相符，货物是否与信用证中的货物描述一致。

（3）提单副本所载明的要素是否与信用证和《开立提货保函申请书》内容相符，是否为已装船提单并注明货物已装船。

4）签订协议

（1）经有权审批人审批同意后，客户部门登记台账，将全套资料送交国际业务部门，国际业务部门根据《开立提货保函申请书》缮制《提货保函》。

（2）《提货保函》为一式两联，正本交客户，副本随《开立提货保函申请书》、发票装箱单及提单副本归入相关信用证档案，并在信用证留底联上注明“已办理提货担保”，注明提货保函号码。

（3）若船运公司或货运代理公司提供特定提货保函格式的，也可不采用银行制定的格式，但须经国际业务部门、法律事务部门审查同意。

5）后续管理

（1）银行制式《提货保函》换回后，客户部门交给国际业务部门注销存档。

（2）国际业务部门应对已开立提货保函进行登记。登记的主要内容包括：提货保函编号、提货保函出具日期、船运公司、信用证号、提单出单日期、提单号、货物名称、数量和发票、金额等内容。

（3）由于客户在单据未到时已经提货，故不论何种原因，客户在经办行收到信用证单据时必须赎单，不得拒付。

（4）出具提货保函后，国际业务部门应定期查看相关业务档案，如超过合理收单时间仍未收到信用证项下正本单据，应立即通知客户部门。

（5）客户部门应加强对客户业务的跟踪管理，掌握货物的销售情况，一经发现有损害银行利益行为的，要及时采取措施防范风险。

8.4 新型贸易融资产品

以上介绍的融资方式属于历史比较久的传统融资，或者称为交易性贸易融资，已经远远不能满足现代经济发展的需要。因此，金融界除了对原有贸易融资方式不断改进之外，各种新型的贸易融资也不断地被创造出来，或者将原有的融资方式综合在一起应用。以下将介绍一些目前比较常见的新型贸易融资。因为国内金融条件的限制以及进出口企业对新型融资的认识还不足，所以目前的应用并不是很广泛，但是这些新型贸易融资的可塑性很强，未来一定会蓬勃发展。虽然本书介绍的是国际结算方面的内容，但是这些融资产品同样可以在国内贸易中应用。

8.4.1 结构性贸易融资

结构性贸易融资是指银行为商品的出口商以其已经持有的或者未来将要持有的商品权利作为担保，以抵押或者质押的方式发放的短期融资。

交易性贸易融资更偏重于对贸易中的某一个环节提供融资，而结构性贸易融资更偏重于以货物作为抵押品或者以货物未来的权利作为质押。例如，打包放款是为了生产之前的准备工作以及生产的过程；出口押汇是针对货物发运之后的融资等；而结构性贸易融资关注的重点是货物的保值或者未来权利的兑现，根据融资商品的不同，可能会涉及期货交易，因此结构性贸易融资往往都是针对大宗商品的融资。

大宗商品，根据国家质量监督检验检疫总局 2003 年 7 月发布的《大宗商品电子交易规范》，其解释是："可进入流通领域，但非零售环节，具有商品属性用于工农业生产与消费使用的大批量买卖的物质商品。"一般而言，大宗商品包括 3 个类别，即能源商品、基础原材料和大宗农产品，通常是指同质化的、可交易的、被广泛作为工业基础原材料的商品，如原油、有色金属、农产品、铁、矿石、煤炭等。

根据《巴塞尔协议》2004 年 6 月版本，"大宗商品融资是指对储备存货或在交易所交易应收的商品（如原油、金属或谷物）进行的结构性短期贷款。大宗商品融资中用商品销售的收益偿还银行贷款，借款人没有独立的还款能力。借款人没有其他业务活动，在资产负债表上没有其他实质资产。大宗商品融资的结构化特征是为了补偿借款人欠佳的资信水平”。

对于可以在期货交易所开展交易的大宗商品，银行还可以通过期货合约来规避融资风险，将结构性贸易融资和期货交易有机地结合起来，这也是银行和期货交易所之间需要共同开拓的黄金领域，目前国内的几家银行已经逐步开展了同期货交易所的合作。但是对于不可在期货交易所开展交易的大宗商品甚至是普通商品同样也可以进行结构性贸易融资，只不过银行无法通过期货市场来分散风险而已，结构性贸易融资本身并不限定商品的种类。以下介绍 3 种比较基础的结构性贸易融资。

1. 应收款融资

应收款融资是指出口商发货后通过转让出口合同以及应收账款给银行作为担保，银行向出口商提供有追索权的融资，进口商付款时直接向银行的专用账户支付（可以分期支付），作为出口商的还款。这种融资的金额要小于出口商的应收款金额，出口商不需要向银行还款，利息也包含在进口商支付的货款中。出口商可以根据自己的需要决定是否用足应收款的数额，如果没有用足，银行会将进口商支付的超过融资本金及利息部分的货款再转付给出口商。

和保理业务不同，银行并不需要提供进口商（付款人）的资信评估或者为出口商担保收回额度内的应收账款，而是银行把该笔应收账款监控起来，保证进口商的付款作为出口商的还款来源而不是其他用途。基本流程如下：

（1）进出口商签订买卖合同；

（2）出口商将合同与应收账款转让给银行并通知进口商；

（3）银行提供融资；

（4）进口商必须向银行监管的专用账户付款；

（5）该专用账户的收款即作为出口商的还款本金及利息；

（6）如果有余额，银行再转付给出口商。

2. 存货融资

存货融资是指出口商以存储在仓库（一般由银行指定）中的货物作担保，依靠进口商的付款作还款来源。与应收款融资不同，出口商融资时，货物还没有运出，但是还款方式和应收款融资一样是货物出口后收回的资金，所以存货融资必然包括应收款的管理。基本流程如下：

（1）出口商将货物存入仓库（如果是国内企业出口货物一般是放入保税仓库）；

（2）银行获得货物的担保权益；

（3）银行需要对货物进行检验以保障自己的担保权益；

（4）银行向出口商提供融资资金；

（5）出口商销售货物给进口商；

（6）仓库将提货信息通报银行（主要是帮助银行掌握货物的实际销售情况）；

（7）进口商支付相应货款至银行的专用账户；

（8）该专用账户的收款即作为出口商的还款本金及利息；

（9）如果有余额，银行再转付给出口商。

如果出口商要求融资时已经找好买家，也可以选择应收款融资，不过对银行来说显然存货融资比单纯的应收款融资风险要小，因为银行已经检验过仓库中的存货，仓库协助银行监控货物的销售情况，当然相应的成本银行将转移到出口商的融资成本之中。如果出口商要求融资时还没有找到买家，那么存货融资是非常恰当的融资方式，因为出口商可以先获得资金，再进行销售，利用销售款归还银行。特别在出口商本身是中间商，需要资金向货物提供者付款，但是又没有找到买家时可以考虑存货融资方式，在货物销售之前利用银行融资对外支付。

3. 仓单融资

仓单，就是仓储合同的保管人于接受存货人交付的仓储物时填发给存货人的收据。仓单既是保管人收货的证明，又是存货人提取货物的有效证明。仓单融资是指出口商把货物存放在仓库（一般由银行指定）之后，仓库将出具的仓单交给银行质押，获得资金的融资方式，仓库要按照银行的指令交付货物。基本流程如下：

（1）出口商将货物存入仓库；

（2）仓库将仓单交给银行，并承诺保证货物的完好，担保按照银行的指令行事；

（3）银行向出口商提供融资资金；

（4）出口商销售货物给进口商；

（5）进口商支付相应货款至银行的专用账户；

（6）银行释放仓单给仓库，根据银行的指令，仓库交货给进口商；

（7）该专用账户的收款即作为出口商的还款本金及利息；

（8）如果有余额，银行再转付给出口商。

仓单融资同存货融资相比，银行不需要自己检验与监管货物，而是掌握代表货物的仓单，从而控制了货物的所有权。

上述仓单融资方式是最基本的方式，使用的是普通的仓单，还有一种“标准仓单”，是和期货交易相关联的，由期货交易所指定的交割仓库出具的仓单，该仓单可以在期货交易所流通。标准仓单由期货交易所统一制定，经期货交易所注册后生效，是一种标准化的提货凭证，亦称“期货仓单”。标准仓单详细记录了商品的质量、等级、产地、生产日期、标识等内容，其在保管、储藏、出入库方面都有严格的程序，同时期货市场有严格的交易结算规则和履约保证，所以标准仓单具有很强的市场流通性。目前上海期货交易所已经开发出全电子化的标准仓单管理系统，为银行开展结构性贸易融资业务提供了非常好的基础平台。

8.4.2 供应链融资

供应链是指商品生产和流通过程中所涉及的原材料供应商、商品生产商、物流公司、仓储企业、分销商、零售商、维修商以及最终消费者之间的顺序或交叉衔接而形成的一种链条状供需关系。

供应链中各个参与者之间的关系可以类比为生物学中的食物链，食物链中的生物相互依存，如果其中某一种生物受到毁灭性打击，那么整条食物链将失去平衡，最终导致生态环境被破坏。供应链中的参与者面临着同样的问题，在一条供应链中，规模较大的企业因其竞争力强，往往在交货时间、成交价格、结算账期等方面对上下游配套企业提出苛刻的条件，从而给这些企业造成了巨大的资金压力，此类企业称为供应链中的“核心企业”。核心企业上下游配套的企业往往是中小型企业，从银行获得融资的门槛较高，核心企业的苛刻条件可能造成上下游企业的现金流紧张，从而导致整个供应链出现失衡甚至断裂。20 世纪 80 年代中后期，产生了供应链管理方法：在满足客户需求的条件下，为了使整个供应链以最大效率和最小成本运作，从而把供应商、生产商、物流公司、仓储企业、分销商、零售商等组织在一起来进行的产品制造、储运、分销及销售的管理方法。

供应链融资就是银行通过审查整条供应链的管理程度，掌握核心企业的信用状况，为核心企业及其上下游多个企业提供灵活运用的融资产品和服务的一种模式。

供应链中除核心企业之外，基本上都是中小企业，因此从某种意义上说，供应链融资也是一种面向中小企业的融资服务。从融资产品来看，也可以说是将各种融资产品在供应链之内的综合运用，处于不同位置的企业需求不尽相同，因此银行提供的融资产品也不同。通过供应链融资，银行也可以扩展客户渠道，增加其他产品和服务的销售。

供应链融资的运作思路主要有以下几点：

（1）银行应掌控供应链参与企业的信息流、资金流和物流；

（2）银行要分析供应链参与企业的应收、应付账款信息以及现金流状况，并与银行的资金流信息进行整合；

（3）银行通过考察贸易背景、物流和资金流，分析供应链参与企业的信用状况；

（4）银行根据供应链参与企业的不同信用状况和需求提供融资，同时也会附加结算等普通服务。

➢本章习题

1. 什么是贸易融资方式？贸易融资方式的特点和风险是怎么样的？
2. 出口贸易融资主要包括哪些具体产品？各自具有怎样的特点和业务流程？
3. 进口贸易融资主要包括哪些具体产品？各自具有怎样的特点和业务流程？
4. 什么是结构性贸易融资？
5. 银行是否可以提供超过出口应收款的应收账款监管融资？
6. 什么是供应链融资？

第9章　国际保理

【导入案例】

A公司是世界知名的电力设备供应商，在行业内具有一定垄断地位，核心的客户大多是国内电厂。销售的模式一般为设备移交，由电厂自行安装调试。销售合同付款一般为设备移交后90天。A公司财务对于收款安全非常重视，要求将销售产生的应收款卖断，转移收款风险。于是A公司与国内一大型商业银行B沟通，申请办理无追索权的保理业务。B银行详细审核A公司主要下游电厂的资信状况并为各家核定了授信额度。在A公司后面的销售工作中，核定授信额度内的应收账款统统卖断给B银行，办理无追索权的保理业务。银行扣收手续费和利息将剩余金额提前支付给A公司，并在应收账款到期日时从各电厂收回汇款。

☆思考：

从上述案例中可以得到哪些启示？

9.1　国际保理概述

9.1.1　国际保理的概念

国际保理（又称国际付款保理或保付代理）是指在国际贸易中出口商以赊销（O/A）、承兑交单（D/A）等信用方式向进口商销售非资本性货物时，由出口保理商和进口保理商共同提供的一项集出口贸易融资、销售账务处理、收取应收账款、买方信用调查与担保等内容于一体的综合性金融服务。

出口商以商业信用形式出卖商品，在货物装船后即将应收账款无追索权地转卖给保理商，从而使出口商的部分或全部应收账款立即转换成现金，实际上是将出口应收账款贴现，或是将出口应收账款卖断给出口保理商。因此，保理业务从保理商角度也被称为承购应收账款。

9.1.2　国际保理的发展现状

随着国际贸易竞争的日益激烈，国际贸易买方市场逐渐形成，对进口商不利的信用证结算比例逐年下降。在此情况下，进口商更多地要求采用赊销（O/A）、承兑交单托收（D/A）等对出口商风险较大的结算方式。

减少货款收付风险，简化交易程序，降低费用开支，获得融资担保，是进出口商的最大愿望。由于国际保理业务能够很好地解决赊销和托收中出口商面临的资金占压和进口商信用风险及保险、财务、运输等方面的问题，故而在世界各地发展迅速。

近 20 年来，国际保理业务在国际贸易和结算中得到广泛的发展，世界各国尤其是欧美国家，都在竞相大力发展国际保理业务，以增强本国出口商在国际商品市场的竞争能力。在欧美国家的贸易结算中，保付代理收付款方式基本取代了汇款、托收、信用证等传统的国际结算方式。从全球各大洲保理业务规模来看，各大洲的保理业务规模都呈逐年增长的势态。亚洲地区的保理业务因受中国市场保理业务的增长影响而大幅增加，总体来说，全球的保理业务规模还是处于一个高总量、稳增长的态势。

9.2 国际保理机构及相关规则

9.2.1 国际保理机构

随着国际保理服务公司纷纷成立，协调这些公司业务的国际性保理服务机构也相继成立。现今规模较大且较有影响力的国际保理机构是国际保理商联合会和国际保理商组织。其中，国际保理商联合会是该行业中规模最大的以银行会员为主兼有其他金融机构所属的保理公司；而国际保理商组织的会员主要为独立保理商，其影响力和业务规模远远不如国际保理商联合会。

1. 国际保理商联合会

国际保理商联合会（Factors Chain International，FCI），成立于 1968 年，总部设在荷兰的阿姆斯特丹，是一个由全球各国保理公司参与的开放性的跨国民间会员组织。到 2010 年底，它已覆盖 67 个国家，是目前全球最大的保理机构网络。国际保理商联合会旨在促进保理业务在全球范围内的竞争与发展，为会员提供全球范围内的竞争与发展，为会员提供国际保理业务的统一标准、规章制度及业务培训，负责会员间的组织协调，以提高保理业务的服务水准。

2. 国际保理商组织

国际保理商组织（International Factors Group，IFG）作为第一家国际性保理公司协会，于 1963 年成立，总部设在比利时的布鲁塞尔，主要致力于帮助全球保理商之间更好地发展业务。现在国际保理商组织已在 50 多个国家拥有 120 多个成员，这些成员基本上都是大型跨国公司，具有优良的商誉。国际保理商组织创立了国际保理业务双保理体系，并于 1979 年开发了电子数据交换系统，用于各计算机之间的数据交换以支持业务系统的运行。国际保理商组织制定了系统的法律规则和文件，适用于所有组织成员及与成员进行保理交易的其他人，用以规范和保证保理服务的标准化、高质量，同时也明确和简化了成员从事保理业务时涉及的相关法律文件和法律程序。当保理交易发生争议时，国际保理商组织也是依据这些法律规则和文件进行仲裁。

9.2.2 国际保理所适用的规则

《国际保理业务通用规则》是国际保理领域重要的国际惯例，由国际保理商联合会制定，于1995年5月1日开始生效。目前国内有12家商业银行参加了保理商联合会，在开展国际保理业务时必须遵守该惯例及仲裁规则。

9.3 国际保理的服务内容及当事人

9.3.1 国际保理的服务内容

根据国际统一私法协会通过的《国际保付代理公约》的规定，在国际贸易结算中采用国际保理业务，保理商应依据双方（出口商与保理商）所签订的保理合同，提供以下全部或部分服务。

1. 为出口商提供贸易融资

保付代理业务最大的优点就是可以提供无追索权的贸易融资，而且手续简便，简单易行，既不像信用放款那样需要办理复杂的审批手续，也不像抵押放款那样需要办理抵押品的移交和过户手续。出口商在发货或提供技术服务后，将发票通知保理商就可以立即获得不超过80%发票金额的无追索权预付款融资。这样基本解决了在途和信用销售的资金占用问题。

2. 回收应收账款

保理公司具有专门的收账人员及专业的收账知识，知道在什么时候该用何种方式对何种债务人收债。保理商一般都设有专门的部门处理法律事务，并可随时提供一流的律师服务，因此对这类事情的处理较为得心应手。保理商往往在签署保理协议之前就要先与出口商议定将来的收债方式、程序和最后手段，为收回核准应收账款而产生的一切诉讼和律师费用也将由保理商负责。因此，销售与收账两个环节的分离，既节省了出口商的营运资金，又免除了其对收债而存在的忧虑。出口企业只要与保理商签订了保付代理协议，明确双方的权利与义务，保理商会全权为出口商收其债权。

3. 提供出口贸易销售账务处理

保理商一般均为大商业银行的附属机构，同样具备银行在账务管理方面的各种有利条件，因此完全有能力向客户提供优良的账务管理服务。

4. 调查进口商的资信状况

保理商可以提供调查进口商的资信状况服务。通过对进口商进行销售前的调查，出口商可以依据客户的资信状况制定相应的销售计划和必要的账务管理措施，以有效防止贸易风险的出现。在国际保理业务中通过保理商提供的专业服务，跨国度的买方资信调查问题便迎刃而解，而一般情况下这种资信调查对出口商而言是很难办到的。由于各国保理公司一般都是国际保理商联合会的会员，所以保理商形成了国际广泛的相互代理网络和有关咨询机构，同时各国保理公司还在国外设立自己的分支结构和代理网络，通过这种国际的组织结构布局，为保理商开展跨国的贸易资金调查提供便利条件。

5. 提供买方信用担保

在保理业务中，进口保理商并不是将所有的应收账款都进行担保，而是通过对进口商的资信进行调查后核准一个信用额度，只对信用额度内的应收账款承担坏账赔付责任，超过信用额度的账款则只能由出口商自己负担。但是出口商必须保证出口商品或劳务不存在质量、服务水平、交货期限等可能导致贸易争端的问题，只有这样出口保理商才会提供信用担保。在货物出运前如果保理商发现进口商出现严重的资信问题，他可以取消原来核准的信用额度，并且不会为此承担任何责任。

9.3.2 基本当事人

国际保理业务涉及的当事人主要有以下四个。

1. 销售商

销售商是指通过出具发票将应收账款转让给保理商叙做保理业务的一方，一般是卖方或出口商。

2. 债务人

债务人是对应收账款有付款责任的人，一般是买方或进口商。进口商与出口商之间是货物买卖合同关系，与进口保理商之间是一种事实上的债权债务关系。

3. 出口保理商

出口保理商是指与出口商签订协议，对转让的应收账款叙做保理业务的一方，一般是出口商所在国的银行或公司。出口商与出口保理商之间是根据出口保理协议建立的一种合同关系。

4. 进口保理商

进口保理商是指按照保理协议，代收由出口保理商转让的应收账款，并有义务支付该项账款的一方，一般是进口商所在国的银行或公司。进口保理商与出口保理商之间是“相互保理”的合同关系。

9.4 国际保理的主要运行模式及业务流程

9.4.1 双保理模式

双保理模式是指由供应商所在国的保理商（出口保理商）与债务人所在国的保理商（进口保理商）合作而共同完成的保理业务。

由供应商与出口保理商签订保理合同，出口保理商向供应商提供出口保理服务；出口保理商再与进口保理商签订合同，由进口保理商向债务人追收账款。这是当前最主要的保理业务形式。

双保理模式下，由出口商与出口国所在地的保理商签署协议，另外出口保理商与进口保理商双方签署协议，相互委托代理业务，并由出口保理商根据出口商的需要提供融资服务。双保理模式有四个当事人：出口商、出口保理商、进口保理商和进口商。

目前，国际保理指的是双保理模式，其原因也即优点如下。

（1）出口商与出口保理商签订协议后，一切有关问题可与出口保理商交涉，并可由此获得全部的保理服务，从而消除在语言、法律、贸易习惯等方面存在的障碍。在双保理机制下，只需和本国一家出口保理商往来。

出口商可能获得条件较为优惠的融资。如进口保理商的贴现率比出口保理商的低，可要求进口保理商以预付款方式或贴现方式提供融资。进口保理商按自己的贴现率将融资款项付给出口保理商，并由其转交给出口商。在这种情况下，出口保理商必须代出口商向进口保理商担保，对发生纠纷或违约行为的应收账款保证退还相应的融资款项。

（2）出口保理商不必深入研究各个债务人所在国的有关法律等，因为债务人所在国的进口保理商将负责这些专业服务并为债务人核定相应的信用额度供出口保理商和出口商参考。尽管进口保理商对贸易纠纷不承担责任，但出口保理商可以要求进口保理商予以协助。尤其在进口商发生破产倒闭的情况下，进口保理商的这种协助对收回债款、减少损失将发挥重要作用。

（3）对于进口商来讲，它仅需同本国的进口保理商打交道，也免除了在语言、法律、贸易习惯等方面可能存在的困难。

（4）出口商的债权可以得到保障。

双保理模式也存在一些缺点：两个保理商均要提供销售账务管理服务，因此，管理费用比单保理模式高。资金划拨方面，由于增加了进口保理商这一中间环节，故速度较慢。如果业务量较小，出于费用方面的考虑，进口保理商往往采用定期划拨而不是逐笔划拨的做法，这将使速度放慢。

9.4.2 单保理模式

只涉及一方保理商的国际保理业务称为单保理模式。

单保理模式下的出口商所在地银行不是保理商，它与出口商之间没有订立保理合同，因此，它不是保理业务的当事人，而只是中间媒介。单保理模式有三个当事人：出口商、进口保理商和进口商。

出口商要与进口保理商签署保理分协议，再由出口商所在地的一家银行与进口保理商签署保理总协议。该协议只起到传递函电及划拨款项的功能。

单保理有以下缺点：

（1）出口商所在地银行只能办理传递函电的工作，不承担保理业务的责任和风险，其收益只限于收取少量的代理手续费。

（2）进口保理商直接对出口商负责，缺乏出口国金融机构的帮助，难以准确把握出口商的履约能力以进行全面的业务风险评估。

（3）对于出口商的应收账款，由出口保理商提供融资。单保理业务没有出口保理商，故出口商不能获得融资便利。

9.4.3 保理业务流程

1. 出口商与出口保理商洽商保理结算事宜

出口商在签订贸易合同之前必须就准备达成的买卖合同先与出口保理公司联系，经保理商同意准备叙做保理业务后，填写由出口保理商提供的《信用额度申请表》，作为进口保理商为进口商核定信用额度的参考。申请表的主要内容包括进出口商名称、详细地址、合同号、出口商品服务的名称和类别、对进口国的估计销售量和估计价格付款条件、销售发票和货项清单、申请信用额度及币种等。

2. 出口保理商选择进口保理商

出口保理商根据进口商的分布情况选择进口保理商，并通过由国际保理商联合会开发的保理电子数据交换系统将有关情况（即《出口商信息表》及《初步信用额度申请》）通知进口保理商，请进口保理商对进口商进行信用评估。通常出口保理商选择已与其签订过《代理保理协议》、参加国际保理商联合会且在进口商所在地的保理商作为进口保理商。

3. 进口保理商核定进口商的信用额度并报价

《国际保理业务惯例规则》第六条规定：进口保理商必须于收到申请后的 14 天内毫无延误地将其决定发送《信用额度回复》通知出口保理商；如进口保理商不能在此时间内做出决定，则必须在此期间内尽早通知出口保理商，并进一步说明依据的事实和可以做出决定的时间。进口保理商在规定的时限内调查和评估债务人的资信情况、经营作风等，以便确定一个信用额度。当一切调查工作进行完毕，证明进口商的资信情况良好时，进口保理商将向出口保理商发送《信用额度回复》信息批准出口保理商的申请；反之，进口保理商将通知出口保理商，拒绝其申请，或减少申请额度，并详细说明拒绝或减少额度的理由。

4. 出口保理商报价并与出口商签订保理协议

在收到进口保理商批准信用额度及报价的通知后，出口保理商在此基础上决定自己的条件和报价，并将选择结果通知出口商。如果出口商同意出口保理商的报价，出口保理商便可与出口商签订《出口保理协议》。该协议规定了出口保理商和出口商的权利和义务。主要内容是：协议适用的业务范围，信用额度的申请、通知及生效，信用额度的减少及取消，单据的提交，债权的转让，账户及报告、付款、融资、纠纷、协议的生效及期限等。协议的有效期一般为两年，期满后视情况续签或终止。

5. 出口保理商与进口保理商签订保理协议

通过协议，出口保理商将出口货物的债权转让给进口保理商，由后者向进口商收款并承担相应责任。

6. 出口商和进口商签订贸易合同

在签订保理协议后，出口商即可在协议规定的信用额度内以赊销或承兑交单等信用方式同进口商正式签订贸易合同，并根据合同交货。

7. 出口商转让应收账款

出口商按合同装运货物后，将应收账款的单据提交给出口保理商，以转让债权。按合同中规定的付款条件可分为下面两种情况：若采用赊销（O/A）方式，则出口商将全部单据寄交进口商；若采用托收（D/A）方式，则出口商应将全套正本单据提交给出口保理商，再由出口保理商将单据转给进口保理商办理托收。

8. 出口保理商向进口保理商再转让应收账款

出口保理商按发票金额扣除利息和承购费用后，立即或在双方约定的日期将货款支付给出口商，并将单据寄给进口保理商。

9. 进口保理商于发票到期日前若干天开始向进口商催收

进口保理商收到出口保理商寄来的发票后，记入应收账款，然后开始负责向进口商催收货款，若出口保理商在发票到期日后未能收到进口保理商的付款，出口保理商有义务向进口保理商催收。进口保理商接到催收通知后，应立即着手向进口商追收货款。保理公司追讨债务的技术是专业化且方式多样的。进口保理商的追收一般分为三个阶段，每个阶段间隔 7~10 天。每次催收时，进口保理商均以书面形式通知进口商。同时，进口保理商会使用电信等较快的方式不定时地催讨。当三次催收均告无效后，有些进口保理商会在征得出口商同意后向进口商提起诉讼，通过法律手段收取欠款。

10. 进口商付款

进口商于发票到期日向进口保理商付款。

11. 进口保理商划款给出口保理商

当进口商付款后，进口保理商应立即将扣除保理佣金后的余额通过保理电子数据交换系统向出口保理商发送付款通知及汇款通知。该通知详细说明付款日期和金额及有关的业务编号。在收妥进口商的付款后，进口保理商应及时将款项付给出口保理商。

12. 出口保理商支付余款

出口保理商扣除融资利息及费用，将余额付给出口商。

13. 争议及争议解决

出口商发货后，进口商拒绝付款的原因也可能来自贸易合同纠纷，保理商不承担因这类争议而产生的拒付风险。如果进口商收到货物后，发现出口商没有严格按照合同执行，可以提出异议，向进口保理商发出《争议通知书》。进口保理商应立即通过 EDI 保理系统将《争议通知书》转给出口保理商，同时宣布终止已经核准的信用额度。出口保理商接此通知后，应立即无延误地以最快捷的方式通知出口商。此时，出口商应立即与进口商联系，积极解决争议。同时，出口商应随时向出口保理商通报解决进展情况。出口保理商则应将进展情况转告进口保理商。根据《国际保理业务惯例规则》，如果出口商收到争议通知后60天内未与进口保理商联系，进口保理商不再对此笔应收账款负责。如果争议的结果有利于出口商，而且，在争议期间，出口保理商将处理过程的情况定期报告给进口保理商，进口保理商应重新将争议项下的应收账款视为被批准的信用额度。因此，有关争议是否能够顺利解决，关键在于进出口商及进出口保理商的密切配合。

9.5 国际保理的主要种类

9.5.1 融资保理和非融资保理

根据保理商是否提供贸易融资，保理分为融资保理与非融资保理。

融资保理是一种预支应收账款业务，出口商将代表应收账款的票据交给保理商，保理商立即向出口商支付现金，即提供预付账款融资。

非融资保理是保理商不向债权人提供贸易融资，只提供销售分户管理、客户资信调查与评估、应收账款管理与催收、信用风险担保等服务的保理。

9.5.2 有追索权保理和无追索权保理

根据保理商是否保留追索权，保理分为有追索权保理和无追索权保理。

在有追索权保理中，保理商不负责审核买方资信，不确定信用额度，不提供坏账担保，只提供包括贸易融资在内的其他服务。如果因债务人清偿能力不足而形成呆账、坏账，保理商有权向出口商追索。

在无追索权保理中，保理商根据出口商提供的名单进行资信调查，并为每个客户核定相应的信用额度，在已核定的信用额度内为出口商提供坏账担保。出口商在有关信用额度内的销售，因为已得到保理商的核准，所以保理商对这部分应收账款的收购没有追索权。由于债务人资信问题所造成的呆账坏账损失均由保理商承担。国际保理业务大多是这类无追索权保理。

9.5.3 公开保理和隐蔽保理

根据保理商公开与否，也即销售货款是否直接付给保理商，保理分为公开保理和隐蔽保理。

公开保理是指出口商必须以书面形式将保理商的参与通知进口商，并指示他们将货款直接付给保理商。目前的国际保理业务大多是公开的。

隐蔽保理是指保理商的参与是对外保密的，进口商并不知晓，货款仍由进口商直接付给出口商。这种保理方式往往是出口商为了避免让他人得知自己因流动资金不足而转让应收账款，并不将保理商的参与通知给买方，货款到期时仍由出口商出面催收，再向保理商偿还预付款。至于融资和有关费用的清算，则在保理商与出口商之间直接进行。

9.5.4 商业发票贴现和代理保理

商业发票贴现是指银行与卖方之间存在一种契约，根据该契约，卖方将现在或将来的基于其与买方（债务人）订立的货物销售合同所产生的应收账款转让给银行，由银行为卖方提供贸易融资、销售分户账管理、应收账款的催收等综合性金融服务。

代理保理是指销售商作为保理商的代理人执行销售账务管理和催收应收账款职能的保理方式。在代理保理项下，关于应收账款转让给保理商的事实被通知给债务人，从而加强了保理商作为债权所有人的权利。在一般情况下，代理保理属于有追索权的保理。

9.5.5 定期保理和预付保理

根据保理商是否预先付款，保理分为定期保理与预付保理。

定期保理（又称到期保理）是指保理商在受让债权人转让的应收账款时，不向债权人提供融资，而是在按期收到债务人付款后，向债权人支付账款，或者由于债务人发生信用风险，保理商在一定期限内做出担保付款的保理，即无融资功能的无追索权保理。

预付保理是指保理商在受让债权人转让的应收账款时，支付一定比例的预付融资，剩余款项于按期从债务人处收回后支付，或者由于债务人发生信用风险，保理商在一定期限内向债权人支付余款的保理。

9.5.6 直接保理和间接保理

根据债务人付款对象的不同，保理分为直接保理和间接保理。

直接保理是指根据保理合同，债务人直接向保理商支付到期应收账款的保理方式。

间接保理是指根据保理合同，债务人仍向供应商付款的保理方式。

9.5.7 批量保理和逐笔保理

根据保理商是否逐笔叙做业务，保理分为批量保理与逐笔保理。

批量保理（又称全部保理、一揽子保理）是指保理商受让权利人因提供商品、服务、设施或出租资产而产生的全部或一系列应收账款，并向转让人提供服务的保理。

逐笔保理是指保理商受让权利人因提供商品、服务、设施或出租资产而产生的具体应收账款，并逐笔向转让人提供服务的保理。

9.5.8 几种主要保理方式的比较

具体见表 9-1。

表 9-1 几种保理方式的比较

保理类别	融通资金	坏账担保	通知债务人	销售账务管理	收取应收账款
综合保理	提供	提供	提供	提供	提供
有追索权保理	提供	不提供	提供	提供	提供

续表

保理类别	融通资金	坏账担保	通知债务人	销售账务管理	收取应收账款
批量保理	提供	不提供	提供	不提供	不提供
定期保理	不提供	提供	提供	提供	提供
代理保理	提供	很少提供	有时提供	很少提供	不提供
商业发票贴现	提供	很少提供	不提供	不提供	不提供
隐蔽保理	提供	很少提供	不提供	不提供	不提供

9.6 国际保理业务的整体优势

第一，出口商可以享受无追索权、手续简便的贸易融资。对于出口商来说，运用国际保理业务最大的优势在于能向卖方提供无追索权、手续简便的贸易融资，出口方出售货物就可以获得 80%的预付款融资和 100%的贴现融资。

第二，进口商可以减少资金积压，降低进口成本。对于进口商来说，由于基于信用销售，故可以避免信用证项下较高的开证费用和 100%的保证金，减少资金积压，降低进口成本。

第三，商业银行拓宽了市场范围，利润增加。作为保理商的商业银行而言，开办国际保理业务不仅丰富业务品种，拓宽市场范围，而且可以带来可观的利润。一般来说，出口保理商银行除了可以获得发票金额 0.1%~0.4%的佣金之外，还可以通过向出口商提供融资服务获得收益。

9.7 国际保理与其他融资方式的对比

9.7.1 与短期出口贸易融资方式的比较

对供应商进行短期贸易融资，是国际保理的主要职能之一。常见的短期出口贸易融资方式还有贷款、透支、打包放款、押汇、贴现等。国际保理与这些短期出口融资产品相比较存在以下特点，见表 9-2。

表 9-2 国际保理融资与短期出口贸易融资方式比较

类别	适用支付方式	融资期限	有无追索权	说明
贷款或透支	任何支付方式	通常不超过 1 年	有	
出口信用担保的抵押放款	任何支付方式	通常不超过 1 年	有	优惠利率
打包放款	信用证	通常不超过 6 个月	有	
押汇	信用证或托收	通常不超过 6 个月	通常有	
贴现	任何支付方式下票据	通常不超过 1 年	通常有	带有银行信用的票据
保理融资	赊销和托收	通常不超过 6 个月	经常无	

9.7.2 与出口信用保险的比较

国际保理与出口信用保险一般都适用于以 O/A 或 D/A 成交的结算方式，都可以提供债务人的资信调查服务，使供应商更好地了解合作伙伴的资信状况，保障供应商的收汇安全。在没有贸易纠纷的情况下，供应商可以顺利地获得银行融资，解决资金周转问题。但二者毕竟属于不同的两类业务，国际保理是一种综合性金融服务，具有营利性质；而出口信用保险则是国家对出口企业的一种政策性扶持。性质不同是二者之间的最根本区别，具体表现为以下几方面的差异，见表 9-3。尤其是费用上，保理业务并不占优势。因为信用保险是政策性出口支持业务，在我国由中央和地方财政分别给予补助，出口企业实际支出的费用较低，而保理业务的费用相对要高得多。

表 9-3 国际保理与出口信用保险比较

项目	国际保理	出口信用保险
费用	0.6%~1.2%（发票金额）加单据处理费	0.4%~0.8%（出口金额）
最高坏账保障（核准额度内）	100%	70%~90%
进口商资信调查评估	详细	一般
财务信用风险保障	全部	部分
应收账款追收及管理	有	无
财务会计记录及管理	有	无
索赔程序	简单	烦琐

9.7.3 与福费廷业务的比较

国际保理与福费廷都属于与贸易融资相关的金融产品，且都是银行（保理商）对应收账的购买行为，融资利率一般也都是固定的，而在利用这两种产品进行融资时，供应商都将风险转嫁保理商或包买商。但国际保理也存在与福费廷业务的明显差异，保理业务通常仅提供托收项下 180 天内的短期贸易融资，而福费廷适用于信用证或银行担保项下的中长期贸易融资；在保理业务中，供应商一般最多只能得到发票金额 80%的融资，而且还要承担债务人迟付方面的残留风险，而在福费廷业务中，供应商可按票面金额获得融资，而且不承担任何风险。两者的差异见表 9-4。

表 9-4 国际保理与福费廷比较

项目	国际保理	福费廷
应收账款（票据）是否可以流通	不可以	可以
融资比例	80%以内	100%
融资期限	180 天以内的短期融资	180 天以上的中长期融资
适用的结算方式	O/A 或 D/A	信用证
有无追索权	有/无	无
主要信用评估对象	进口商	承兑行

9.8 国际保理的风险及控制分析

9.8.1 国际保理的风险

国际保理业务主要涉及出口商、进口商和保理商三方当事人，因为进口商完全是凭着自身的信用表现来获得保理商对其债务的担保,所以风险集中在保理商和出口商身上。

1. 保理商面临的风险

在国际保理业务中，保理商主要面临进口商信用风险和出口商信用风险这两方面风险。

1）来自进口商的信用风险

在保理业务中，保理商买断出口商应收账款后便成为货款债权人，同时也承担了原先由出口商承担的应收账款难以收回的风险。如果保理商从融资一开始对进口商的审查就缺乏客观性和全面性，高估了进口商的资信程度，对进口商履约情况就容易做出错误判断；或者进口商提供了虚假的财务信息，伪造反映其还款能力的真实数据；或者保理商的事中监督不够得力，进口商的资信水平原来不错，但在履约过程中，进口的商品不适销对路、进口国的政治经济状况发生突然变化等客观原因使得资信水平下降，无法继续履约等，上述种种因素都可能导致保理商蒙受巨额损失且难以得到补偿。

2）来自出口商的信用风险

当保理商为出口商提供了融资服务，却出现了货物质量与合同不符而进口商拒付货款的情况时，保理商同样可能会因为出口商破产而导致融资款项的无法追偿。

2. 出口商面临的风险

在国际保理业务中，出口商则主要承担货物的质量风险。保理业务不同于信用证以单证相符为付款依据，而是在商品和合同相符的前提下保理商才承担付款责任。如果货物品质、数量、交货期等方面的纠纷导致进口商不付款，保理商不承担付款的风险，故出口商应严格遵守合同。另外，进口商可能会联合保理商对出口商进行欺诈。尽管保理商对其授信额度要负 100%的责任，但一旦进口商和保理商勾结，特别是出口商对刚接触的客户了解甚少时，如果保理商夸大进口商的信用度，又在没有融资的条件下，出口商容易造成财货两空的局面。当然，对我国来说，目前开展保理业务的多是一些金融机构，其营业场所和不动产是固定的，参与欺诈后难以逃脱，这种风险也就相对较小。

9.8.2 国际保理的风险控制

1. 做好对进出口商的资信调查

世界贸易组织的有关资料显示，现在世界上有 70%左右的公司都存在着或多或少的财务问题，而从前文对保理商的风险分析中更可以看到对进出口商进行资信调查的重要性。因此在国际保理业务的整个过程中，保理商要全方位、深层次、多渠道地对进出口商的综合经济情况和综合商业形象进行调查，其内容包括进出口商的工商注册情况、财务状况、公司结构、管理人员情况、历史重大交易额、法庭诉讼记录以及专业信用评估机构对该公司的信用等级评估等。在对进出口商进行资信评价时，要注意把静态分析和动态分析结合，不仅要对其过去的资信状况做全面的了解和分析，也要根据发展的客户进行调查，对那些有过保理业务合作的进出口商也必须坚持资信调查。通过资信调查，保理商可以掌握进出口商的公司资料，从而可以确定与之交易的方式，达到减小交易风险的目的。

2. 选择合适的保理类型

如前所述，根据不同的标准，国际保理业务可以划分成不同的类型。对应于每一种保理类型，保理商面临的风险是有差异的。因此保理商要根据对进出口商的了解程度、客观经济形势等多方面因素选择恰当的保理方式。从国际保理业务运行实践看，双保理模式明显优于单保理模式。双保理模式是由进出口双方保理商共同参与完成的一项保理业务，在该模式下，出口保理商将该出口债权转让给进口保理商，进口保理商在其核准的信用销售额度内无追索权地接受该债权转让，并负责对进口商催收货款、承担进口商到期不付款的风险。这样出口保理商可以依赖进口保理商对债务人核准的信用额度来弥补业务风险，从而达到了转移、分散风险的目的。同时，保理商在不敢确认进口商的资信水平时，可优先采用有追索权的保理方式。有追索权的保理，是指尽管债权转让给了保理商，但信用风险仍由卖方承担。不管买方因何种原因不能支付，包括买方破产的情况，保理商对买方都有追索权。可见，在有追索权的保理业务方式下保理商的风险大大降低。因此，可以说保理商选择了恰当的保理方式，也就选择了相对小的风险。

3. 签订好保理协议

国际保理通过保理协议来表现其法律关系的实质债权让与。保理协议明确了保理商与出口商之间的权利义务关系，同时间接影响着销售合同，关系到保理商能否取得无瑕疵的应收账款所有权。

➢本章习题

1. 什么是国际保理？国际保理的服务内容有哪些？
2. 国际保理的基本关系人有哪些？
3. 国际双保理模式的运作流程是怎样的？
4. 国际保理业务的整体优势有哪些？
5. 请说明国际保理与短期贸易融资方式的异同点。
6. 试比较国际保理与出口信用保险。
7. 试比较国际保理与福费廷业务。

第 10 章　跨境贸易人民币结算

10.1　跨境贸易人民币结算概述

10.1.1　跨境贸易人民币结算的含义

跨境贸易人民币结算是指经国家允许指定的、有条件的企业在自愿的基础上以人民币进行跨境贸易的结算，商业银行在人民银行规定的政策范围内，可直接为企业提供跨境贸易人民币相关结算服务，其业务种类包括进出口信用证、托收、汇款等多种结算方式。

跨境贸易人民币结算是指进出口企业除了从采用美元信用证转为采用人民币信用证之外并不会有明显的感觉，真正的变化在于境内外银行之间的后台结算部分。例如，中国某出口企业在与海外买家协商过程中，可以要求人民币结算，海外买家则在付款行开具人民币信用证，随后议付行通知卖家，之后才是发货、收货、收付款等。

10.1.2　跨境贸易人民币结算的意义

首先，从宏观层面分析，跨境贸易人民币结算有利于加强中国对外经济、贸易和投资往来，促进中国经济更好地融入世界经济。

其次，有利于进一步完善人民币汇率形成机制。人民币在区域范围内用于国际结算之后，币值有了更大范围和更新角度的参照标准，这有利于人民币汇率形成机制的完善。

再次，有利于促进国际货币体系多极化发展。这场百年一遇的金融危机暴露了国际货币体系的弱点。因此，促进人民币用于国际结算，提升人民币的国际地位，有利于逐步改变以美元为中心的国际货币体系，抑制其弊端和负面影响。

最后，有利于促进中国金融业的发展与开放，有利于增强中国在国际市场上的金融资源配置能力。

10.2　跨境贸易人民币结算的历史沿革

10.2.1　国内外金融环境的变化

第二次世界大战之后，在国际贸易结算中，基本上使用美元、英镑、德国马克、瑞士法郎、法国法郎等西方主要资本主义国家的货币。中国在进出口贸易中，也是使用上述各国家的货币报价和结算的。但是 1950 年 12 月，美国非法冻结中国在美国的资产，中国的进出口贸易被迫停止使用美元。20 世纪 60 年代，中国对资本主义国家的进出口收付汇超过 50%是以英镑结算的，其次是以港币结算，中国对苏联、东欧等社会主义国家则是使用卢布结算。

1967年11月，英镑大幅贬值，引起西方资本主义国家的连锁反应，约有30个国家和地区的货币随着英镑一同贬值，爆发了货币危机。面对西方的货币危机，中国银行于1968年3月提出了对港澳地区进出口贸易试行使用人民币计价结算的建议。同年4月12日，国务院决定在1968年春季广州交易会开始对港澳地区试行使用人民币计价结算。从1969年春季广州交易会开始，对远洋出口贸易也试行使用人民币计价结算。1969年的秋季广州交易会进一步对英、法、瑞士、联邦德国的进出口贸易试行使用人民币计价结算。对欧洲国家使用人民币计价结算的进出口贸易，由中国银行伦敦分行办理结算，出售人民币和吸收人民币存款。但是人民币仅仅用于结算，并不在境外流通。

1998年10月20日，国家外汇管理局发布汇发〔1998〕51号文件通知中国银行，鉴于人民币国际结算是特定历史条件的产物，对国际结算的发展已无实际意义，于同年11月15日起停止以人民币办理国际结算业务[①]。

10.2.2 试点启动前的准备阶段

虽然以人民币办理国际结算业务被停止，但是边境贸易中人民币一直存在。1993年以来，中国人民银行先后与8个毗邻国家的中央银行签署了双边本币银行结算协定。同年，中国人民银行允许携带6 000元人民币现钞出入境，这是人民币走出国门的第一步。1993年也被视为人民币国际化的开端。2005年人民币携带限额提高到20 000元。

1997年1月23日，国家外汇管理局发布《边境贸易外汇管理暂行办法》，明确边境贸易可以使用可自由兑换货币或人民币计价结算。2003年9月22日，国家外汇管理局发布《边境贸易外汇管理办法》替代了1997年的暂行办法，允许边境省份和周边国家做边境小额贸易时，在商业自愿基础上可以选择使用双方的本币计价结算。基本情况是与越南、缅甸这些东南亚国家的边境贸易，主要以人民币计价结算，与俄罗斯等独联体国家较多地使用对方的货币结算。此外，2003年国家外汇管理局还允许所有企业（不仅是边贸企业）的跨境贸易可以使用人民币计价，但是必须使用外币进行结算。中国的企业可以通过用人民币计价的方法锁定汇率风险，最后用可兑换货币进行结算，这种做法实际上间接地起到了人民币结算的作用。2008年和2009年，国家外汇管理局又分别批准中蒙和中越边境贸易中允许境外银行在中国境内开立边贸结算账户办理结售汇业务，鼓励将边境贸易纳入境内银行的结算渠道。

10.2.3 试点正式启动阶段

2008年9月7日，国务院发布了《关于进一步推进长江三角洲地区改革开放和经济社会发展的指导意见》，该意见指出，选择有条件的企业开展人民币结算国际贸易的试点。2009年4月8日，国务院第56次常务会议召开。会议决定选取上海和广东的广州、深圳、珠海、东莞4座城市作为试点，实行跨境贸易人民币结算，同时规划港澳地区和东盟国家作为境外地域范围。同年7月，上海市和广东省的4座城市正式开始施行跨境贸易人民币结算工作。

---

① 王学惠，王可畏. 国际结算[M]. 北京：北京交通大学出版社，2011.

10.2.4　试点扩大阶段

2010 年 6 月 22 日，中国人民银行发布重磅信息，称在总量控制的前提下，跨境贸易人民币结算试点城市数将从 5 个增至 20 个，业务范围也扩展到货物贸易外的其他经常性项目。跨境贸易人民币结算的进一步发展需要有配套并且相对完善的政策体系来支持和监督。2010 年 8 月，中国人民银行适时推出两项政策来进一步规范跨境贸易人民币的结算。一方面，政策办法提出，将允许境外中央银行使用、持有和获得的人民币资金用来投资，项目限制在银行间债券市场，境外货币当局、参加银行和港澳人民币业务清算行同样享有此权利；另一方面，管理办法明确指出，申请并通过审核的境外机构同样可在境内开设人民银行结算账户。

10.2.5　结算地区扩大至全国

2011 年 8 月，我国相关部门联合发布了《关于扩大跨境贸易人民币结算地区的通知》。该通知指出人民币的境内结算地域扩大至全国范围，即全部省、自治区、直辖市均可推行跨境贸易人民币结算，但仅限具备试点资格的企业允许采用人民币计价结算。

2012 年 3 月 2 日，《关于出口货物贸易人民币结算企业管理有关问题的通知》的发布进一步满足了大部分企业的结算需求。该通知规定，人民币的境内结算地域范围扩至所有进出口企业。相对于监管层而言，在业务限制得以放开的同时，也大大增强了风险的监控。该通知中明确指出，为了防范未知风险，出口货物贸易人民币结算的企业必须实行重点监管名单管理。

10.3　跨境贸易人民币结算与外币结算监管方面的比较

10.3.1　监管的依据不同

跨境贸易人民币结算监管的根本依据是《跨境贸易人民币结算试点管理办法》（中国人民银行、财政部、商务部、海关总署、国家税务总局和中国银行业监督管理委员会公告〔2009〕第 10 号）、《中国人民银行关于印发〈跨境贸易人民币结算试点管理办法实施细则〉的通知》（银发〔2009〕212 号）及银发〔2010〕186 号文件等一系列的相关文件。

外币结算监管的根本依据是中华人民共和国国务院于 2008 年 8 月 5 日公布的《中华人民共和国外汇管理条例》（国务院令第 532 号），以及以此为基础出台的各种外汇监管法规。

10.3.2　监管的主体不同

跨境贸易人民币结算监管的主体是中国人民银行，外币结算监管的主体是国家外汇管理局。

10.3.3　监管的方式不同

为配合跨境贸易人民币结算，中国人民银行开发了“人民币跨境收付信息管理系统”

（简称 RCPMIS）。通过 RCPMIS，中国人民银行可以采集与跨境贸易人民币结算相关的各类流量和存量信息，进行分析、监督、检查和管理。例如，中国人民银行可以通过 RCPMIS 收集来自商业银行跨境贸易人民币结算的资金流信息和来自海关跨境贸易人民币报关的货物流信息，并将资金流信息与货物流信息进行比对，为中国人民银行履行监管职能提供监管手段。RCPMIS 对外也提供信息服务平台，为商业银行开展贸易真实性审核提供信息服务，为海关总署、国家税务总局、国家外汇管理局等相关监管部门履行其职能提供信息服务。同时中国人民银行作为中国的中央银行，掌管着货币政策的宏观调控，可以依据国内外政治经济形势的变化，运用公开市场操作等货币政策工具对跨境贸易人民币结算进行适时的调控。

而外币结算下，国家外汇管理局则根据《中华人民共和国外汇管理条例》赋予的行政权力，根据我国国际收支状况、经济形势等因素，通过颁布各类外汇管理法规、建立外汇信息化管理系统、事先审批外汇交易等方法进行监管。例如，进口付汇核销、出口收汇核销、出口收汇联网核查、国际收支统计、贸易信贷登记、国家外汇管理局审批备案等①。

10.3.4 监管的内容不同

跨境贸易人民币结算下，中国人民银行根据人民币经常账户可兑换的基本原则，要求银行在办理跨境贸易人民币结算的过程中进行贸易真实性审核，包括贸易单据审核和物流背景审核。办理跨境贸易人民币结算的出口企业不需要办理出口核销，但是中国人民银行会监察和考核银行的贸易真实性审核工作。银行的人民币对外负债不实行额度管理，仅仅是进行统计即可。但是，对银行的跨境人民币资金业务，如人民币的购售、融资等，进行额度管理。

外币结算下，国家外汇管理局依法监督检查经常外汇收支的真实性、合法性；银行需要在日常的收付汇业务中配合国家外汇管理局的要求进行真实性审核和相关信息的报送等。国家外汇管理局通过进口付汇核销、出口收汇核销、出口收汇联网核查、贸易信贷登记等方法进行监督管理。同时，国家外汇管理局对银行等金融机构短期外债余额实行指标核定额度管理，并且国家外汇管理局具有依法实施外汇监督检查，对违反外汇管理的行为进行行政处罚的职能①。

10.4 跨境贸易人民币结算试点方案的主要内容

10.4.1 跨境贸易人民币结算中的银行

1. 境内结算银行

境内结算银行是指境内具有国际结算能力、为试点企业开户的银行，其具体业务包括：按照中国人民银行的规定，对交易单证的真实性及与人民币收支的一致性进行合理

① 王学惠，王可畏. 国际结算[M]. 北京：北京交通大学出版社，2011.

审查；按有关规定办理跨境贸易人民币结算国际收支统计申报；按中国人民银行相关要求接入 RCPMIS。

境内结算银行应将经办的跨境人民币收支信息、进出口日期、报关单号码及向进出口企业提供的人民币贸易融资信息通过 RCPMIS 报送给中国人民银行。

境内结算银行可以采用汇款、托收和信用证三种结算方式为企业提供跨境人民币结算服务，也可以为企业提供相关的人民币贸易融资服务。

对于跨境贸易人民币结算项下涉及的国际收支交易，境内结算银行应按照有关规定办理国际收支统计申报。按照外债统计监测的有关规定对跨境贸易人民币结算项下涉及的居民对非居民的负债办理外债登记，但不纳入外债管理。

2. 境外参加银行

境外参加银行是指为境外企业提供跨境人民币结算服务的商业银行。

境内代理银行为境外参加银行开立人民币同业往来账户之日起 5 个工作日内，应当填制《开立人民币同业往来账户备案表》（备案表格式和内容由试点地区中国人民银行分支机构确定），连同人民币代理结算协议复印件、境外参加银行的开户证明文件复印件及其他开户资料报送中国人民银行当地分支机构备案。

3. 港澳人民币清算银行

港澳人民币清算银行是指在港澳地区经中国人民银行和港澳金融管理局认可，已经加入中国人民银行大额支付系统办理港澳人民币清算业务的商业银行。

4. 境内代理银行

境内代理银行是指与境外参加银行签订人民币代理结算协议，为其开立人民币同业往来账户，代理境外参加银行进行跨境贸易人民币支付的中国境内试点地区具备国际结算业务能力的商业银行。

10.4.2 对境内结算银行和境内代理银行的要求

（1）需要具备相应的国际贸易结算经验和能力。

（2）需要能有效地区分境内外人民币资金来源。

（3）需要能有效地记载跨境贸易人民币收付业务。

（4）需要能按照中国人民银行规定的方式和要求报送跨境贸易人民币结算业务的相关信息，必须接入 RCPMIS。

（5）需要依据 KYC（know your customer）和 KYB（know your business）的展业原则，切实履行跨境结算中的贸易真实性审核责任及反洗钱和反恐怖主义融资审查责任。

10.4.3 银行进行人民币跨境清算的渠道

人民币跨境清算可自由选择两条路径：一是通过香港、澳门地区人民币业务清算行（以下简称清算行）进行人民币资金的跨境结算和清算；二是通过境内代理银行代理境外参加银行进行人民币资金的跨境结算和清算。

10.4.4 境内企业从事跨境贸易人民币结算的要求

（1）需要在境内结算银行开立人民币结算账户。

（2）需要有用于支付的人民币头寸，可以使用企业自有人民币资金，也可以向境内结算银行结汇购买，或者向境内结算银行申请人民币贸易融资，其融资金额的上限是境内企业与境外企业之间的贸易合同金额。

（3）同境外企业签订以人民币计价的贸易合同，进出口报关采用人民币报关。

（4）境内企业使用人民币结算的货物进出口报关无须提供核销单，并且可以异地报关。

（5）境内企业使用人民币结算的货物出口，可以根据相关规定享受出口货物退（免）税政策，但是不纳入出口收汇核销管理，申请退税时无须提供《出口收汇核销单》。

（6）境内企业可以通过多家境内结算银行办理跨境贸易人民币结算，但是必须选择一家境内结算银行作为相关交易信息的主报告银行。

10.4.5 境内企业办理跨境贸易人民币结算需提供的资料

1. 收款（包含汇入汇款、出口托收、出口信用证）

（1）跨境贸易人民币结算出口收款说明；
（2）涉外收入申报单；
（3）贸易合同；
（4）商业发票；
（5）人民币出口报关单。

2. 付款（包含汇出汇款、进口代收、进口信用证）

（1）跨境贸易人民币结算进口付款说明；
（2）境外汇款申请书或者对外付款/承兑通知书；
（3）贸易合同；
（4）商业发票；
（5）人民币进口报关单。

10.5 清算行模式与代理行模式介绍

10.5.1 清算行模式

清算行模式流程图如图 10-1 所示。

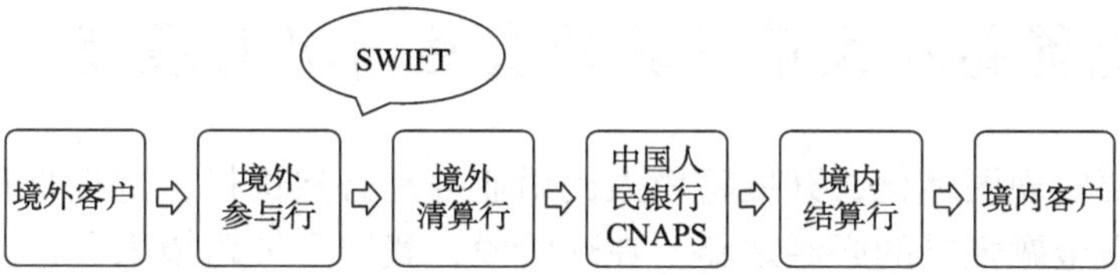

图 10-1 清算行模式流程图

CNAPS 即 China National Advanced Payment System，是指中国现代化支付系统

跨境人民币结算清算行模式伊始主要是面向在香港和澳门地区的清算行。

境外清算行模式下的人民币结算业务的运行方式主要表现为两方面：

（1）境外商业银行（不仅限于港澳地区）获取官方许可并接受相关清算往来的要求（必须在“境外参与行”签订人民币业务清算协议的清算条件和协议下），为贸易往来单位境外参与行开设人民币账户，并按协议办理人民币拆借和清算业务。

（2）境外清算行负责中国人民银行的现代化支付系统。依据中国人民银行有关规定，境外清算行的日常业务需在境内银行间外汇市场、银行间同业拆借市场两个场内市场中处理资金的兑换和拆借。在此系统及规范要求下，贸易往来组织在参与跨境贸易人民币结算工作时，可向境外参与行或境外清算行提交人民币结算申请，并最终由境外清算行完成相应的结算业务①。

10.5.2 代理行模式

代理行模式流程图如图 10-2 所示。

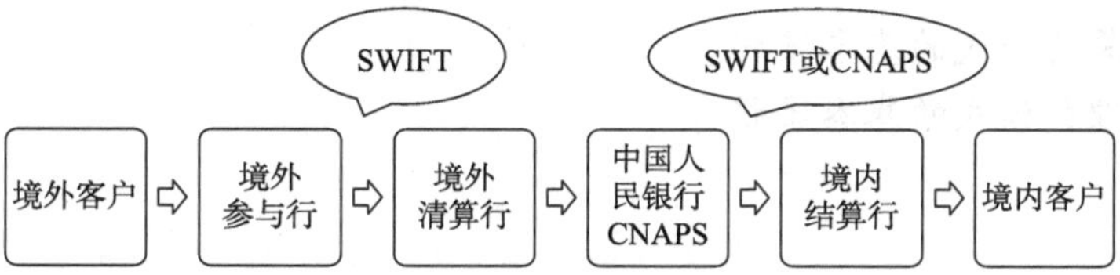

图 10-2 代理行模式流程图

目前国际市场更为广泛和流行的跨境贸易结算模式就属于一种代理行模式。境内商业银行（具备国际结算业务资格）与境外参与行签订《人民币代理结算清算协议》，而后获取代理结算协议资质，再由该境内商业银行负责跨境贸易人民币的结算支付并代理境外参与行工作。

经授权后获取代理境外参与行资质的境内代理行，其办理的业务范围包括：开设境内外的人民币同业往来账户；开设账户后为贸易往来机构提供上述账户的开设时设定的基础资金要求；在中国人民银行的规定限额范围内，通过购售、拆借人民币的方式来满足贸易往来机构之间的结算需求等；在浮动区间提供人民币结算账户融资以满足账户资金临时性、流动性的需求①。

---

① 汪嘉卉子. 跨境贸易人民币结算问题研究[D]. 武汉工程大学硕士学位论文，2017.

10.6 跨境贸易人民币结算的实施情况与展望

人民币想要实现国际化，开展跨境人民币业务是必然选择，这也是我国提升国际经济话语权及建立金融强国的必经之路。在现阶段，我国开展跨境人民币业务已经获得较大成果，然而，由于还处于初级阶段，跨境人民币业务的开展仍存在各种问题，不过，总体上来说，进行跨境人民币业务的大环境已经逐渐成熟，加上开展跨境人民币业务本身就是慢慢完善的过程，因此，跨境人民币业务模式逐渐成熟之势不可逆转。在开展跨境人民币业务方面，离不开商业银行的支持，事实上，从某种意义上来说，商业银行是跨境人民币业务开展的主导者之一，从这个角度上来说，商业银行应该为开展跨境人民币业务做好各方面的努力，抓住当前大好机会及机遇，积极开发跨境人民币业务的衍生品，打造完善的跨境人民币产品链，加强完善管理体制，提升人民币国际化竞争力。已经在境外开设有站点的大型商业银行具有多方面的优势，应该充分利用这些资源优势提升核心竞争力，在国际化经营方面站稳脚跟并实现跨越式发展，使得我国大型商业银行真正走向世界、实现国际梦。

➢本章习题

1. 什么是跨境贸易人民币结算？
2. 跨境贸易人民币结算业务中银行的角色是什么？
3. 跨境贸易人民币结算与外币结算在监管方面有哪些不同？
4. 简述清算行模式的基本流程。
5. 简述代理行模式的基本流程。